LE MOINS QUE RIEN

L'ADO PERDU

Dave Pelzer

LE MOINS QUE RIEN

L'ADO PERDU

ÉDITIONS FRANCE LOISIRS

Le moins que rien a paru sous le titre original :
A CHILD CALLED « IT »

L'ado perdu a paru sous le titre original :
THE LOST BOY.

Ces deux ouvrages ont été publiés par Health Communications Inc., Deerfield Beach, Florida, U.S.A. et Éditions Sciences et Culture, Montréal, Canada.

Et sont traduits de l'américain par Annie Desbiens
et Miville Baudreault.
Adaptation française de la traduction : Sylvie Schneiter.

Édition du Club France Loisirs
avec l'autorisation des Éditions J.-C. Lattès

Éditions France Loisirs
123, boulevard de Grenelle, Paris
www.franceloisirs.com

ISBN : 2-7441-5557-8

LE MOINS QUE RIEN

Je dédie ce livre à mon fils, Stephen.
Par la grâce de Dieu, il m'a appris
à vivre et à aimer comme un enfant.

Je le dédie également aux professeurs et membres de l'école primaire Thomas Edison, qui, sans l'ombre d'une hésitation, ont eu le courage de mettre leur carrière en jeu en ce jour fatidique du 5 mars 1973.
Ils m'ont sauvé la vie.
Steven E. Ziegler, Athena Konstan, Peter Hansen, Joyce Woodworth, Janice Woods, Betty Howell, l'infirmière de l'école.

Avertissement de l'auteur

Certains noms mentionnés dans ce livre ont été changés pour préserver la dignité et l'anonymat de ces personnes.
La langue et le ton de cet ouvrage reflètent l'état d'esprit d'un enfant à un stade particulier de son évolution, ici entre quatre et douze ans.
Le deuxième tome, intitulé *L'Ado perdu*, retrace sa vie entre l'âge de douze et dix-huit ans.

1.

Le sauvetage

Daly City (Californie), 5 mars 1973.

Je suis en retard. Mais je dois finir la vaisselle à temps, sinon je serai privé de petit déjeuner. Vu que je n'ai rien eu pour le dîner, il faut absolument que je me débrouille pour manger quelque chose. La Mère court dans tous les sens, s'époumonant contre mes frères. J'entends ses pas dans le couloir. Elle s'approche de la cuisine. Je m'empresse de plonger mes mains dans l'eau brûlante. Trop tard. La Mère me surprend sur le fait.

Paf ! Sa gifle me fait tomber par terre. Pourtant, je sais qu'il est stupide d'attendre bêtement ses beignes. J'ai appris à mes dépens qu'elle prend cette attitude pour de la provocation, une invitation à me rouer de coups ou, pire encore, à me priver de nourriture. Je me relève en fuyant son regard tandis qu'elle hurle à mes oreilles.

Le dos rond, je ne moufte pas tout en l'admonestant à part moi : *S'il te plaît, j'ai faim. Frappe-moi encore si la main te démange, mais donne-moi à manger.* Une autre gifle envoie ma tête valdinguer contre le plan de travail. Des larmes de fausse reddition ruissellent sur mes joues tandis qu'elle sort, apparemment satisfaite. Voulant m'assurer qu'elle ne reviendra pas, je compte ses pas. Ouf ! Mon numéro a marché. La Mère peut me flanquer autant de rossées qu'elle le souhaite, elle ne brisera pas ma volonté de survivre.

Je termine la vaisselle, puis les autres tâches ménagères qui m'incombent. En guise de récompense, j'ai droit à un petit déjeuner : reliefs du bol de céréales d'un de mes frères – en l'occurrence, des miettes de Lucky Charms – dans un peu de lait que je m'empresse de laper avant que La Mère ne change d'avis. Ce ne serait pas la première fois, vu que la nourriture est son arme de prédilection. Du reste, certaine que j'irais fouiller la poubelle, elle n'y jette jamais rien. Aucun de mes stratagèmes ne lui est étranger.

L'instant d'après, je me trouve dans le vieux break. Les corvées m'ont mis en retard, alors La Mère est obligée de me conduire à l'école. D'ordinaire, j'y vais au pas de course et, arrivant juste avant la sonnerie, je n'ai pas le temps de chiper quoi que ce soit dans le panier-repas d'un élève.

La Mère laisse sortir mon frère aîné, pas moi. En effet, elle tient à me chapitrer sur ce qui m'attend demain. Elle a l'intention de m'emmener chez son frère, mon oncle Dan. « Il va s'occuper de toi », martèle-t-elle. Je réagis à son ton menaçant par un regard rempli d'une frayeur que je n'éprouve pas. Pour sévère que soit mon oncle, il ne me traitera sûrement pas comme La Mère.

Le break n'est pas encore à l'arrêt que je me rue dehors. La Mère me rappelle à grands cris : j'ai oublié le sac de mon déjeuner, consistant – immuablement depuis trois ans – en deux sandwiches au beurre de cacahouètes et quelques carottes. Avant que je ne m'élance de nouveau, La Mère assène :

— Tu n'auras qu'à dire que tu t'es cogné à une porte.

D'un ton que j'ai rarement l'occasion d'entendre, elle ajoute :

— Bonne journée !

Je la regarde dans les yeux. Ils sont rouges, encore tout gonflés de sa cuite de la veille. Ses cheveux noirs, si lustrés naguère, tombent en mèches ternes. Pas maquillée comme d'habitude, elle est trop grosse par-dessus le marché – ce dont elle a conscience. De toute façon, c'est l'apparence de La Mère à présent.

Vu mon retard, il me faut passer au bureau de l'administration où la secrétaire aux cheveux gris m'accueille gentiment. Puis, l'infirmière vient me chercher. Une fois dans son local, c'est l'examen habituel en commençant par mon visage et mes bras.

— Qu'est-ce que tu as au-dessus des yeux ? me demande-t-elle.

Lâchement, je réponds :

— Je me suis cogné à la porte d'entrée sans faire exprès.

Avec un sourire, l'infirmière prend son bloc-notes qu'elle feuillette avant de me montrer une page du doigt.

— Voyons, tu m'as dit la même chose lundi dernier. Tu te rappelles ?

Sans sourciller, je fournis aussitôt une explication de rechange :

— Ben, j'me suis trompé. J'ai reçu un coup de batte de base-ball. Un accident.

« Accident », voilà un mot que je sors à tout bout de champ. Pas dupe, l'infirmière me gronde. Du coup, je craque et lui dis la vérité. Bien que voulant protéger La Mère, je finis toujours par passer aux aveux.

L'infirmière me rassure. Ensuite, elle me demande de me déshabiller comme elle n'y manque pas depuis l'année dernière. J'obéis. Il y a plus de trous dans ma chemise à manches longues que dans un morceau de gruyère. Ça fait deux ans que je porte la même – une humiliation de plus infligée par La Mère. Mon pantalon ne vaut guère mieux et je peux sortir l'orteil d'une de mes godasses percées au bout. L'infirmière note soigneusement les cicatrices, les ecchymoses qu'elle remarque sur mon corps tandis que je reste immobile, en caleçon. Et elle fait le compte des traces de gifles sur mon visage au cas où certaines lui auraient échappé la fois précédente. C'est une femme extrêmement minutieuse. Après quoi, elle m'ouvre la bouche et constate qu'il me manque des bouts de dents – conséquence du nombre de fois où ma tête a heurté les carreaux du plan de travail. Elle griffonne quelques notes sur son calepin, puis son regard se pose sur l'ancienne cicatrice qui me cisaille le ventre.

— C'est là qu'elle t'a donné un coup de couteau ? demande-t-elle, la gorge serrée.

— Oui, m'dame.

À peine ai-je répondu que je me mords les lèvres, pensant : *Seigneur, j'ai encore fait quelque chose de mal !* Nul doute que mon affolement se lit dans mes yeux, parce que l'infirmière dépose son bloc-notes pour me prendre dans ses bras. *Mon Dieu, comme elle est tendre !* Je n'ai aucune envie qu'elle me lâche. Les yeux bien fermés, je me laisse bercer sans que rien d'autre existe. Comme elle me caresse la tête, je me rétracte car ses doigts frôlent le bleu encore tout gonflé que La Mère m'a fait le matin même. Desserrant son étreinte, l'infirmière quitte alors la pièce. Moi, je me rhabille à toute vitesse. Cette femme ignore que je me dépêche pour tout.

Au bout de quelques minutes, elle revient accompagnée du directeur de l'école, M. Hansen, et de deux de mes professeurs, Mlle Woods et M. Ziegler. Étant donné le nombre de fois où je suis allé dans son bureau – plus que n'importe quel autre élève –, M. Hansen me connaît très bien. Il parcourt mon dossier tandis que l'infirmière lui fait son rapport. Quand il me lève le menton, j'ai la trouille de le regarder dans les yeux. C'est une vieille habitude contractée à force d'avoir affaire à La Mère que mon souci de ne rien lui révéler accentue. Un an auparavant, il avait téléphoné à La Mère pour l'interroger sur mes ecchymoses. N'étant, à l'époque, pas au courant de ma situation familiale, il me considérait comme un gamin problématique qui chapardait de la bouffe. Le lendemain, à mon arrivée en classe, il avait vu les traces de coups. Depuis, il n'a plus jamais téléphoné.

Soudain, M. Hansen vocifère qu'il en a assez de tout ça. Je manque sauter au plafond tellement j'ai la frousse tandis qu'un cri me déchire : *Il va retéléphoner à La Mère !* J'éclate en sanglots. Tremblant de tous mes membres, je le supplie en bafouillant comme un bébé :

— S'il vous plaît, pas aujourd'hui ! Vous ne comprenez pas ? C'est vendredi !

Après m'avoir promis de ne pas appeler La Mère, M. Hansen me renvoie en classe. Étant donné l'heure, c'est déjà le cours d'anglais où je me précipite. Mlle Woodworth nous fait une dictée sur les noms des États américains et de leur capitale. Je ne l'ai pas préparée. Bien qu'étant plutôt bon élève, j'ai tout laissé tomber depuis quelques mois — même l'évasion que me procurait l'étude.

Dès mon arrivée dans la salle de classe, les élèves se bouchent le nez et me huent. L'institutrice, une jeune suppléante qui n'est guère habituée à mon odeur, balaie de la main l'air qui lui monte au nez. À bout de bras, elle me tend une copie. Cela étant, je n'ai pas le temps d'atteindre mon pupitre – situé au fond de la pièce, près d'une fenêtre ouverte –, car on me convoque de nouveau chez le directeur. Toute la classe me conspue – je suis le rebut de la septième.

Je cours vers le bureau de l'administration où j'entre en coup de vent.

Ma gorge irritée me fait toujours mal – une conséquence du petit jeu auquel La Mère s'est amusée avec moi hier. Aussitôt, la secrétaire m'emmène dans la salle des professeurs. Il me faut un instant pour accommoder ma vue. M. Ziegler, mon professeur principal, Mlle Woods, ma prof de maths, l'infirmière de l'école et un agent de police sont assis autour d'une table. Pétrifié, j'hésite entre prendre mes jambes à mon cou ou attendre que le ciel ne me tombe sur la tête. M. Hansen me fait signe d'entrer et la secrétaire referme la porte. À peine ai-je pris place au bout de la table que je m'empresse d'assurer n'avoir rien piqué... aujourd'hui. Un sourire illumine les visages soucieux de ces personnes qui, je l'ignore, s'apprêtent à risquer leur place pour me sauver.

Le fonctionnaire de police m'explique alors pourquoi M. Hansen l'a appelé. Je me tasse sur mon siège. D'autant que le policier me demande de tout lui raconter sur La Mère. Je refuse. Avec tous ces gens au courant de mon secret, elle va finir par le découvrir. Une voix douce – celle de Mlle Woods me semble-t-il – me rassure en m'affirmant que tout va bien. Je prends une profonde inspiration et, me tordant les mains, me mets à table à contrecœur. L'infirmière ne tarde pas à me prier de me lever pour montrer la cicatrice de mon ventre au policier. Fermement, je leur dis qu'il s'agissait d'un accident. Et c'est la vérité : La Mère ne voulait pas me donner ce coup de couteau. En larmes, je vide mon sac en insistant sur le fait que je mérite ces punitions parce que je suis un sale gamin. Je n'ai qu'une envie, celle qu'on me laisse tranquille tant je me sens ignoble. Sans compter qu'au bout de tout ce temps, je suis persuadé que personne ne peut plus rien pour moi.

Après quoi, on m'invite à passer dans le bureau attenant. Comme je referme la porte, je vois les adultes me regarder avec des signes de tête approbateurs. Perché, dans tous mes états, sur ma chaise, j'observe la secrétaire en train de taper un texte. Au bout d'une éternité – du moins on le dirait –, M. Hansen me prie de revenir dans la salle des professeurs que quittent Mlle Woods et M. Ziegler, l'air à la fois préoccupé et satisfait. Mlle Woods s'agenouille pour me prendre dans ses bras ; je n'oublierai jamais l'odeur de ses cheveux. Elle se relève en me tournant le dos pour dérober ses larmes à ma vue. Du coup, je suis vraiment inquiet. Et quand M. Hansen me donne un plateau-repas de la cafétéria, je suis stupéfait : *Mon Dieu, c'est déjà l'heure du déjeuner !*

Je l'engloutis à une telle rapidité que je ne savoure rien. En un clin d'œil, j'ai tout terminé. Le directeur revient avec une boîte de petits gâteaux qu'il me recommande de ne pas manger trop vite. Ce qui se trame, je n'en ai pas la moindre idée. Alors, j'essaie de deviner. Et si papa – séparé de La Mère – était venu me chercher ? Mais c'est un rêve ! D'ailleurs, le policier veut que je lui donne mon adresse, mon numéro de téléphone. *Voilà ! On me renvoie en enfer ! Et elle va me le faire payer cher !*

Toujours est-il que l'agent griffonne sous le regard scrutateur de M. Hansen et de l'infirmière. Puis, il referme son calepin et déclare au directeur disposer de suffisamment d'éléments. La honte me submerge. *Ils savent. Ils connaissent la vérité à propos de La Mère. Toute la vérité.* Il est très important qu'ils comprennent que je ne suis pas un vaurien. Je voudrais tant qu'on m'accepte, qu'on m'aime. Je retourne dans le couloir où Mlle Woods pleure dans les bras de M. Ziegler. Je l'entends renifler. Après m'avoir de nouveau embrassé, elle se détourne vite. Quant à M. Ziegler, il me donne une poignée de main et souffle :

— Sois sage.

— Oui, m'sieu. Je vais essayer.

C'est tout ce que j'arrive à sortir.

Silencieuse, l'infirmière se tient à côté de M. Hansen. Comme ils me disent au revoir à tour de rôle, je suis persuadé que je vais en prison. *C'est parfait. Au moins, elle ne pourra plus me tabasser.*

Accompagné par le policier, je passe devant la cafétéria pour sortir. Il y a des élèves de ma classe qui jouent au ballon. Certains s'interrompent pour hurler : « David, en tôle ! David, en tôle ! » L'agent me touche l'épaule en me répétant que je n'ai rien à craindre. Tandis que nous nous éloignons, dans sa voiture, de l'école primaire Thomas Edison, j'aperçois quelques gamins manifestement déroutés par mon départ. Alors je me rappelle la promesse de M. Ziegler de révéler la vérité – toute la vérité – aux élèves. J'aurais donné n'importe quoi pour être dans la classe au moment où ils apprendraient que je ne suis pas si ignoble que ça.

À notre arrivée au poste de police de Daly City, je refuse de descendre de la voiture parce que je m'attends à y trouver La Mère. L'agent ouvre la portière, me prend gentiment par le coude et m'emmène dans un grand bureau où il n'y a personne. Il va s'installer sur une chaise dans un coin de la pièce pour taper à la machine. Je le regarde attentivement tout en mangeant – lentement – mes petits gâteaux. Ne sachant pas quand j'aurai de nouveau quelque chose à me mettre sous la dent, je les savoure.

Le policier termine de remplir ses formulaires à plus de 13 heures. Immédiatement, il me redemande mon numéro de téléphone.

— Pourquoi ?

C'est en gémissant que je pose la question.

— David, il faut que je l'appelle, me répond-il gentiment.

— Non ! Vous n'avez qu'à me renvoyer à l'école ! Enfin, vous n'avez pas pigé qu'elle ne doit surtout pas savoir que j'ai tout avoué ?

M'ayant donné un autre petit gâteau pour me calmer, le policier compose lentement le numéro. Sans quitter le cadran noir des yeux, je me lève, m'approche de lui et me penche le plus possible pour entendre la sonnerie. La Mère décroche. Sa voix m'épouvante. D'un geste, le policier me repousse tout en reprenant son souffle :

— Madame Pelzer, ici l'agent Smith du poste de police de Daly City. Je vous informe que votre fils David ne rentrera pas aujourd'hui. Il a été confié au Service de protection des mineurs de San Mateo à qui vous pouvez téléphoner si vous avez des questions.

Après avoir raccroché, il me demande en souriant :

— Eh bien tu vois, ce n'était pas si difficile que ça, hein ?

À l'expression de son visage, je conclus néanmoins que c'est plutôt lui qu'il cherche à rassurer que moi.

Peu après, nous roulons sur la route 280 en direction de la banlieue de Daly City. Nous passons devant un panneau noir qui se dresse à ma droite où il est écrit : *La Plus Belle Route du Monde*. Une fois que nous sommes sortis de la ville, le policier m'annonce avec un sourire de soulagement :

— Eh bien, David Pelzer, te voilà libre !

— Quoi ?

Serrant mon unique source de nourriture contre moi, j'ajoute :

— Enfin, j'y pige que dalle ! Vous m'emmenez pas dans une espèce de prison ?

L'agent me tapote gentiment l'épaule.

— Mais non, voyons. Rassure-toi. En tout cas, ta mère ne pourra plus jamais te faire de mal.

Comme je me cale de nouveau sur mon siège, un rayon de soleil m'éblouit. Je détourne le visage où coule une larme – une seule. *Est-ce que c'est vraiment la liberté ?*

2.

Le bon temps

Avant que je ne devienne victime de sévices, nous formions la famille idéale des années 60. Mes deux frères et moi avions la chance d'avoir des parents merveilleux, aimants, attentionnés, qui nous choyaient.

On habitait une maison modeste, de deux chambres, située dans ce qui était considéré comme un quartier convenable de Daly City. J'ai le souvenir d'avoir contemplé par la fenêtre du salon – les jours de beau temps – les tours couleur orange vif du Golden Gate Bridge et la belle ville de San Francisco qui se découpait à l'horizon.

Stephen Joseph, mon père, était pompier dans une caserne du centre de San Francisco. Mesurant un mètre soixante-dix, pesant dans les quatre-vingt-cinq kilos, ses épaules carrées, ses bras musclés auraient fait l'orgueil de n'importe quel athlète. Il avait des sourcils très touffus assortis à ses cheveux noirs. En tout cas, il suffisait qu'il me cligne de l'œil et m'appelle *mon petit lion* pour que le roi ne soit pas mon cousin.

Quant à ma mère, Catherine Roerva, c'était une femme de taille moyenne dont l'apparence ne sortait pas vraiment de l'ordinaire. La couleur de ses cheveux et de ses yeux n'a pas laissé de trace dans ma mémoire. En revanche, elle rayonnait d'amour pour ses enfants. Douée d'une grande force de caractère – sa plus grande qualité –, elle avait toujours des tas d'idées et c'était elle qui régentait la famille. Lorsque j'avais quatre ou cinq ans, elle avait fait une chute et je me rappelle encore avoir eu l'impression qu'il ne s'agissait plus de la même femme. Papa était à la caserne. Sitôt notre dîner servi, elle était sortie de table pour aller peindre en rouge l'escalier menant au garage. Besogne qu'elle avait accomplie en toussant comme une perdue. Puis, elle avait fixé le caoutchouc sur les marches sans attendre que la peinture sèche. Du coup, il y en avait partout. Ayant terminé, elle était rentrée s'écrouler sur le canapé. Quand je lui avais demandé pourquoi elle n'avait pas attendu que tout soit sec pour poser les tapis, elle m'avait répondu : « Pour faire une surprise à ton père. »

En matière de ménage, maman était une maniaque de la propreté. Dès qu'elle avait donné le petit déjeuner à mes frères, Ron et Stan, et à moi, elle se lançait dans un récurage à fond de la maison. Aucun recoin n'échappait à son torchon. À mesure qu'on grandissait, elle veillait à ce qu'on range nos chambres. En outre, elle entretenait avec amour notre petit jardin dont les fleurs faisaient l'envie des voisins. À dire vrai, maman transformait en or tout ce qu'elle touchait. D'autant qu'elle ne croyait pas aux demi-mesures et ne cessait de nous répéter qu'il fallait nous donner à fond dans tout ce que nous entreprenions.

Enfin, maman était un véritable cordon bleu, et de toutes les tâches qui lui incombaient, je crois qu'elle préférait pardessus tout préparer des plats nouveaux ou exotiques. Si papa était là, elle se surpassait.

Certaines fois, quand mon père travaillait, elle nous emmenait faire des balades passionnantes en ville. Il y en a une – au quartier chinois de San Francisco – qui s'est gravée dans ma mémoire grâce à sa description si détaillée de la civilisation chinoise. À notre retour, elle mit un disque. Une magnifique musique orientale résonna dans toute la maison tandis qu'elle décorait la salle à manger de lanternes chinoises. Après quoi, vêtue d'un kimono, elle nous servit un repas aux saveurs étranges mais délicieuses et, à la fin, nous donna des beignets chinois dont elle nous lut les prédictions. J'eus l'impression que la mienne jetait un éclairage sur mon destin. Quand je sus lire, j'ai retrouvé le bout de papier où il était écrit : « Aime et honore ta mère, car elle est le fruit qui te donne la vie. »

À cette époque, la maison était remplie d'animaux : chats, chiens, poissons exotiques dans des aquariums, sans compter une tortue appelée Thor, dont je me souviens parfaitement parce que maman m'avait laissé choisir son nom. Quelle fierté n'en avais-je pas tirée ! C'était enfin mon tour alors que mes frères avaient baptisé les autres animaux. En fait, je lui avais donné le nom de mon personnage de dessin animé préféré.

Les aquariums de vingt-deux et quarante-cinq litres pullulaient dans la maison. Deux dans le salon. Un autre, plein de poissons arc-en-ciel, dans notre chambre. Maman les avait décorés avec beaucoup de créativité. Non seulement ils étaient chauffés, mais elle y avait mis du gravier de couleur et du papier d'aluminium pour y ajouter une note de réalisme. On s'asseyait souvent devant les aquariums pour l'écouter nous parler des différentes espèces de poissons.

Maman nous donna sa leçon la plus mémorable un certain dimanche après-midi, saisissant l'occasion offerte par le comportement plus que bizarre d'une de nos chattes pour nous expliquer le phénomène de la naissance. Une fois les chatons sortis du ventre de leur mère, elle nous révéla le mystère de la vie. Au vrai, quelle que soit notre activité, maman trouvait toujours le moyen de nous éduquer sans que nous en soyons toujours conscients.

À cette époque bénie, Halloween marquait le début des vacances pour nous. En octobre, par une nuit de pleine lune, maman nous emmenait tous les trois admirer la Grosse Citrouille suspendue au-dessus de nos têtes. Dès qu'on rentrait dans notre chambre, elle nous conseillait de fouiller sous notre oreiller où nous trouvions immanquablement des petites voitures de course. En entendant nos cris de joie, elle rayonnait de fierté.

Le lendemain de Thanksgiving, maman disparaissait au sous-sol d'où elle revenait chargée d'énormes boîtes bourrées de décorations de Noël. Et, juchée sur un escabeau, elle les suspendait aux poutres donnant ainsi à la maison un air de fête accentué par les bougies rouges qu'elle ne manquait pas de disposer sur le buffet de la salle à manger. En outre, les vitres des fenêtres du salon étaient constellées de flocons de neige en papier et l'on accrochait des guirlandes de lampions autour de celles de nos chambres. Ainsi, je m'endormais tous les soirs en les regardant clignoter.

Quant au sapin de Noël, il ne mesurait jamais moins de deux mètres cinq ; la famille passait des heures à le décorer. Papa nous hissait – à tour de rôle – dans ses bras robustes pour qu'on place l'ange au sommet de l'arbre. Une fois tout terminé, nous dînions, puis nous nous entassions dans le break pour aller admirer les maisons, rutilantes, du quartier. Maman avait beau nous rebattre les oreilles de ses idées pour le prochain Noël, mes frères et moi n'en savions pas moins que notre maison était la plus belle. À notre retour, elle nous installait devant un feu de cheminée, nous donnait du chocolat chaud et nous racontait des histoires tandis que le disque *White Christmas* de Bill Crosby passait. Cette période des fêtes me mettait dans un tel état d'excitation que le sommeil me fuyait. Aussi maman me berçait-elle parfois, et je m'endormais en écoutant le feu crépiter.

À l'approche de Noël, une fébrilité croissante s'emparait de nous, les enfants. Les cadeaux s'empilaient au pied de l'arbre et lorsque le jour tant attendu arrivait, nous en avions chacun une bonne dizaine.

Le soir du réveillon, après un repas de fête, on avait le droit d'en déballer un. Après quoi, il fallait aller se coucher. Au lit, je tendais l'oreille, guettant le tintement des cloches du traîneau du père Noël mais je m'endormais, inévitablement, sans avoir entendu les rennes frôler le toit.

Avant l'aube, maman se faufilait dans notre chambre pour nous réveiller en murmurant : « Ça y est, le père Noël est passé ! »

Une fois, elle nous offrit un casque en plastique jaune et nous fit parader jusqu'au salon. On mit un temps fou à déchirer les papiers de couleur des boîtes, à découvrir nos cadeaux. Ensuite, maman nous expédia, parés de nos nouvelles robes de chambre, dans le jardin pour admirer notre sapin gigantesque par la fenêtre. Cette année-là, maman était en larmes. Lorsque je lui ai demandé pourquoi elle était triste, elle m'a répondu pleurer de bonheur parce qu'elle avait une vraie famille.

Papa étant souvent obligé de travailler vingt-quatre heures d'affilée, maman en profitait pour nous faire découvrir des coins tels que le Golden Gate Park situé à proximité de chez nous. Elle y roulait lentement tout en attirant notre attention sur sa diversité et en s'extasiant sur ses fleurs. Le clou de la virée – gardé pour la fin –, c'était un tour à l'aquarium de Steinhart. Gravissant quatre à quatre l'escalier, mes frères et moi nous précipitions vers les imposantes portes de son entrée. Très excités, on se penchait par-dessus la rambarde de la grille en cuivre en forme d'hippocampe pour regarder la cascade et la mare où évoluaient crocodiles et tortues. Même si c'était l'endroit du parc que je préférais, l'idée de glisser entre les barreaux et de tomber dans cette eau croupie me terrifiait. Notamment une fois où, l'ayant sûrement senti, maman m'a pris la main avec une extrême douceur.

Pour nous, le printemps était synonyme de pique-niques. Lorsqu'il y en avait un de prévu, maman préparait la veille un festin composé de poulet grillé, de salades, de sandwiches, d'une kyrielle de desserts. Et nous partions dès potron-minet le lendemain pour Junipero Serra Park par exemple. À peine arrivés, mes frères et moi bondissions à perdre haleine dans l'herbe haute ou prenions d'assaut les balançoires. À moins qu'on ne se lance dans l'exploration d'un sentier inconnu. Maman était obligée de nous arracher à nos jeux pour le déjeuner qu'on engouffrait à toute vitesse, avant de repartir vers de nouvelles aventures. Quant à nos parents, ils avaient l'air heureux allongés côte à côte sur la couverture à boire du vin rouge en nous regardant jouer.

Certes, le plus palpitant, c'était notre départ pour les vacances d'été que maman planifiait d'une main de maître. Ne négligeant aucun détail, elle tirait une grande fierté de leur réussite. À l'ordinaire, nous allions à Portola ou au Memorial Park où nous campions une semaine dans notre énorme tente verte. Il arrivait toutefois que papa traverse le Golden Gate Bridge pour nous emmener au nord. Alors, ma joie était à son comble car nous allions vers le paradis sur terre pour moi : la rivière Russian.

L'équipée la plus mémorable que l'on y fit eut lieu lors de mon année de maternelle. Maman avait demandé l'autorisation que je sorte une heure plus tôt le dernier jour de classe. Dès que j'ai entendu le Klaxon de papa, j'ai franchi d'un bond le monticule près de l'école pour me précipiter dans la voiture. Sûr de notre destination, je ne tenais pas en place tout en étant fasciné par les vignobles que je voyais défiler sans fin. À notre arrivée dans le village tranquille de Guerneville, j'ai baissé la fenêtre pour m'imprégner des effluves des séquoias.

Là-bas, chaque jour était une aventure. Avec mes frères, on passait le plus clair du temps – chaussés de bottes en caoutchouc – à grimper sur une vieille souche carbonisée, ou nous baigner dans la rivière, à Johnson Beach. L'excursion à cette plage prenait d'ailleurs toute la journée, de 9 heures du matin au milieu de l'après-midi. C'est là que maman nous a appris à nager, dans une petite cuvette où l'on avait pied. L'été en question, elle m'a montré comment crawler sur le dos. Quand j'y suis arrivé, elle a eu l'air très fier.

En tout cas, c'était un lieu magique. Une fois, papa et maman nous emmenèrent admirer le coucher du soleil. Main dans la main, nous nous sommes faufilés devant le chalet de M. Parker pour atteindre la berge. L'eau vert émeraude de la rivière miroitait. Les geais bleus agressaient les autres oiseaux de leurs piaillements tandis qu'une brise tiède soufflait. En silence, nous avons vu la boule de feu disparaître derrière les arbres puis le ciel se diaprer de lueurs éclatantes, orange et bleue. Des mains se sont posées sur mes épaules. Croyant qu'il s'agissait de papa, je me suis retourné et, bouleversé, j'ai découvert que c'était maman. Elle me serrait si fort que je sentais les battements de son cœur. Je n'ai jamais eu autant le sentiment d'être aimé, choyé qu'au bord de la rivière Russian, à ce moment-là.

3.

Le vilain garnement

Mes rapports avec maman se sont radicalement transformés lorsque sa sévérité est devenue un élément incontrôlable de son mode de vie. Si intenable que ce soit au demeurant, je n'avais pas la force de m'enfuir – fût-ce pour sauver ma peau.

Il est possible qu'enfant, j'aie eu une voix plus stridente que celle des autres. En outre, manque de pot, j'étais toujours celui qui se faisait choper bien que mes frères soient souvent coupables du même délit que moi. D'abord, maman s'est contentée de me mettre au coin dans notre chambre. Il n'empêche qu'elle commençait déjà à me faire peur. Et pas qu'un peu. Jamais, je ne lui demandais de me laisser sortir, attendant qu'un de mes frères aille la supplier de mettre un terme à la punition.

En tout cas, le comportement de maman changea du tout au tout. Il lui arrivait – quand papa était au travail – de rester en peignoir toute la journée, allongée sur le canapé, à regarder la télé. Elle ne se levait que pour aller aux toilettes, se verser un autre verre ou réchauffer des restes. Quand elle nous grondait, sa voix n'était plus celle d'une mère aimante mais celle d'une affreuse sorcière qui me donna vite froid dans le dos. Si elle s'en prenait à l'un de mes frères, je courais me cacher dans la chambre, avec l'espoir qu'elle retournerait à son canapé, à son verre, à son émission de télé. Au fil du temps, j'en vins à deviner mon sort de la journée aux vêtements de La Mère. Pour peu qu'elle sorte de sa chambre bien habillée, maquillée et souriante, je poussais un soupir de soulagement.

À un moment donné, La Mère, ne trouvant plus le coin assez efficace, inventa la punition du miroir. Celle-ci consistait à m'écraser le visage ruisselant de larmes sur une glace tandis qu'elle me forçait à rester planté devant en répétant : « Je suis un vilain garnement ! » Les bras plaqués le long du corps, je me balançais d'avant en arrière, redoutant la prochaine pub de la télé au cours de laquelle La Mère ne manquerait pas de venir s'assurer que j'avais toujours le visage collé au miroir. Si mes frères entraient dans la pièce où je faisais le pied de grue, ils se contentaient de me lancer un coup d'œil avant de retourner à leurs jeux – comme si je n'existais pas. La jalousie qu'ils m'inspirèrent au début se dissipa dès que je compris qu'ils essayaient de sauver leur peau.

Quand papa était au travail, La Mère avait des lubies. Ainsi, elle nous obligeait, mes frères et moi, à fouiller la maison sous prétexte qu'elle avait perdu quelque chose. En général, ça commençait le matin et durait des heures. Naturellement, c'était toujours moi qu'elle envoyait dans le garage qui se trouvait au sous-sol. Même là, je tremblais en entendant les gueulantes que La Mère poussait contre l'un de mes frères.

Cette manie continua des mois durant. Au bout du compte, je fus le seul sur qui cela retomba. Une fois, ayant oublié ce que je cherchais, je lui ai craintivement demandé de me le rappeler. J'eus droit à une gifle immédiate qu'elle me donna sans se lever du canapé, sans détourner les yeux de la télé. Du sang gicla de mon nez ; je fondis en larmes. Du coup, La Mère déchira un bout de la serviette en papier qu'elle avait pris sur la table et me débarbouilla en hurlant :

— Voyons, tu le sais parfaitement. Et tu es prié de le trouver !

Bien entendu, je me suis précipité derechef au sous-sol, faisant tout le bruit possible pour la convaincre de mon obéissance. Plus cette sorte de chasse au trésor de La Mère devenait une institution, plus je rêvais de retrouver l'objet perdu. Je me voyais remonter l'escalier avec mon trophée, accueilli par maman qui me couvrait de baisers. Dans ma fantasmagorie, du reste, la famille était heureuse jusqu'à la fin des temps. En réalité, je n'ai jamais mis la main sur quoi que ce soit et La Mère ne se faisait pas faute de me traiter de minable.

J'étais encore très petit lorsque je m'aperçus qu'en présence de papa La Mère ressemblait plus à la maman d'avant. Coiffée, bien habillée, détendue, ce n'était plus la même femme. Papa à la maison – ce que j'adorais – signifiait l'absence de coups, du supplice du miroir ou de la chasse au trésor. Papa fut promu au rang de protecteur dans mon panthéon. Qu'il descende bricoler au garage, j'étais sur ses talons. Qu'il lise le journal dans son fauteuil de prédilection, je m'installais à ses pieds. Le soir, la table une fois débarrassée, papa faisait la vaisselle que j'essuyais. Bref, j'étais sûr d'être à l'abri tant que j'étais à côté de lui.

Un jour, avant de partir à la caserne, il m'a tourneboulé. Après avoir embrassé Ron et Stan, il s'est accroupi et, me serrant les épaules, m'a recommandé d'être sage. Les bras croisés, La Mère se tenait derrière lui, un sourire sarcastique aux lèvres. Au regard de papa, j'ai compris que j'étais – pour l'heure – un vilain garnement. Un frisson glacé m'a parcouru tandis que je m'accrochais à ses basques pour le retenir. Mais il est sorti sans ajouter un mot.

Il y eut, après cet avertissement, une brève période au cours de laquelle les choses se tassèrent entre La Mère et moi. Quand papa était à la maison, je m'amusais avec mes frères dans notre chambre ou dehors. À 15 heures, maman allumait la télé. On avait le droit de regarder les dessins animés tandis que c'était l'heure de l'apéritif pour les parents. Mon père disposait une armée de bouteilles et de grands verres fantaisie sur le plan de travail de la cuisine. Il découpait des rondelles de citron – vert et jaune – qu'il mettait dans des petits bols à côté d'un bocal de cerises. Après quoi, ils picolaient – souvent jusqu'au moment où nous allions nous coucher. Je me souviens qu'ils dansaient dans la cuisine au son de la musique de la radio. Enlacés, ils avaient l'air heureux ; moi, je croyais mon calvaire terminé. Au contraire, ce n'était qu'un avant-goût.

Environ deux mois plus tard, un dimanche où papa était de garde alors que mes frères et moi jouions dans notre chambre, La Mère s'est précipitée dans le couloir en nous appelant à cor et à cri. Ron et Stan ont couru se cacher dans le salon. Quant à moi, je me suis assis les bras en l'air. La Mère est entrée et s'est approchée de moi. Du coup, j'ai reculé ma chaise vers le mur que ma tête a fini par toucher. Empestant l'alcool, elle avait des yeux rouges et vitreux. J'ai fermé les miens. Les coups ont commencé à pleuvoir. Je me suis protégé le visage de mes mains qu'elle s'est escrimée à écarter, continuant de me tabasser comme si elle n'allait jamais s'arrêter. J'ai enfin réussi à lever le bras gauche qu'elle a attrapé. Mais ce geste l'a fait trébucher. Et, lorsqu'elle s'est redressée pour se remettre d'aplomb, j'ai entendu un craquement tandis qu'une douleur fulgurante me transperçait l'épaule et le bras. L'expression stupéfaite de La Mère m'a montré que le bruit ne lui avait pas échappé, mais elle m'a lâché puis s'est éloignée comme si de rien n'était. J'avais horriblement mal. Sans me laisser le temps d'examiner mon bras, La Mère m'a sommé de venir dîner.

Affalé devant le plateau placé devant la télé, j'ai essayé d'avaler quelque chose sans arriver à prendre mon verre de lait. Mon bras gauche était inerte. La Mère ne réagit pas à mon regard implorant. À l'évidence, quelque chose n'allait pas du tout mais je n'ai pas osé ouvrir la bouche. En fin de compte, elle m'a envoyé me coucher tôt dans nos lits superposés, en me recommandant de prendre celui du dessus, non celui du dessous comme d'habitude. Je ne me suis endormi qu'à l'aube, me soutenant le bras avec précaution.

Peu de temps après, La Mère m'a réveillé. Il fallait qu'elle m'explique – séance tenante – que j'étais tombé du lit, donc de haut, pendant la nuit. L'air très inquiet, elle me conduisit à l'hôpital où le docteur ne parut pas convaincu par la fable de l'accident. Son regard était éloquent. Il n'empêche qu'une fois de plus, je n'ai pas moufté. De retour à la maison, La Mère raconta à papa une histoire agrémentée de détails rocambolesques, prétendant qu'elle avait tout fait pour me rattraper au vol. Assis sur ses genoux, je l'écoutai sortir ses bobards, convaincu qu'elle ne tournait décidément pas rond. La terreur m'empêcha de révéler l'origine de « l'accident », qui resta un secret entre nous deux. Nul doute que le prochain serait plus grave si je vendais la mèche.

L'école était mon refuge, le seul endroit où j'étais hors de portée de La Mère. Aux récréations, je me défoulais, fonçais dans la cour, toujours prêt aux jeux les plus audacieux. Je me faisais facilement des amis et j'étais parfaitement heureux. Un jour, à la fin du printemps, La Mère m'expédia dès mon retour dans sa chambre où elle me menaça de me retirer de la classe de onzième tant j'étais un vilain garnement. Je fus abasourdi. Non seulement j'avais des bonnes notes, mais mon institutrice avait l'air d'apprécier l'élève docile que j'étais. La Mère ajouta que j'étais la honte de la famille, que je serais sévèrement puni. D'ores et déjà, elle m'interdisait de regarder la télé. Et ce, pour toujours. Ensuite, j'étais privé de déjeuner et prié de faire tous les travaux qu'elle jugerait bon de m'indiquer. Enfin, après une dernière raclée, La Mère m'envoya au garage avec l'ordre d'y rester jusqu'à ce qu'elle m'appelle pour aller me coucher.

L'été de la même année, on me déposa sans m'avoir prévenu chez ma tante Joe alors qu'on était en route pour le camping. Au départ du break de la famille, je me suis senti pestiféré. Tristesse et sentiment de vide ont pris possession de moi. Sans tarder, j'ai tenté de m'enfuir, n'ayant qu'une idée en tête : celle de retrouver ma famille et – aussi étrange que cela paraisse – La Mère. Bien sûr, je ne suis pas allé bien loin. Par la suite, ma tante rapporta cette fugue à La Mère. Et dès que papa travailla vingt-quatre heures d'affilée, je l'ai payé cher. Gifles, coups de poing, de pied, La Mère ne s'arrêta qu'en me voyant recroquevillé par terre. J'eus beau essayer de lui expliquer que j'avais fait ça parce qu'elle me manquait, elle ne voulut rien entendre. Comme je m'obstinais, La Mère se précipita dans la salle de bains où elle prit un savon qu'elle m'enfonça dans la gorge. Désormais, je n'avais l'autorisation de parler que si elle m'en donnait l'ordre.

J'ai donc redoublé. Mais connaissant le programme, je fus promu au rang de petit génie de la classe, ce qui me combla de joie. En outre, Stan était aussi en onzième. Alors je jouais avec lui à la récré. Il n'empêche que, si nous étions les meilleurs amis du monde à l'école, nous savions qu'il valait mieux qu'il me batte froid à la maison.

Un jour, je suis rentré à la maison ventre à terre pour montrer à La Mère un devoir qui m'avait valu une bonne note. Celle-ci m'accueillit par des hurlements. Elle prétendit avoir reçu une lettre du pôle Nord qui l'avertissait que le père Noël ne m'apporterait aucun cadeau parce que j'étais un trop vilain garnement. Folle de rage, elle m'accusa d'être – de nouveau – le vilain petit canard de la famille. Médusé, je l'ai écoutée me fustiger avec l'impression d'être dans un cauchemar de son invention, priant pour qu'elle se réveille au plus vite. En tout cas, cette année-là, il y eut très peu de cadeaux pour moi au pied de l'arbre, et ils m'étaient tous offerts par des parents éloignés. Le matin de Noël, lorsque Stan osa demander à La Mère pourquoi le père Noël ne m'avait apporté que deux boîtes de peinture, elle le sermonna : « C'est qu'il ne donne des jouets qu'aux enfants sages. » Un coup d'œil à mon frère me prouva qu'il était au courant du jeu monstrueux de La Mère tant il avait l'air triste. C'était jour de fête, je n'en fus pas moins obligé de me changer pour m'atteler à mes corvées. Comme je récurais la salle de bains, les cris des parents qui se disputaient me parvinrent. La Mère reprochait à papa de m'avoir acheté des boîtes de peinture derrière son dos, clamant que c'était son rôle de dresser *Le Garçon,* qu'il sapait son autorité en m'offrant des cadeaux. Les justifications de mon père attisaient sa rage. Il ne m'a pas fallu longtemps pour comprendre qu'il flanchait et que j'étais plus isolé que jamais.

Quelques mois plus tard, La Mère devint animatrice d'une troupe de louveteaux. Vu qu'elle les traitait comme des princes lorsqu'ils venaient à la maison, ils ne tarissaient pas d'éloges sur elle, m'avouant combien ils auraient aimé que leur mère lui ressemble. Rongeant mon frein, je me demandais à part moi quelle aurait été leur réaction en apprenant la vérité. De toute façon, elle ne le resta que peu de temps. À mon grand soulagement. J'ai pu ainsi retourner chez les autres gosses pour les réunions du mercredi.

Un mercredi, je suis rentré de l'école enfiler mon uniforme – bleu et or – de louveteau. La Mère était seule à la maison. À son regard, j'ai deviné qu'elle en avait après moi. L'instant d'après, elle m'écrabouilla le visage contre le miroir, puis, m'attrapant par le bras, elle m'entraîna dans la voiture. Durant le trajet jusqu'à la maison où se tenait la réunion, elle me détailla ce qu'elle me réservait pour mon retour. Je me suis recroquevillé sur le siège, le plus loin possible de La Mère. Peine perdue. Elle m'a pris par le menton pour me relever la tête. Avec ses yeux injectés de sang, sa voix éraillée, on l'aurait crue possédée du diable. À peine arrivé, je me suis rué chez la mère animatrice à qui j'ai expliqué, les larmes aux yeux, que je ne pouvais assister à la réunion parce que je n'avais pas été sage. Un sourire poli aux lèvres, celle-ci me répondit qu'elle espérait que je viendrais à la prochaine. Cette dame, je ne l'ai plus jamais vue.

Une fois à la maison, La Mère m'a obligé à me déshabiller et à me mettre debout devant la cuisinière. Alors que je tremblais – de peur et de honte –, elle m'a révélé la nature de mon délit. Il lui arrivait de prendre la voiture pour aller nous regarder jouer, mes frères et moi, pendant la pause déjeuner. Or, ce jour-là, elle m'avait vu fouler la pelouse – ce qu'elle interdisait absolument. C'était faux ; elle se trompait. Mes dénégations m'ont valu un violent coup de poing sur le visage.

Après quoi, elle a allumé les brûleurs à gaz de la cuisinière tout en me parlant d'un article qu'elle venait de lire sur une mère qui avait forcé son fils à s'allonger sur un fourneau brûlant. Paralysé de peur, les jambes flageolantes, j'aurais voulu rentrer sous terre. Alors que, les yeux fermés, je priais de toutes mes forces pour qu'elle parte, sa main s'est refermée comme un étau sur mon bras.

— À cause de toi, ma vie est un enfer, ricana-t-elle. Il est grand temps que je te montre à quoi ça ressemble !

Et elle passa mon bras sur la flamme dont la chaleur me donna l'impression de faire exploser ma peau. L'odeur des poils roussis flotta jusqu'à moi. Je me débattis comme un forcené sans réussir à échapper à La Mère. Au bout du compte, je me suis effondré à quatre pattes, m'efforçant de souffler sur mon bras.

— Dommage que ton poivrot de père ne soit pas là pour te sauver !

À peine cette raillerie lancée, La Mère m'a ordonné de me relever pour m'allonger sur la cuisinière où elle voulait me voir rôtir à petit feu. En larmes, j'ai refusé et l'ai suppliée en trépignant d'épouvante. En vain. Elle a continué à essayer de m'y faire grimper de force tandis que je priais pour qu'il n'y ait plus de gaz.

Puis, je me suis rendu compte que mes chances d'échapper au supplice dépendaient de ma capacité de me défendre. En effet, La Mère n'oserait jamais se conduire avec un tel sadisme en présence d'un tiers, or mon frère Ron n'allait pas tarder à rentrer de sa réunion de scouts. Bref, il me fallait gagner du temps pour avoir la vie sauve. Un coup d'œil à la pendule suffit pour me montrer que les secondes s'égrenaient avec une lenteur terrible et j'ai titillé La Mère en la bombardant de questions d'un ton geignard. Sa fureur décuplée la poussa à me rouer de coups qui renforcèrent mon sentiment d'avoir gagné. De toute façon, tous les moyens étaient bons pour éviter d'être brûlé vif.

La porte d'entrée s'ouvrit enfin. Ron. Ouf ! Devinant qu'elle avait perdu, La Mère, livide, se figea. J'en ai profité pour m'emparer de mes hardes et foncer dans le garage où je me suis rhabillé à tout berzingue. Ensuite, adossé au mur, j'ai pleurniché jusqu'à ce que je réalise ma victoire. Grâce à mon intelligence, j'avais gagné du temps. J'étais sauvé. Pour la première fois de ma vie, j'avais triomphé de La Mère !

Seul dans le garage sombre suintant d'humidité, je compris que j'avais la capacité de survivre. Du coup, j'ai pris la décision d'avoir recours à toutes les ruses possibles pour vaincre La Mère, du moins mettre des bâtons dans les roues de son obsession morbide. Si je voulais vivre, il fallait prévoir ses machinations, résister, au lieu de pleurer comme un mioche. Et je me suis juré de ne plus jamais donner à La Garce le plaisir de m'entendre implorer sa clémence.

À la fois très angoissé et en proie à une colère froide, je tremblais de tous mes membres glacés. Dans l'espoir d'apaiser les élancements qui me vrillaient le bras, j'ai léché ma brûlure. Cela me fit si mal que je faillis hurler, mais il était exclu de donner ce plaisir à La Mère. Je me suis imposé silence tout en entendant, là-haut, La Mère féliciter Ron de ne pas être un vilain garnement comme David.

4.

Le ventre creux

L'été qui suivit l'incident de la cuisinière, il me parut évident que je n'avais d'autre refuge que l'école. Hormis un répit lors d'une partie de pêche, mes rapports avec La Mère oscillaient entre ses raclées et mes fuites. Elle me tabassait ; je courais au garage. Aussi la rentrée des classes de septembre fut-elle le comble du bonheur pour moi. En prime, j'eus droit à des vêtements neufs, à une gamelle rutilante. Cela dit, La Mère m'obligeant à porter la même chose tous les jours, dès le mois d'octobre je n'avais plus que des loques dégoûtantes à me mettre sur le dos. En plus, elle ne se donnait même plus la peine de masquer les ecchymoses dont mon visage et mes bras étaient constellés car à la moindre question, je sortais les réponses toutes faites qu'elle me fourrait dans le crâne.

Par-dessus le marché, elle m'oubliait pour le dîner depuis belle lurette et me fourguait les restes des céréales de mes frères en guise de petit déjeuner – enfin, les jours fastes, à condition que j'aie fini mon boulot avant de partir à l'école.

Le soir, j'avais tellement faim que mon estomac beuglait comme celui d'un ours enragé. Obsédé par la bouffe, n'arrivant pas à fermer l'œil, je me répétais comme une litanie : *Demain, j'aurai peut-être quelque chose pour le dîner.* Quand je m'endormais enfin, mes rêves étaient peuplés d'énormes hamburgers garnis dans lesquels je mordais. Viande ruisselante de graisse, épaisseur des tranches de fromage, condiments coincés entre la salade et les tomates, les moindres détails y figuraient. Au moment où je les approchais de ma bouche cependant, l'image disparaissait. Quoi que je fasse, je n'en avalais pas un morceau et me réveillais, le ventre encore plus vide que la veille. Fût-ce en rêve, il m'était impossible d'assouvir ma faim.

C'est alors que j'ai commencé à chaparder de la nourriture à l'école, l'estomac noué d'impatience à l'idée d'avoir bientôt quelque chose à me mettre sous la dent, et de trouille à celle de me faire piquer en flagrant délit. Ces larcins, je les commettais toujours avant le début des cours tandis que mes camarades jouaient dans la cour. Je m'approchais de ma classe en rasant les murs, puis m'agenouillais pour que personne ne me surprenne en train de farfouiller dans son déjeuner. Au début, ça a marché comme sur des roulettes, jusqu'à ce que les élèves s'aperçoivent de la disparition de gâteaux ou autres desserts. Du coup, je devins le souffre-douleur de la classe. Sans compter que mon institutrice en toucha un mot au directeur qui s'empressa d'informer La Mère. Ma chasse se transforma alors en spirale infernale, car au moindre rappel à l'ordre du directeur La Mère me tabassait deux fois plus et me mettait à la diète.

Comme elle en rajoutait le week-end sous prétexte de mes vols, je mijotais de nouvelles stratégies infaillibles le dimanche soir. L'une consistait à chaparder dans les paniers-repas des élèves des autres classes de onzième où l'on me connaissait moins. Elle réussit un petit moment, jusqu'à ce que le directeur associe les larcins à leur auteur.

À la maison, la sanction double – raclées et jeûne – entra dans les habitudes. Il est vrai que je ne faisais plus partie de la famille. C'est tout juste si on admettait mon existence. Au lieu de m'appeler par mon prénom, La Mère ne me mentionnait que comme : *Le Garçon*. Il m'était interdit de prendre mes repas à la table familiale, de jouer avec mes frères, de regarder la télévision. Enfermé à la maison, je n'avais pas le droit de sortir, ni de regarder quelqu'un, ni d'adresser la parole à qui que ce soit. Sitôt rentré de l'école, je me tapais les corvées imposées par La Mère. Et, dès que j'avais terminé, j'étais expédié au sous-sol avec l'ordre de n'en pas bouger jusqu'à ce qu'elle me rappelle pour débarrasser et faire la vaisselle. La Mère avait été très claire quant aux risques que j'encourais si elle me surprenait assis ou couché dans mon sous-sol. En un mot, j'étais son esclave.

Je plaçais tous mes espoirs en papa. À dire vrai, il faisait tout son possible pour me refiler des restes. Croyant que l'alcool la mettrait de meilleure humeur, il la soûlait. À moins qu'il ne s'escrime à la convaincre de cesser de me priver de nourriture ou à passer des marchés avec elle, lui promettant monts et merveilles. Autant de vaines tentatives. Solide comme un roc, La Mère n'en démordait pas et son alcoolisme empirait les choses. C'était un monstre.

D'ailleurs, les efforts de papa créaient des tensions. Ils en vinrent à se chamailler au milieu de la nuit. Couché dans mon lit, j'entendais leur ton monter jusqu'aux cris. Ils étaient tous les deux ivres ; La Mère hurlait les pires insanités. Quel que soit le prétexte de leur dispute, j'en étais tôt ou tard l'enjeu. Bien que papa cherchât à me protéger, je frissonnais parce qu'il perdait à tous les coups – une perspective des plus lugubres pour le lendemain. Au début, dès qu'une dispute éclatait, La Mère fonçait dans la voiture, démarrait à grand renfort de crissements de pneus, revenait au bout d'une heure. Et, le lendemain, l'un et l'autre se comportaient comme si de rien n'était. Si mon père trouvait une excuse pour descendre me donner en douce un quignon de pain, je lui en vouais une reconnaissance éperdue d'autant qu'il en profitait pour me promettre de ne pas me laisser tomber.

Cela étant, la fréquence des engueulades le fit changer. Au point qu'à son tour il filait en pleine nuit plus souvent. Dès son départ, La Mère me sortait du lit pour me traîner à la cuisine où, tremblant dans mon pyjama, j'encaissais ses coups. Elle m'envoyait valdinguer d'un bout à l'autre de la pièce et moi, prostré sur le carrelage, je faisais semblant de ne pas avoir la force de me relever. La tactique fit long feu. La Mère me tirait les oreilles pour me forcer à me mettre debout et, m'effleurant le visage de son haleine puant le whisky, m'invectivait – son message ne changeait pas : les problèmes entre mon père et elle, c'était de ma faute. Tombant de fatigue, je n'avais d'autre défense que de baisser les yeux en attendant qu'elle soit à bout de souffle.

Quand La Mère attendit son quatrième bébé, j'étais en dixième. Préoccupée par ma distraction en classe, mon institutrice, Mlle Moss, s'intéressa à moi. Je prétendis regarder la télé tard. Loin d'être convaincue par mes bobards, elle me bombarda de questions non seulement sur ma somnolence, mais sur l'état déplorable de mes vêtements et sur mes bleus. La Mère m'ayant fourré des histoires à raconter dans le crâne, je me suis borné à les répéter.

Mlle Moss s'obstina et finit par faire part de ses inquiétudes au directeur pour qui j'étais un voleur. Il appela aussitôt La Mère. Eh bien, je vous garantis qu'à mon retour à la maison, on aurait dit qu'une bombe atomique venait d'exploser. Déchaînée, La Mère fulmina contre cette espèce d'institutrice hippie qui l'accusait de maltraiter son fils. Aussi s'empressa-t-elle de m'annoncer son rendez-vous du lendemain avec le directeur où elle n'aurait aucun problème à se justifier. À la fin de sa diatribe, il me manquait une dent et j'avais saigné deux fois du nez.

C'est avec un sourire radieux que La Mère m'accueillit à mon retour de l'école, après son entretien. Elle me décrivit sa tenue, précisant qu'elle avait emmené le bébé Russell et tout expliqué au directeur : « David a une imagination débordante. Depuis la naissance de son petit frère, il a tendance à se donner des coups, à s'érafler pour se rendre intéressant. » Rien de plus facile que de l'imaginer en train de déployer son charme de vipère, de cajoler Russell pour amadouer le directeur. Toujours est-il qu'elle s'était déclarée prête à coopérer avec le personnel enseignant. Lequel, pouvant l'appeler en cas de problème, était prié de ne plus faire attention à mes fables d'enfant battu, privé de nourriture. Debout dans la cuisine, je l'écoutais fanfaronner avec un sentiment de désespoir intense. À voir son regain de confiance, d'assurance, j'avais peur pour ma vie et n'avais d'autre désir que celui de disparaître à tout jamais. J'aurais voulu ne plus avoir affaire aux êtres humains.

Les vacances de cette année-là, on les passa au bord de la rivière Russian. En dépit d'une amélioration de mes rapports avec La Mère, la magie s'était dissipée. Promenades en charrette, saucisses grillées, histoires étaient reléguées aux oubliettes. Coincés au chalet la plupart du temps, on n'allait que très rarement à la plage Johnson.

Cherchant à nous distraire, papa nous emmenait au nouveau toboggan. Encore trop petit, Russell restait avec La Mère. Un jour où Ron, Stan et moi jouions chez un voisin, elle sortit dans la véranda et nous cria de rentrer immédiatement. Dès que je me suis retrouvé devant La Mère, elle m'a grondé sous prétexte que j'étais trop bruyant, m'interdisant de retourner au toboggan avec les autres. Mû par le pressentiment qu'elle me réservait un de ses tours abominables, je me suis assis sur une chaise dans un coin, espérant de toutes mes forces que mes frères et papa resteraient là. En vain. Dès leur départ, La Mère me mit une couche sale de Russell sous le nez qu'elle m'écrasa sur la bouille aussitôt. Je me suis gardé de faire le moindre geste qui n'aurait qu'envenimé les choses. Comme je ne levais pas les yeux, j'étais seulement conscient du souffle haletant de La Mère. Au bout de ce qui me parut une éternité, elle s'est agenouillée et, d'un ton mielleux, a susurré :

— Bouffe ça !

Fuyant son regard, j'ai regardé droit devant moi, prêt à résister : *Pas question !* Comme toujours, ma dérobade mit le feu aux poudres. La Mère me flanqua des gifles magistrales tandis que je me cramponnais à la chaise de crainte qu'elle ne me saute dessus si je me cassais la figure.

— Bouffe ça, répéta-t-elle avec un horrible ricanement.

Changeant mon fusil d'épaule, j'ai fondu en larmes en pensant : *Gagne du temps !* Pour me concentrer, j'ai compté en silence. Je n'avais d'autre allié que le temps. La Mère réagit à mes sanglots par une volée de claques, ne s'interrompant que lorsque Russell geigna.

Pour couvert de merde que soit mon visage, j'étais content. Une victoire n'était pas impossible. Je me suis nettoyé tant bien que mal tout en écoutant La Mère fredonner une berceuse à Russell que j'imaginais blotti dans ses bras. Si seulement il pouvait s'endormir ! Hélas, ce n'était pas mon jour de chance...

Un sourire encore accroché aux lèvres, La Mère fondit derechef sur sa proie. Elle m'attrapa par le cou pour me traîner dans la cuisine où une autre couche dégoûtante se trouvait sur le plan de travail. L'odeur me donna la nausée.

— Et maintenant, tu vas me faire le plaisir de bouffer ça ! gueula-t-elle.

Ses yeux étaient traversés des mêmes lueurs que le jour où elle avait voulu me faire brûler vif sur la cuisinière. Sans bouger la tête, j'ai cherché la pendule fixée au mur qui, en fait, était derrière moi. Or, faute d'avoir quelque chose sur quoi me concentrer, j'étais perdu car la situation m'échappait complètement. Je n'eus pas le temps d'y jeter un regard avant que La Mère ne m'emprisonne la nuque de ses mains en répétant pour la énième fois :

— Bouffe ça !

La puanteur était suffocante. Retenant mon souffle, j'ai fixé le bord supérieur de la couche. On aurait dit que les secondes étaient des heures. À l'évidence, La Mère devina ce que j'avais en tête, parce qu'elle me fourra le visage dans la couche et le tourna d'un côté à l'autre.

Comme je m'y attendais, j'avais fermé hermétiquement mes yeux et ma bouche. Un liquide tiède s'échappa de mon nez, le premier touché. Pour empêcher le sang de couler, je n'ai plus respiré et des bouts de crottes sanguinolents se sont insinués dans mes narines. Les mains agrippées au comptoir, j'ai essayé de me dégager de sa poigne, me débattant comme un beau diable. En vain. La Mère était trop forte. L'instant d'après pourtant, elle a lâché prise en soufflant :

— Les voilà ! Les voilà !

Et, attrapant un torchon accroché au-dessus de l'évier, elle me l'a balancé.

— Débarbouille-toi ! a-t-elle assené tout en nettoyant les taches brunes qui maculaient le comptoir.

Je lui ai obéi tant bien que mal après avoir rejeté des bouts de merde par le nez. La Mère m'a enfoncé du Kleenex dans les narines, puis m'a envoyé m'asseoir dans un coin, où, la soirée durant, l'odeur pestilentielle s'est accrochée à moi.

La famille n'est jamais retournée à la rivière Russian.

En septembre, je me suis retrouvé à l'école avec les habits et la gamelle verte, rouillée, de l'année précédente – une vraie loque humaine. En guise de déjeuner, La Mère me préparait systématiquement deux sandwichs au beurre de cacahouètes auxquels elle ajoutait quelques carottes ramollies. En plus, n'étant plus considéré comme un membre à part entière de la famille, je n'avais plus le droit à la voiture et étais forcé d'y aller en courant. C'était sa façon de m'empêcher de piquer quoi que ce soit à mes camarades.

Tous les élèves m'évitaient à l'école où j'étais un véritable pestiféré. Et tandis que j'enfournais mes sandwichs à l'heure du déjeuner, j'entendais mes anciens copains fredonner : « David, le voleur ! David, le puant ! » Les élèves adoraient ce couplet qui faisait le tour de la cour de récréation. Inutile de préciser à quel point je me sentais seul, malheureux, rejeté par le monde entier.

Durant ces heures interminables, au piquet, dans le garage, je passais le temps à concevoir de nouveaux moyens de dénicher de la nourriture. Certes, papa essayait bien de me filer des rogatons. Sans grand succès. Du coup, j'en conclus ne plus devoir compter que sur moi pour survivre. À l'école, plus rien n'était envisageable vu que les élèves, au courant, cachaient leur panier-repas à moins qu'ils ne les enferment dans l'armoire de la classe. Sans compter que les professeurs et le directeur m'avaient à l'œil à présent. Donc, plus rien à tenter de ce côté-là.

Je finis par trouver une solution. Enfin, peut-être. Vu qu'il était interdit aux élèves de quitter l'enceinte de l'école lors de la pause déjeuner, personne ne m'imaginait capable d'enfreindre le règlement. J'eus donc l'idée de filer en douce pour foncer à l'épicerie du coin de la rue et faire main basse sur des petits gâteaux, du pain, des chips – enfin n'importe quoi d'accessible. Toujours est-il qu'il fallait concevoir minutieusement les étapes de ma petite opération. Aussi, le lendemain, ai-je compté le nombre de pas que j'effectuais lors de mon trajet à l'école – calcul indispensable à ma petite virée. Au bout de quelques semaines, il ne me restait plus qu'à trouver le courage de passer à l'action. Il y avait une côte entre l'école et l'épicerie. Comme elle montait à l'aller, cela prenait quinze minutes contre dix au retour. Voilà qui me laissait dix minutes dans le magasin.

Lorsque je courais à l'école tous les jours, j'accélérais ma cadence, martelant le sol à la manière d'un coureur de marathon. Au fil de ces semaines d'entraînement, plus mon projet se précisait, plus ma faim devenait fantasmatique. De toute façon, je rêvassais en permanence en me tapant les corvées à la maison. Il me suffisait de laver le carrelage de la salle de bains à quatre pattes pour me voir sous les traits du prince du conte : *Le Prince et le Mendiant*. En tant que tel, j'avais la faculté de quitter le rôle du serviteur à tout moment. En revanche au sous-sol, je restais souvent immobile, les yeux fermés, m'imaginant dans la peau d'un personnage de bande dessinée. Il est vrai que les tiraillements de mon estomac ne manquaient jamais de me réveiller et de me ramener à mon obsession.

Mon projet avait beau être au point, j'avais trop la frousse pour le mettre à exécution. Et, tout en arpentant la cour à l'heure du déjeuner, je trouvais mille excuses à ma lâcheté. À l'évidence, j'allais être pris. À l'évidence, je m'étais trompé dans mes calculs. Les gargouillements de mon ventre me rappelaient sans cesse – au cours de ces soliloques – quelle poule mouillée j'étais. Au bout du compte, après avoir été privé de déjeuner plusieurs jours d'affilée et n'avoir eu droit qu'à de maigres restes pour le petit déjeuner, j'ai décidé de tenter le coup. Dès la sonnerie, j'ai foncé dans la rue, le cœur battant, les poumons en feu, arrivant à l'épicerie en deux fois moins de temps que prévu. Une fois à l'intérieur, j'ai eu l'impression d'être le point de mire des clients outrés par mon allure de poulbot et mon odeur pestilentielle. Ça, je ne l'avais pas prévu et l'angoisse m'a envahi. Pétrifié au milieu de l'allée, ne sachant que faire, j'ai compté les secondes, le nombre de fois où j'avais crevé de faim. Puis, machinalement, j'ai pris la première chose à ma portée sur une étagère et suis reparti avec une boîte de biscuits – mon trophée –, bien serrée dans ma main.

À proximité de l'école, je l'ai fourrée sous mon chandail, à l'endroit le moins troué, pour traverser la cour. À l'intérieur, je l'ai cachée dans la poubelle des toilettes pour garçons. Plus tard dans l'après-midi, invoquant je ne sais quelle excuse pour le professeur, j'y suis retourné – l'eau à la bouche – pour dévorer mon festin. Hélas, la poubelle était vide ! À l'eau mon bel échafaudage ! En vain tous mes efforts ! Le concierge m'avait devancé.

Heureusement, cet échec cuisant fut suivi de quelques succès. Je réussis même à dissimuler mon trésor dans mon pupitre. Cela étant, le lendemain de cet exploit, j'appris qu'on me transférait à l'école d'en face, dans la même rue. Déçu de perdre le produit de mon larcin, je n'en étais pas moins ravi. En effet, non seulement je pus, au début, piquer des trucs à des camarades non prévenus, mais je filais à l'épicerie environ une fois par semaine où je ne piquais rien si je sentais un danger quelconque. Il n'empêche qu'on finit – comme toujours – par me prendre. Le commerçant téléphona à La Mère, ce qui me valut une raclée épouvantable. Bien que mes parents sachent parfaitement pourquoi je chapardais, La Mère ne cédait pas pour autant. Vu ma faim permanente, cela ne fit que m'ancrer dans mon obstination.

D'ordinaire, La Mère jetait les restes du dîner dans une petite poubelle, me donnant l'ordre de monter du sous-sol où j'étais relégué immédiatement après le repas familial. La vaisselle, c'était ma tâche. Les mains dans l'eau brûlante, je sentais l'odeur de bouffe qui s'échappait de la poubelle. Si l'idée de l'avaler me donna d'abord la nausée, elle finit par me paraître géniale. Je n'avais pas le choix. Terminant la vaisselle le plus vite possible, je suis allé vider la poubelle au sous-sol. Salivant à la vue de ces restes, je me suis dépêché de trier les morceaux comestibles des bouts de papier, des mégots. Autant avouer que je les ai gobés goulûment.

Ma manœuvre tourna court car La Mère la découvrit – évidemment. Je n'ai plus fouillé dans les ordures pendant quelques semaines. Sauf que mon estomac me rappelant à l'ordre, il fallut bien que je recommence. Un soir, après avoir avalé un bout de porc, j'eus une colique épouvantable qui s'éternisa. La Mère prit un malin plaisir à m'expliquer qu'elle avait fait exprès de laisser la viande s'avarier dans le réfrigérateur avant de la balancer – sachant que je serais incapable d'y résister. D'ailleurs, elle finit par inspecter la poubelle sous mes yeux, sans bouger de son canapé. Cela étant, elle ne voyait pas les restes emballés dans des serviettes que, sûr qu'elle ne raclerait pas le fond, j'y cachais. La ruse réussit un bout de temps.

Pas dupe au demeurant, La Mère trouva la parade en aspergeant la poubelle d'ammoniaque. Là, il fallut renoncer. De nouveau, je dus me décarcasser pour chaparder de la nourriture à l'école. Les paniers-repas des élèves étant hors de question, j'eus l'idée de chiper des plats surgelés à la cafétéria.

Me débrouillant pour demander au professeur d'aller au cabinet juste avant l'arrivée du camion de livraison de ces plateaux-repas, je me suis faufilé dans la cafétéria pour en piquer quelques-uns avant de me ruer dans les toilettes. À l'abri des regards, j'ai engouffré de si grosses bouchées de hot dogs et patates surgelés que j'ai failli m'étouffer. Puis, fier comme Artaban d'avoir réussi à me nourrir, je suis rentré en classe.

En retournant au pas de course à la maison ce jour-là, je ne pensais qu'à recommencer le lendemain. L'accueil que m'a réservé La Mère m'a fait changer d'avis. M'ayant traîné dans la salle de bains, elle m'a bourré le ventre de coups si violents que je me suis plié en deux. Après quoi, elle m'a planté face au cabinet et m'a ordonné de m'enfoncer le doigt dans la gorge. Pour résister, j'ai eu recours à mon vieux truc de calcul mental tout en fixant la cuvette en porcelaine. « Un, deux... » Je ne suis pas arrivé à trois, car La Mère m'a fourré son doigt dans la bouche comme si elle voulait m'arracher les entrailles. Je me suis débattu comme un forcené ; elle a fini par me lâcher à condition que je me fasse vomir.

La suite était prévisible. J'ai fermé les yeux tandis que des morceaux de viande rouge giclaient dans le cabinet. Piquée derrière moi les mains sur les hanches, La Mère brailla :

— Eh bien, c'est exactement ce à quoi je m'attendais ! Ton père va en entendre parler, tu peux me croire !

Je me raidis pour me préparer à l'inévitable dégelée. En pure perte. Quand je me suis retourné, La Mère n'était plus dans la salle de bains. Ce n'est pas pour autant que les choses en resteraient là. D'ailleurs, elle ne tarda pas à réapparaître, un bol à la main où elle m'ordonna de mettre les morceaux à peine digérés après les avoir ramassés au fond de la lunette — à titre de pièce à conviction à fourrer sous le nez de papa dès qu'il serait rentré de faire les courses.

Plus tard dans la soirée, une fois mes travaux forcés terminés, La Mère me somma de me tenir au garde-à-vous dans la cuisine tandis qu'elle discutait avec papa dans leur chambre. Le bol de hot dogs vomis trônait sur la table. Incapable d'en supporter la vue, j'ai fermé les yeux tout en m'imaginant à des lieues de la maison. L'instant d'après, les parents entrèrent en trombe et, le doigt pointé vers le bol, La Mère vociféra :

— Alors, tu crois toujours que Le Garçon ne fauche plus rien !

À l'expression de mon père, il était facile de deviner à quel point il en avait marre du perpétuel : « Regarde ce que Le Garçon a encore fait. » Les yeux fixés sur moi, il secoua la tête en signe de désaccord et balbutia :

— Ma foi, Roerva, ça n'arriverait peut-être pas si tu lui donnais quelque chose à se mettre sous la dent !

Sa remarque déclencha une dispute atroce, où, comme toujours, La Mère eut le dessus.

— Tu veux que Le Garçon mange, Stephen ? Eh bien, ne t'inquiète pas, il va manger ! Il n'a qu'à bouffer ça, glapit-elle, poussant le bol vers moi avant de se précipiter dans sa chambre.

Le silence qui tomba dans la cuisine ne fut plus déchiré que par la respiration oppressée de mon père qui, posant doucement sa main sur mon épaule, souffla :

— Ne bouge pas, mon petit lion. Je vais voir ce que je peux faire.

Il revint au bout d'un instant, l'air si triste que je compris qu'il n'avait rien obtenu.

Du coup, je me suis installé sur une chaise et ai commencé à prendre les bouts de hot dog à la main. Les doigts dégoulinants de salive, je les ai enfournés dans ma bouche. Au moment de les avaler, ce fut plus fort que moi, j'ai fondu en larmes en me tournant vers papa. Debout, un verre à la main, on aurait dit qu'il ne me voyait pas tandis qu'il me faisait signe de continuer. C'était le comble ! Il me regardait, passivement, ingurgiter ces trucs innommables. La prise de conscience du gouffre croissant qui nous séparait me désespéra.

Comme je m'échinais à gober sans que le goût s'imprègne dans ma bouche, une main me serra le cou.

— Mâche ! grogna La Mère. Et tu es prié de ne rien laisser, ajouta-t-elle en montrant la salive.

Les joues ruisselantes de larmes, je me suis tassé sur ma chaise. Une fois les morceaux mastiqués, j'ai rejeté la tête en arrière pour les avaler en m'empêchant de toutes mes forces de dégueuler. Et je n'ouvris mes yeux que j'avais fermés, que lorsque je fus sûr que mon estomac ne rejetterait pas le repas de la cafétéria, fixant papa qui détourna aussitôt le regard. Il se dérobait. Je lui en voulus encore plus qu'à La Mère. Comment cet homme – le protecteur de mon enfance – pouvait-il supporter sans lever le petit doigt de voir son fils manger ce qu'un chien aurait refusé de toucher !

Toujours est-il que dès que j'eus terminé le bol, La Mère,

emmitouflée dans sa robe de chambre, vint me balancer une pile de journaux. Elle m'annonça que ce serait ma couverture, car, dorénavant, je dormirais sous la table de la cuisine. Une fois de plus, j'ai jeté un coup d'œil à mon père qui fit comme si je n'existais pas. Alors, refoulant mes larmes, j'ai rampé tout habillé sous la table et me suis couvert des journaux – je n'étais plus qu'un rat dans une cage.

Des mois durant, j'ai passé mes nuits près de la litière des chats. Cela étant, j'appris vite à tirer parti des journaux en m'y enveloppant suffisamment pour qu'ils me tiennent chaud. C'était encore trop confortable pour La Mère qui finit par m'expulser au garage où je fus tenu de dormir sur un vieux lit de camp. Pour ne pas avoir froid, j'approchais le plus possible ma tête de la chaudière mais, après un certain nombre de nuits glaciales, je m'aperçus qu'il valait mieux dormir les mains sous les aisselles et les pieds repliés sous les fesses. Parfois, je me réveillais en rêvant que j'étais allongé – comme un être humain à part entière – sous une couverture électrique, protégé par l'amour de ma famille. Un songe fugace que le froid ne tardait pas à dissiper. Personne ne pouvait m'aider. Pas plus mes professeurs que mes soi-disant frères. Encore moins mon père. J'étais seul. Tous les soirs, j'implorais Dieu de me donner des forces physiques et morales, ne sombrant dans un sommeil agité qu'après avoir grelotté longtemps sur le vieux lit de camp.

Une idée germa au cours de mes insomnies : celle de mendier de la nourriture en allant à l'école. Certes l'inspection de mon vomi avait lieu systématiquement, mais j'estimais que la totalité des aliments avalés le matin seraient digérés l'après-midi. Alors, je décidai de courir plus vite au début du trajet pour avoir le temps de frapper aux portes et de demander à celles qui m'ouvriraient si elles n'avaient pas trouvé un panier-repas près de chez elles. J'ai réussi. Manifestement, je faisais de la peine aux dames à qui je ne donnais jamais mon vrai nom. Enfin, tout a marché comme sur des roulettes jusqu'au jour où je suis tombé sur une relation de La Mère. À l'eau mon petit discours bien rodé : « J'ai perdu mon déjeuner, pourriez-vous m'en préparer un. » Avant même de partir de chez cette dame, j'étais sûr qu'elle préviendrait La Mère.

À l'école ce jour-là, j'ai appelé de tous mes vœux la fin du monde. Incapable de tenir en place, j'étais obsédé par l'image de La Mère affalée sur son canapé devant la télé en train de se saouler et de mijoter un de ses horribles supplices. Et je suis rentré avec des pieds de plomb, ponctuant chaque pas de prières : *Pourvu que l'amie de La Mère n'ait pas téléphoné ! Pourvu qu'elle ne m'ait pas reconnu !* Les rayons du soleil qui brillait dans le ciel, d'un bleu intense, me réchauffaient le dos. À l'approche de la maison, je levais les yeux vers lui en me demandant s'il me serait donné de le revoir. Ayant doucement entrouvert la porte, je descendis sur la pointe des pieds au garage où je m'attendis à la voir débouler à tout moment. Il n'en fut rien. Du coup, j'ai enfilé mes vêtements de travail et suis monté faire la vaisselle du déjeuner. Ne sachant où La Mère était tapie, je tendais l'oreille – on aurait dit un radar – pour la détecter. La peur me crispait le dos tandis que je n'arrivais pas à me concentrer sur ma tâche. Enfin, je l'entendis sortir de sa chambre et s'approcher de la cuisine. L'espace d'un moment, j'ai regardé par la fenêtre. Des enfants jouaient, criaient, riaient. Fermant les yeux, je me suis vu parmi eux et, sourire aux lèvres, je me suis détendu.

Lorsque je sentis l'haleine de La Mère sur ma nuque, mon cœur s'est arrêté de battre. Une assiette m'échappa des mains que je rattrapai juste avant qu'elle ne touche le sol.

— T'es vraiment un petit saligaud qui a des réflexes, hein ? siffla-t-elle. Ah ça, tu sais galoper quand il s'agit de réclamer à bouffer ! Parfait, voyons voir si t'es si rapide que ça...

En prévision de sa raclée, j'ai contracté mes muscles. Et j'attendis. Rien.

Du coup, j'en ai conclu qu'elle allait retourner devant la télé. Plantée à quelques pas de moi, elle m'épiait. Je m'en aperçus à son reflet dans la glace fixée au-dessus de l'évier. La Mère, qui s'en rendit compte, me décocha un sourire. Je faillis en pisser dans mon pantalon.

La vaisselle terminée, j'entrepris de nettoyer la salle de bains. Assise sur le cabinet, La Mère me regarda récurer la baignoire. Comme je lavais les carreaux à quatre pattes, elle se leva et se posta derrière moi. Contrairement à ce que je croyais, elle ne me flanqua pas de coup de pied sur la gueule. Mon anxiété s'accrut. À l'évidence, La Mère allait me tabasser, mais je n'arrivais pas à deviner où, quand, ni comment. Quand j'eus enfin fini la salle de bains – au bout d'une éternité me sembla-t-il –, j'avais les bras et les jambes qui tremblaient. Rien n'arrivait à me distraire de la présence de La Mère. Prenant mon courage à deux mains, j'ai levé les yeux. Sourire aux lèvres, elle me houspilla :

— Dépêche-toi, jeune homme. Il faut beaucoup plus te grouiller que ça.

À l'heure du dîner, à bout de forces tant la peur me tenaillait, je faillis m'endormir en attendant son ordre de monter débarrasser et faire la vaisselle. Ensuite, debout dans mon garage obscur, j'eus une envie pressante de faire pipi. Or, sans la permission de La Mère, j'étais un prisonnier dans son cachot et les toilettes du rez-de-chaussée m'étaient interdites. *Peut-être que son plan, c'est de m'obliger à boire mon pipi,* me dis-je alors. Si immonde que cela paraisse, elle était capable de n'importe quoi – je devais être prêt à toute éventualité. Sauf que je perdais des forces à m'escrimer à deviner ses intentions. Soudain, une idée lumineuse me traversa l'esprit : elle m'avait suivi pas à pas pour exercer sur moi une pression, afin que je sois sur les charbons ardents quant au moment, au lieu de mon châtiment. Je n'eus pas le temps de préparer une contre-attaque car elle me hurla de monter. Dès qu'elle me vit, elle claironna que seule une vaisselle faite à la vitesse de la lumière me sauverait ce coup-ci. Et elle ajouta en ricanant :

— Bien entendu, inutile de préciser que tu es privé de dîner. Cela dit, ne te fais pas de bile, j'ai trouvé le moyen de soigner ta faim.

À peine eus-je terminé que La Mère me renvoya au sous-sol où, adossé au mur de ciment, je me suis creusé la cervelle pour deviner le sort qu'elle me réservait. En vain. Glacé jusqu'aux os, j'étais si éreinté que je m'endormais debout. Dès que ma tête dodelinait, je me réveillais brusquement pour la redresser, mais – en dépit de mes efforts – je n'arrivais pas à l'empêcher de tressauter à la manière d'un bouchon de liège sur l'eau. Comme en transe, j'avais l'impression de flotter, l'âme détachée du corps. Sentant de nouveau ma tête tomber sur ma poitrine, je me suis réveillé en sursaut tant le risque d'être surpris était lourd de conséquences. Pour chasser le sommeil, j'ai regardé par la fenêtre les lumières rouges des avions volant dans le ciel tout en écoutant les voitures qui passaient dans la rue. Si seulement, moi aussi, j'avais pu m'envoler !

Longtemps après, Ron et Stan étant couchés, La Mère me fit remonter. Chaque marche gravie décuplait ma peur. L'heure avait sonné. Elle était venue à bout de ma résistance physique et morale. Peu importe ce qu'elle comptait m'infliger, j'avais hâte qu'elle en finisse.

J'ouvris la porte avec un calme étonnant. La maison était plongée dans l'obscurité à l'exception d'une lumière dans la cuisine où La Mère était assise, derrière la table. Immobile, je l'ai regardée me sourire tout en comprenant, à ses épaules voûtées, qu'elle était fin saoule. Si étrange que cela paraisse, j'étais sûr qu'elle ne me battrait pas. Bien que dans le cirage, je sortis de mon hébétude lorsqu'elle s'avança vers le placard sous l'évier, s'accroupissant pour l'ouvrir et en sortir une bouteille d'ammoniaque. Éberlué, sans comprendre, je l'ai vue en verser dans une cuillère. Malgré mes efforts, j'étais incapable de sortir de mon hébétude.

La cuillère à la main, La Mère s'est approchée de moi. Comme une goutte d'ammoniaque tombait par terre, j'ai reculé jusqu'à me cogner la tête au plan de travail. Rigolant presque sous cape, j'ai pensé : *Quoi, c'est tout ? C'est ça ? Elle ne veut que me faire avaler ça ?*

Trop crevé pour avoir la trouille, je n'avais plus qu'une envie : *Allez, qu'on en finisse.* La Mère se pencha pour me répéter que la rapidité était la seule chose qui me sauverait. J'eus beau m'échiner à élucider son énigme, j'avais la tête trop embrouillée pour y arriver.

Sans hésiter, j'ai ouvert la bouche. La Mère enfonça la cuillère en métal froid jusqu'au fond de ma gorge sans que je m'affole outre mesure, trouvant cela trop facile en quelque sorte. L'instant d'après, je suffoquais. La gorge serrée, les jambes flageolantes, je suis resté en face de La Mère, avec l'impression que mes yeux allaient sortir de leurs orbites. Puis, je me suis écroulé à quatre pattes tandis qu'un mot s'affichait dans ma cervelle : *Bulle !* Martelant le sol du poing, j'ai essayé d'avaler en me concentrant sur la bulle d'air coincée dans mon œsophage. J'étais terrifié. Des larmes ruisselèrent sur mes joues. Au bout d'un moment, je n'ai plus frappé si fort tandis que mes ongles éraflaient le sol que je ne quittais pas des yeux. Les couleurs se brouillaient. Au bord de la syncope, je fus sûr que ma dernière heure était arrivée.

Quand je revins à moi, La Mère me tapait dans le dos avec une telle violence que j'ai roté. Du coup, retrouvant mon souffle, j'ai aspiré de grandes goulées d'air. La Mère, elle, alla vider son verre d'alcool. Après quoi, elle revint et souffla sur moi :

— Alors, ce n'était pas bien sorcier, hein ! assena-t-elle avant de m'envoyer me coucher dans mon lit de camp.

Le lendemain soir, elle remit ça devant papa en pavoisant :

— Voilà une bonne leçon pour lui apprendre à ne plus piquer de bouffe !

Nul doute pour moi à présent : le plaisir pervers qu'elle en retirait était pathologique. Toujours est-il que je lui ai résisté. Après qu'elle m'a ouvert la bouche de force, j'ai secoué la tête d'un côté l'autre et réussi à ce qu'elle renverse le détergent. Hélas, il en restait un peu dans la cuillère ! J'ai recommencé à marteler le sol de mes poings serrés tout en appelant mon père au secours – du regard, car aucun son ne franchit mes lèvres. Mais, planté devant moi, il ne réagit pas. Quant à La Mère, elle se courba – on l'aurait dit prête à caresser un chiot – et me redonna des claques dans le dos juste avant que je ne tombe dans les pommes.

Le lendemain, j'ai profité du moment où je nettoyais la salle de bains pour examiner ma langue, brûlée, dans la glace. À vif en certains endroits, elle était rouge, irritée. Pétrifié devant le lavabo, je me suis rendu compte que j'avais une chance inouïe d'être encore vivant.

La Mère renonça à me faire ingurgiter de l'ammoniaque, se rabattant parfois sur l'eau de Javel mais, surtout, sur le produit à vaisselle. Une fois, elle fit gicler le liquide rose directement de la bouteille dans ma bouche. Après quoi, elle me renvoya au garage avec l'ordre d'y rester debout. Ma bouche était si sèche que je bus des litres d'eau au robinet. Une bêtise énorme : j'eus la colique quasi sur-le-champ. À cor et à cri, j'ai supplié La Mère de me permettre d'aller au cabinet du rez-de-chaussée. Peine perdue. Paralysé, sans oser faire un mouvement, j'ai senti une merde liquide couler dans mon caleçon et le long de mes jambes.

Pleurant d'humiliation, je n'en trouvai pas pour autant le courage de bouger. Au bout du compte, n'y tenant plus – j'avais un mal de ventre épouvantable –, j'ai rassemblé un semblant de dignité. Et je me suis approché en dandinant de l'évier, dénichant un seau où je me suis soulagé. Comme je me triturais les méninges pour trouver un moyen de me laver, la porte du garage s'est ouverte. J'ai tourné la tête : c'était mon père. Le regard indifférent qu'il posa sur les fesses souillées de son fils, sur le liquide brunâtre qui coulait dans le seau, me donna le sentiment d'être moins qu'un chien galeux.

La Mère ne gagnait cependant pas à tous les coups. Une semaine où elle m'avait interdit d'aller à l'école, elle m'ordonna de récurer la cuisine après m'avoir fait ingurgiter du produit à vaisselle. Je ne l'avais pas avalé. Petit à petit, ma bouche se remplit de salive et de savon. Je tins bon néanmoins. À peine mon boulot terminé, je me suis précipité au garage pour vider la poubelle, et, avec un sourire fendu jusqu'aux oreilles, j'ai tout recraché. Puis, je me suis soigneusement essuyé avec une serviette en papier trouvée dans l'une des poubelles alignées devant la porte. L'orgueil d'avoir battu La Mère à son propre jeu me gonfla autant le cœur que si j'avais gagné un marathon olympique.

À dire vrai, La Mère découvrait la plupart de mes stratagèmes mais pas tous. Après quelques mois d'incarcération – des heures d'affilée – dans le garage, j'ai d'ailleurs trouvé le courage de faucher un peu de produits surgelés dans le congélateur. Conscient du prix à payer si j'étais pris, j'en savourais chaque morceau comme si c'était le dernier repas de mon existence.

Seul dans mon garage obscur, je m'imaginais roi paré de ses plus beaux atours en train de déguster les mets les plus exquis du monde. Il me suffisait d'avoir une part de tarte à la citrouille ou une crêpe au maïs à la main pour être un souverain qui, du haut de son trône, baissait les yeux sur les plats qui l'attendaient avec un grand sourire.

5.

L'accident

L'été 1971 fut le symbole de mes dernières années chez La Mère.

À tout juste onze ans, je connaissais déjà toute la gamme des châtiments que j'encourais. Si je dépassais le délai fixé pour l'une des innombrables corvées, j'étais privé de nourriture. Si je levais les yeux sur elle ou l'un de ses fils sans sa permission, c'était la gifle. Enfin, si j'étais surpris à chaparder, La Mère me sanctionnait par une punition déjà rodée à moins qu'elle n'en invente une plus atroce. La plupart du temps, elle donnait l'impression que tout était réglé comme du papier à musique et j'étais en mesure de prévoir ses moindres gestes. Il n'empêche que, constamment sur le qui-vive, je me raidissais dès que je la sentais dans les parages.

À la fin du mois de juin, j'avais le moral à zéro. Manger quelque chose relevait presque de la chimère. Quel que soit le mal que je me donnais pour venir à bout de mes corvées, j'avais de moins en moins droit aux restes du petit déjeuner et je sautais toujours le déjeuner. Quant au dîner, j'en prenais un soir sur trois.

Un jour de juillet s'est particulièrement gravé dans ma mémoire. Il avait commencé sans se démarquer de mon train-train d'esclave. À cause des vacances, les moyens de trouver une vague pitance étaient réduits et je n'avais rien mangé depuis l'avant-veille. Comme toujours à l'heure du dîner, j'écoutais la famille attablée. J'étais assis sur la dernière marche de l'escalier – la main sous les fesses, la tête en arrière – dans la position dite du « prisonnier de guerre », dernière trouvaille en date de La Mère. Et rêvant à moitié que j'étais enfin redevenu membre de la famille, je laissai ma tête tomber en avant. Je dus m'assoupir parce que la voix hargneuse de La Mère me réveilla en sursaut :

— Monte ! Allez, bouge ton cul et que ça saute !

Me relevant immédiatement, je me suis rué dans l'escalier en priant pour qu'elle consente enfin à me donner de quoi apaiser ma faim.

À peine avais-je commencé, fébrilement, à débarrasser la table de la salle à manger qu'elle m'appela dans la cuisine. La tête basse, je l'ai écoutée déblatérer sur le délai qu'elle m'imposait :

— Bon, tu as vingt minutes – pas une de plus. Sinon, tu peux dire adieu à ton dîner. Pigé ?

— Oui, m'dame.

— Et regarde-moi quand je te parle ! fulmina-t-elle.

Docile, je lui obéis. C'est alors que je vis Russell. Il se balançait sur la cuisse gauche de La Mère, me fixant d'un regard froid sans avoir l'air impressionné par le ton cassant de celle-ci. Bien qu'encore tout petit – quatre ou cinq ans –, Russell avait déjà endossé le rôle de garde-chiourme de La Mère, épiant le moindre de mes mouvements pour s'assurer que je ne volais rien de comestible. Cela avait beau ne pas être de sa faute – La Mère lui avait fait subir un véritable lavage de cerveau –, je ne m'en méfiais pas moins comme de la peste et lui vouais une haine féroce.

— Tu m'entends, brailla La Mère. Regarde-moi quand je te parle.

Lorsque je levai les yeux vers elle, je la vis s'emparer d'un couteau sur le plan de travail tandis qu'elle s'égosillait :

— Gare à toi, je te tuerai si tu ne termines pas à temps !

La menace qu'elle brandissait sans arrêt depuis une semaine ne me fit ni chaud ni froid. À Russell non plus du reste. Il continua de se balancer sur la jambe de La Mère comme si c'était un cheval de bois. Quant à elle, sa tactique la laissait manifestement insatisfaite parce qu'elle n'arrêta pas de me harceler tandis que les minutes s'écoulaient, réduisant d'autant le délai fixé. Moi, je ne voulais qu'une chose, c'est qu'elle la boucle, me laisse bosser. Il me fallait absolument avaler un morceau, la perspective d'une nouvelle nuit sans rien dans le ventre m'épouvantait.

Tout de même, il y avait anguille sous roche. Et de taille ! J'ai scruté La Mère qui, à présent, agitait le couteau dans sa main droite. De nouveau, je ne fus pas vraiment terrorisé car ce n'était pas la première fois. *Les yeux*, me dis-je. *Regarde-la dans les yeux.* S'ils me parurent normaux – mi-clos et vitreux comme à l'ordinaire –, je sus néanmoins instinctivement que, décidément, quelque chose clochait. Bien que ne la croyant pas capable de mettre sa menace à exécution, je me raidis. À ce moment-là, je compris le problème. Comme Russell se balançait sur sa jambe d'une part et qu'elle moulinait le bras d'autre part, La Mère tanguait. L'espace d'un instant, je fus sûr qu'elle allait s'effondrer.

Mais elle chercha à retrouver l'équilibre. Sans cesser de hurler contre moi, elle cria à Russell de foutre le camp. On aurait dit que son buste était un fauteuil à bascule oscillant frénétiquement. Du coup, oubliant ce que je risquais, je me complus à l'imaginer – cette sale poivrote – la gueule écrasée sur le sol. Cela dit, je ne cessais de fixer son visage et, du coin de l'œil, je vis un objet, flou, s'échapper de sa main. L'instant d'après, une douleur fulgurante me transperça le ventre. Malgré tous mes efforts pour rester debout, le sol se déroba sous mes jambes. Tout bascula dans le noir.

Quand je repris mes esprits, je sentis quelque chose de chaud s'écouler de ma poitrine. Il me fallut quelques secondes pour comprendre que j'étais assis sur les cabinets. Je me suis tourné vers Russell qui chantonnait : « David va mourir. Le Garçon va mourir. » Du coup, j'ai regardé mon ventre, découvrant La Mère agenouillée devant moi en train d'appliquer à la hâte un gros pansement sur une plaie d'où ruisselait du sang rouge sombre. Persuadé qu'il s'agissait d'un accident, je voulus lui dire que je lui pardonnais mais j'étais trop faible pour y arriver. En outre, j'étais incapable d'empêcher ma tête de ballotter d'avant en arrière. Je perdis de nouveau connaissance.

À mon réveil, La Mère, toujours à genoux, m'enroulait le torse d'une bande. Elle avait l'air de savoir exactement quoi faire. D'ailleurs, lorsque mes frères et moi étions plus petits, elle nous avait souvent parlé de son intention d'être infirmière avant sa rencontre avec papa. Et elle n'était jamais prise au dépourvu quand il y avait un accident à la maison. Confiant dans ses talents d'infirmière, je m'attendais à ce qu'elle me transporte d'une minute à l'autre à la voiture pour m'emmener à l'hôpital. Aussi étrange que cela paraisse, j'étais soulagé parce qu'au fond de mon cœur je sentais que c'était la fin de mon calvaire, de la sinistre farce de ma vie d'esclave. Ce coup-ci, même La Mère ne trouverait pas de mensonge adéquat. L'accident – du moins en avais-je l'impression – allait me libérer.

Elle mit plus d'une demi-heure à faire mon pansement. Bien que ne lisant aucun remords dans ses yeux, je n'en espérais pas moins qu'elle me consolerait d'une voix douce. Eh bien, j'en fus pour mes frais ! Impassible, elle se releva sans daigner m'accorder un regard, se lava les mains et m'informa qu'il me restait trente minutes pour finir la vaisselle. De prime abord, le sens de ses paroles m'échappa, puis je compris : La Mère comptait occulter le coup de couteau de la même façon que la luxation de mon bras quelque temps auparavant.

Il était exclu de m'apitoyer sur mon sort – le temps passait. Je me suis levé et ai gagné la cuisine en chancelant. À chaque pas, une douleur effroyable me perforait les côtes tandis que mon T-shirt en loques s'imbibait de sang. Une fois devant l'évier, je me suis penché, hors d'haleine comme un vieux cabot.

Le bruit des pages du journal que feuilletait papa dans le

salon parvint à mes oreilles. Je pris une profonde inspiration dans l'espoir que cela m'aiderait à me traîner jusqu'à lui. L'effort, démesuré par rapport à mon état, me fit tomber. Il me fallait respirer par à-coups, c'est ainsi que je réussis à gagner le salon où mon sauveur était assis au bout du canapé. Pour moi, il était évident qu'il allait régler son compte à La Mère et me conduire à l'hôpital. Attendant patiemment qu'il tourne sa page, je bredouillai dès qu'il me vit :

— Papa, ma...ma... maman m'a donné un coup de couteau.

Sans même lever les sourcils, il me demanda :

— Et pourquoi ça ?

— Ben, elle m'a dit qu'elle me tuerait... si je finissais pas la vaisselle dans les délais.

Le temps suspendit son vol. Le visage dissimulé derrière son journal, mon père avait manifestement du mal à respirer. Il s'éclaircit la voix :

— Écoute... Il vaudrait mieux que tu retournes la faire, cette vaisselle.

N'en croyant pas mes oreilles, je me suis penché vers papa qui dut percevoir mon désarroi. En tout cas, il a secoué son journal d'un geste nerveux tout en haussant le ton :

— Nom de Dieu ! Est-ce que ta mère sait que tu es venu me parler ? Merde, mon p'tit gars, ce n'est pas la peine de la foutre encore plus en rogne ! Je n'ai vraiment pas envie de ça ce soir.

Il s'interrompit pour reprendre son souffle avant d'ajouter à mi-voix :

— Écoute, retourne finir la vaisselle et je te promets de ne rien dire à ta mère, d'accord. Ce sera notre secret à tous les deux. Maintenant, file avant qu'elle ne nous voie ensemble. Allez, ouste !

Sous le choc, je n'ai pas bougé. Mon père ne m'avait même pas regardé. Dans mon esprit, j'étais sûr que s'il baissait son maudit journal, plongeait ses yeux dans les miens, il mesurerait l'étendue de ma souffrance, de mon désespoir, de mon besoin d'aide. Seulement voilà, La Mère le dominait. Du reste, rien de ce qui se passait dans la maison n'échappait à son autorité, et nous connaissions l'un comme l'autre le principe qui prévalait dans la famille : un problème occulté n'existe pas. Planté devant mon père, sans savoir quoi faire, je vis des gouttelettes de sang maculer le tapis. Moi qui croyais qu'il me prendrait dans ses bras pour m'emmener à mille lieues de cet enfer ! Moi qui me figurais qu'il déchirerait sa chemise pour me révéler sa véritable identité avant de s'envoler dans les airs tel Superman !

Ayant perdu tout respect pour lui, je lui ai tourné le dos. Le sauveur de mes rêves n'était qu'un imposteur. La fureur que je ressentais à son égard dépassait de beaucoup celle que m'inspirait La Mère. Si seulement j'avais pu m'enfuir ! Une douleur lancinante me ramena à la réalité.

Je fis la vaisselle aussi vite que le permit ma blessure. Et je ne tardai pas à réaliser que le moindre mouvement de mon avant-bras me déchirait la poitrine, tandis que de passer d'un évier à l'autre me faisait horriblement mal. Non seulement j'étais à bout de forces, mais plus je dépassais le délai fixé par La Mère, moins j'avais de chance de manger quoi que ce soit.

Ma seule envie, c'était de m'allonger, d'en finir, mais je m'étais juré de résister – il fallait tenir coûte que coûte pour prouver à la Garce qu'elle n'aurait ma peau que si elle me tuait. Il n'était pas question de céder, quitte à en mourir. Attelé à la vaisselle, je m'aperçus que les élancements qui me labouraient le torse s'atténuaient si je me penchais sur l'évier, dressé sur la pointe des pieds. En plus, au lieu de passer chaque assiette d'un évier à l'autre, j'ai lavé la pile avant de rincer le tout. En revanche, après les avoir toutes essuyées, la perspective du rangement dans le placard au-dessus de ma tête me paniqua – je devais étirer le bras, or c'était insoutenable. Les jambes tendues à l'extrême, je faillis arriver à poser une petite assiette, mais une douleur fulgurante me fit tomber à la renverse.

Le sang imbibait ma chemise à présent. Comme je cherchais à me relever, je sentis que papa m'empoignait. Je l'ai repoussé.

— Allez, passe-moi la vaisselle, me dit-il. Je vais la ranger. Toi, tu ferais mieux de descendre te changer.

Sans mot dire, je lui ai obéi. Un coup d'œil à la pendule m'apprit que j'avais mis une heure et demie à venir à bout de ma tâche. La main droite agrippée à la rampe d'escalier, je descendis lentement tout en regardant le sang dégouliner de mon T-shirt.

La Mère m'attendait au pied des marches. Si elle me déshabilla le plus doucement possible, elle ne chercha pas à me réconforter pour autant. En fait, elle parait au plus pressé, me témoignant moins de compassion qu'aux animaux que je l'avais vue soigner dans le temps.

J'étais si faible que je ne pus m'empêcher de m'appuyer sur elle quand elle me fit enfiler un vieux T-shirt trop grand pour moi. Je m'attendis à une beigne immédiate qui n'arriva pas. J'eus droit à un petit répit. Ensuite, La Mère m'installa au pied de l'escalier et s'en alla. L'instant d'après, elle revint avec un verre d'eau que j'ai avalé d'un trait tandis que d'une voix neutre, dépourvue d'émotion, elle me disait qu'il fallait que je récupère un peu avant qu'elle ne me donne à manger.

Comme je lançais un coup d'œil furtif au crépuscule gagné par l'obscurité, elle ajouta que je pouvais aller jouer dehors avec mes frères. En proie à la plus grande confusion, je ne saisis pas le sens de ses paroles. Elle insista :

— Vas-y, David. Tu as le droit.

Avec son aide, je sortis en boitillant. Trop absorbés par les feux de Bengale du 4 juillet qu'ils étaient en train d'allumer, mes frères ne firent pas attention à moi. Encore plus gentille, La Mère m'a soutenu par les épaules pendant que nous regardions les figures en huit que formaient les feux d'artifice de mes frères.

— Tu en veux un ? me demanda-t-elle.

J'ai hoché la tête. Alors elle m'a pris la main et s'est agenouillée pour en allumer un. Le souvenir de son parfum d'autrefois m'est, fugacement, revenu à la mémoire. Sauf que La Mère n'en portait plus, ne se maquillait plus.

Tout en m'amusant avec mes frères, je m'interrogeais sur le changement d'attitude de La Mère à mon égard. *Est-ce qu'elle essaie de faire la paix ? Est-ce que mon exil au garage est enfin terminé ? Est-ce que je suis de nouveau un membre à part entière de la famille ?* Pour l'heure, ça m'était égal, mes frères m'associaient à leurs jeux et j'en avais chaud au cœur – une sensation que je croyais ne plus jamais éprouver.

Mon feu de Bengale s'est éteint rapidement. Alors j'ai admiré le coucher du soleil, spectacle auquel je n'avais pas assisté depuis une éternité. Les yeux clos, je me suis imprégné de la chaleur des derniers rayons, oubliant – l'espace d'un instant — ma souffrance, ma faim, ma vie atroce. J'étais si bien que j'aurais voulu que le moment se grave dans ma mémoire.

Avant d'aller se coucher, maman me donna un verre d'eau et un peu à manger. L'impression qu'elle me dorlotait comme si j'étais un animal éclopé ne me gêna pas du tout.

Dans le garage, je me suis allongé sur le vieux lit de camp avec l'intention de ne pas me laisser terrasser par la douleur. En vain, elle irradiait de ma plaie. Cela dit, l'épuisement en vint à bout et j'ai sombré dans un sommeil peuplé de cauchemars toutefois, dont je me réveillais en nage. À un moment, j'entendis un bruit derrrière moi qui m'épouvanta. C'était maman. Elle se pencha pour m'appliquer un gant froid sur le front tout en m'annonçant que j'avais eu de la fièvre toute la nuit. À bout de forces, souffrant le martyre, je ne réagis pas. Après quoi, elle alla s'installer dans la chambre de mes frères, située au rez-de-chaussée donc plus proche du garage. Voilà qui me rassura.

Du coup, je me suis rendormi et j'ai fait un rêve horrible où des trombes d'une pluie chaude, sanglante, ruisselaient sur moi sans que j'arrive à m'y soustraire. À mon réveil le lendemain matin, mes mains étaient enduites de sang coagulé, mon T-shirt complètement rouge et mon visage ne valait guère mieux. La porte s'ouvrit. Je me suis tourné vers maman avec l'espoir qu'elle me traiterait avec autant de gentillesse que la veille. Il fut aussitôt déçu. D'un ton glacial, La Mère m'ordonna de me mettre au boulot dès ma toilette finie : j'avais retrouvé mon statut de bâtard de la famille.

Ma fièvre n'était toujours pas tombée trois jours après l'accident, mais je n'osais rien demander – même pas une aspirine. Papa était à son travail et La Mère fidèle à elle-même. Cette fièvre était provoquée par la plaie qui s'était ouverte plusieurs fois depuis la nuit de « l'accident », j'en étais sûr. Aussi, sans faire de bruit de crainte que La Mère n'entende, me suis-je faufilé jusqu'à l'évier du garage, muni d'un chiffon, le moins sale de mon tas. Je l'ai mouillé au filet d'eau coulant du robinet que j'avais à peine ouvert. Ensuite, je me suis assis pour remonter ma chemise imbibée de sang. Sursautant sous l'effet de la douleur, je n'en pinçai pas moins – le plus doucement possible – les lèvres de la plaie. Cela me fit si mal que je tombai à la renverse et faillis m'évanouir. Quand je fus capable de regarder de nouveau mon ventre, je vis une substance jaunâtre suinter de la blessure, rouge, très irritée. Inutile d'y connaître grand-chose pour comprendre qu'elle était infectée. D'un bond, je me suis levé, prêt à monter demander à La Mère de la soigner. Au moment de m'élancer toutefois, je me suis ravisé : *Il n'en est pas question, je peux tout à fait me passer de la Garce !* Les premiers soins, j'en avais des notions suffisantes pour nettoyer une plaie. Et j'allais le faire tout seul. Sans faire appel à La Mère. Il était exclu de lui donner davantage de pouvoir sur moi qu'elle n'en avait déjà.

Ayant de nouveau trempé le chiffon, j'en effleurai ma blessure, hésitant avant de la toucher vraiment. J'avais les mains qui tremblaient de peur, les joues ruisselantes de larmes – réactions de bébé qui me mirent en rage contre moi. En fin de compte, je me suis secoué : *Si tu chiales, tu en crèveras ! Alors soigne-toi !* Certain que la blessure n'était pas mortelle, j'ai dominé la douleur au prix d'un effort inouï.

De crainte de perdre courage, je me suis fourré un autre chiffon dans la bouche. Après quoi, j'ai pincé – en faisant très attention – la peau de la coupure entre le pouce et l'index de ma main gauche, tout en essuyant le pus de la droite. Et j'ai recommencé jusqu'à ce qu'il ne coule plus que du sang de la plaie presque débarrassée de la substance blanchâtre. À dire vrai, cela faisait si mal que le chiffon sur lequel je serrais les dents n'était pas de trop pour étouffer mes cris et j'avais l'impression d'être suspendu dans le vide. À la fin, l'encolure de mon T-shirt était inondée de larmes.

L'essentiel à présent, c'était que La Mère ne me trouve pas ailleurs qu'au pied de l'escalier. À toute vitesse, j'ai tout nettoyé puis je me suis traîné, en rampant, à ma place assignée. Avant de m'asseoir sur les mains, j'ai inspecté mon T-shirt : seules quelques gouttes de sang avaient transpercé mon pansement de chiffons. D'une certaine façon, je savais que ma blessure allait cicatriser parce que je le voulais à toute force. Fier de moi, je me suis fait l'effet d'être un personnage de bande dessinée ayant échappé à d'énormes périls. Puis, je me suis endormi en rêvant que je volais dans un ciel aux couleurs éclatantes. Vêtu d'une cape rouge... J'étais Superman.

6.

En l'absence de papa

Après l'histoire du couteau, on vit de moins en moins papa à la maison. Il se plongea dans son travail. Tous les prétextes étaient bons, mais je n'étais pas dupe. Souvent, tremblant de peur dans mon garage, je priais pour qu'il ne parte pas. Car, en dépit de tout, je le considérais toujours comme mon protecteur. En sa présence, La Mère s'acharnait deux fois moins sur moi.

En tout cas, papa m'aidait à faire la vaisselle du dîner quand il était là. Il lavait tandis que j'essuyais, et nous nous parlions à voix basse pour éviter que La Mère ou les garçons ne nous entendent. Parfois, nous nous interrompions un moment pour nous assurer que la voie était libre. C'était toujours mon père qui brisait la glace :

— Alors, mon petit lion, comment va ?

À l'entendre me donner le surnom de mon enfance, mon visage s'illuminait d'un sourire radieux.

— Bien.

— Tu as mangé quelque chose aujourd'hui ? me demandait-il souvent.

Comme je secouais la tête la plupart du temps, il ajoutait :

— T'inquiète pas, un jour on décampera de cette baraque de cinglés.

Conscient que la vie à la maison était insupportable pour lui, je m'en sentais responsable. Alors je lui promettais d'être sage. De ne plus piquer de bouffe. De m'appliquer à mes corvées. Et il souriait en m'assurant que rien n'était de ma faute.

Lors de ces vaisselles ensemble, il m'arrivait d'avoir une lueur d'espoir. Même si je me doutais que mon père ne s'opposerait jamais à La Mère, sa présence me rassurait.

Naturellement, La Mère mit un terme aux coups de main de papa — comme à tout ce qui pouvait me faciliter l'existence. Elle prétendit que Le Garçon n'avait pas besoin d'aide, tout en lui reprochant de trop s'en occuper au détriment des autres. Mon père céda sans aucune résistance. La Mère exerçait un pouvoir absolu sur tous les membres de la famille.

Tant et si bien que papa finit par ne plus passer ses jours de congé à la maison. Il ne restait que le temps de voir mes frères, de me dire quelques mots, puis il s'en retournait à sa solitude – en général dans un bar. Bien qu'il continuât d'évoquer sans cesse ses projets pour notre futur départ, je ne me faisais guère d'illusions.

Un jour toutefois, il s'agenouilla à ma hauteur, tenant absolument à ce que je sache à quel point ma situation le désespérait. Moi, je fus accablé par sa métamorphose. Outre de grands cernes noirs sous les yeux, il avait le visage et le cou couleur lie-de-vin. Carrées jadis, ses épaules se voûtaient tandis que ses cheveux d'un noir de jais se striaient de gris. Du coup, j'ai mis mes bras autour de sa taille, le cœur serré parce que je n'avais aucune idée du moment où je le reverrai.

À peine mon boulot terminé, je me suis précipité au sous-sol. Il me restait à laver mes hardes et un ballot de chiffons pestilentiels, mais j'étais si triste du départ de papa que j'ai éclaté en sanglots. La tête enfouie dans le ballot de linge sale, j'ai pleuré pour qu'il revienne me chercher. De quoi soulager mon cœur gros, me donner le courage de m'attaquer à la lessive de mes vêtements aussi troués qu'un morceau de gruyère. À force de frotter, mes phalanges saignèrent. Je m'en fichais, comme de tout le reste, tellement c'était invivable chez La

Mère. Je n'avais plus qu'un désir, réussir à me tailler de cette maison que j'appelais désormais « L'asile de fous ».

La Mère me fit jeûner dix jours de suite lors d'une des absences de papa, à titre de sanction parce que je ne respectais pas – quels que soient mes efforts – les délais qu'elle m'imposait. Naturellement, elle veilla à ce que je n'aie aucun moyen de piquer quoi que ce soit, débarrassant la table elle-même, jetant les ordures à la poubelle qu'elle fouillait tous les jours avant que je n'aille la vider en bas. Pour couronner le tout, elle ferma le congélateur du garage à clé et garda celle-ci sur elle. Si j'étais habitué à tenir le coup trois jours sans manger, dix jours c'était au-dessus de mes forces. Je ne pus survivre que grâce à l'eau. Quand je remplissais un bac à glaçons du réfrigérateur, j'en inclinais le coin vers ma bouche. Et au sous-sol, je rampais vers le robinet que j'ouvrais avec précaution en priant pour que les vibrations du tuyau n'alertent pas La Mère. Après quoi, je tétais l'embout en métal glacé jusqu'à en avoir le ventre prêt à éclater.

Au sixième jour de ce régime, j'étais si affaibli que j'eus un mal de chien à me lever du lit de camp. Les corvées, je les fis à une lenteur d'escargot et j'étais dans un tel état d'hébétude que je mis un temps fou à comprendre ce que La Mère me hurlait. Levant péniblement la tête, je compris que c'était un jeu pour elle – et qu'il l'amusait beaucoup.

— Mon pauvre petit chou ! roucoula-t-elle, sarcastique.

Ensuite, elle me demanda comment je me sentais, éclatant de rire lorsque je lui réclamai à manger. À la fin de cette journée et durant celles qui suivirent, je ne pensais plus qu'à ça – j'aurais avalé n'importe quoi.

Un soir, lassée sans doute de son petit jeu, La Mère me flanqua une assiette de restes sous le nez. Pour maigres qu'ils soient, ils me firent l'effet d'un festin. Je n'en étais pas moins sur mes gardes, cela me paraissait trop beau pour être vrai.

— Je te donne deux minutes, pas une seconde de plus pour manger ça, aboya-t-elle.

Inutile de préciser à quelle vitesse j'ai pris la fourchette. Si ce n'est qu'au moment précis où le premier morceau arrivait à ma bouche, La Mère enleva l'assiette dont elle versa le contenu à la poubelle.

— Trop tard ! ricana-t-elle.

Ahuri, je n'ai pas bougé, incapable de dire ou de faire quoi que ce soit, obnubilé par une seule question : *Pourquoi ?* Pour quelle raison me traitait-elle de la sorte. J'étais si près de la poubelle que l'odeur des restes me parvenait. À dire vrai, seule une capitulation sans conditions l'aurait satisfaite. Il n'en était pas question : je tins bon en refoulant mes larmes.

Banni dans mon garage, j'eus le sentiment que ma vie me filait entre les doigts. Non seulement je crevais de faim, mais mon père me manquait horriblement. Pourtant, c'était à un minimum de dignité que j'aspirais plus que tout. Assis sur mes fesses, je fus révulsé d'entendre mes frères ouvrir le réfrigérateur pour prendre leur dessert. Puis, je me suis regardé. J'avais un teint jaunâtre, des muscles atrophiés, tout flasques – pas de quoi pavoiser ! Le moindre éclat de rire de mes frères installés à présent devant la télé me mettait hors de moi : *Ces enfoirés, ils ont trop de bol ! C'est injuste à la fin, pourquoi est-ce qu'elle n'en tabasse pas un pour changer ?* C'est ainsi que je me défoulais, tout en pleurant.

Je n'avais rien avalé depuis une dizaine de jours lorsqu'un soir, après la vaisselle, j'eus de nouveau droit au jeu des deux minutes. Il ne restait que quelques rogatons dans l'assiette, mais certain qu'elle me l'arracherait avant que je n'aie pu y toucher – comme les trois soirs précédents –, j'ai gobé les morceaux sans les mâcher. En deux temps trois mouvements, j'avais vidé l'assiette.

— Tu te goinfres comme un cochon, grogna La Mère.

Tête basse, j'ai affiché un air coupable, exultant à part moi : *Va te faire foutre ! Tu peux gueuler si ça te chante, n'empêche que j'ai tout bouffé.*

La Mère profitait de l'absence de mon père pour se livrer à un autre de ses petits jeux de prédilection. Elle m'envoyait faire la salle de bains dans un délai à respecter évidemment, m'y enfermant après y avoir déposé un seau rempli d'un mélange d'ammoniaque et d'eau de Javel. Lors de son coup d'essai, elle m'annonça avoir lu un article sur le sujet et vouloir tenter l'expérience. J'ai mimé une terreur que je n'éprouvais pas, ne me doutant pas de ce qui m'attendait. C'est seul dans la pièce close que j'ai commencé à m'inquiéter, car l'atmosphère se dégradait. À quatre pattes, j'ai regardé le seau d'où s'échappait un filet de fumée grise qui montait en tourbillonnant vers le plafond. Ces émanations que je respirais me firent tomber. J'ai dégueulé. La gorge en feu d'abord, à vif ensuite. Les larmes aux yeux à cause du gaz – produit par le mélange d'ammoniaque et d'eau de Javel –, je me suis affolé à l'idée de ne pas respecter le délai.

Au bout de quelques minutes, je crus que j'allais cracher mes poumons à force de tousser. Convaincu que La Mère ne céderait pas, je compris qu'il fallait me servir de ma cervelle pour m'en sortir. Allongé sur le carrelage, je me suis étiré pour repousser du pied le seau – dans un double objectif : l'éloigner le plus possible de moi et rendre la monnaie de sa pièce à La Mère au cas où elle ouvrirait la porte. Recroquevillé à l'autre bout de la salle de bains, j'ai pris un chiffon. Et plutôt que d'alerter La Mère en me servant du robinet, je l'ai trempé dans le cabinet avant de m'en couvrir le visage. Respirant à travers le tissu, je vis que la fumée rasait le sol – on aurait dit que j'étais enfermé dans une chambre à gaz. Tout à coup, je me suis souvenu qu'il y avait une bouche d'aération. Encastrée dans le sol, près de mon pied, elle s'ouvrait toutes les trois ou quatre minutes. J'y ai aussitôt plaqué mon visage, aspirant le plus d'air possible. Au bout d'une demi-heure, La Mère ouvrit la porte. Je reçus l'ordre d'aller vider le seau au garage avant d'empester toute sa maison ; j'y ai craché du sang pendant une heure. Indéniablement, c'était le plus épouvantable supplice mis au point par La Mère.

À la fin de l'été, sans doute lassée de chercher comment me mettre à la torture à l'intérieur, La Mère m'expédia tondre les pelouses. Ce n'était pas la première fois, elle l'avait déjà fait aux vacances de Pâques en me fixant une somme à gagner et à lui remettre intégralement. Vu le montant exorbitant, j'avais – en désespoir de cause – piqué neuf dollars dans la tirelire d'une fillette du voisinage, dont le père n'avait pas tardé à se présenter chez nous. La Mère lui avait naturellement rendu l'argent, me rouant de coups dès qu'il avait eu le dos tourné. Or, je n'avais volé que pour satisfaire ses exigences.

En tout cas, ça ne me réussit pas plus l'été. Je fis du porte-à-porte pour proposer mes services qui n'intéressèrent personne. Il faut admettre qu'avec mes haillons et mes bras décharnés je devais avoir piètre allure. D'ailleurs, une dame eut pitié de moi et me donna un sac de victuailles avant de me renvoyer dans la rue où, quelques maisons plus loin, un couple accepta mon offre. Dès que j'eus tondu leur pelouse, je suis rentré chez moi ventre à terre avec le sac que je comptais cacher avant le tournant. Patatras ! La Mère qui rôdait en voiture dans le coin m'aperçut. Avant même qu'elle ne freine pour se garer à mon niveau, j'ai levé les bras comme un malfaiteur en souhaitant de toutes mes forces que, pour une fois, la chance soit de mon côté.

Sautant de la voiture, La Mère m'arracha le sac d'une main tout en me donnant une taloche de l'autre. Puis, sans ménagement, elle me fit monter dans son break et roula jusque chez la dame qui m'avait donné le casse-croûte. Elle n'était pas là. Ce qui acheva de convaincre La Mère que je m'étais faufilé dans cette maison pour faucher – le pire délit qui soit. Dieu, que je m'en voulais de ne pas l'avoir englouti à temps !

À mon retour, je subis la raclée habituelle qui me laissa au tapis. Après quoi, La Mère me prévint qu'elle emmenait *ses fils* au zoo et m'ordonna de les attendre dans la cour, à un endroit jonché de pierres d'environ deux centimètres de diamètre. À force de rester assis dans la position du prisonnier de guerre, mon corps s'engourdit tandis que je commençais à douter sérieusement de Dieu. À l'évidence, il ne me portait pas dans son cœur. *Comment expliquer autrement mon épouvantable existence ?* La futilité de mes efforts pour survivre était criante, ceux que je déployais pour garder une longueur d'avance sur La

Mère se révélaient tout aussi vains. Une ombre noire planait constamment au-dessus de moi.

D'ailleurs, même le soleil me fuyait pour se cacher derrière un édredon de nuages. Réfugié dans mes songes, je ne m'en suis extirpé qu'au bruit de la voiture qui rentrait au garage. Voilà qui mettait un terme à cette punition. Sachant que La Mère ne s'en tiendrait pas là, je m'interrogeais sur ce qu'elle me réservait tout en priant pour que ce ne soit pas la chambre à gaz. Elle me cria de la rejoindre et m'entraîna dans la salle de bains. La mort dans l'âme, me sentant perdu, j'ai respiré de grandes goulées d'air en prévision de la suite.

Ne voyant – à ma grande stupéfaction – ni seau ni bouteilles, je me suis demandé : *Est-ce que je vais m'en tirer cette fois ?* C'était trop beau ! J'ai lancé un coup d'œil furtif à La Mère qui ouvrait le robinet d'eau froide mais, curieusement, pas celui d'eau chaude. Comme la baignoire se remplissait, elle m'a déshabillé brutalement et m'a ordonné d'y d'entrer. Frissonnant de peur, je me suis exécuté tandis qu'elle braillait :

— Enfonce-toi plus ! Mets ta tête dans l'eau.

Puis, elle m'a attrapé le cou à deux mains pour me plonger la tête sous l'eau. Instinctivement, je me suis débattu à coups de pied, cherchant à sortir ma tête pour reprendre ma respiration. Sans succès. Les yeux ouverts sous l'eau, j'ai essayé de crier, des bulles se sont échappées de ma bouche. Puis, j'ai bougé la tête d'un côté et de l'autre tout en remarquant que les bulles devenaient de plus en plus petites en montant à la surface. Je perdais mes forces. Paniqué, je me suis agrippé aux épaules de La Mère que je dus labourer de mes ongles parce qu'elle m'a lâché. Les yeux baissés vers moi, elle a lancé en reprenant son souffle :

— Fais-moi le plaisir de garder la tête sous l'eau, sinon ça durera plus longtemps la prochaine fois !

Évidemment, je lui ai obéi en ne laissant que mes narines à la surface, avec l'impression d'être un crocodile dans un marais. Quand elle est sortie, j'ai compris ce qu'elle avait en tête parce que l'eau devenait glaciale. Je me serais cru dans un réfrigérateur. La Mère m'inspirait une telle épouvante que je n'ai pas bougé.

Au bout d'un certain temps, ma peau s'est fripée. Si je n'osais pas me toucher pour me réchauffer, j'ai sorti la tête de l'eau – suffisamment pour entendre –, l'y replongeant dès que des pas résonnaient dans le couloir. La plupart du temps, il s'agissait de mes frères. Et celui qui entrait dans la salle de bains pour aller au cabinet se bornait à me fusiller du regard avant de se détourner. Ce coup-ci, les ressources de mon imagination ne me furent d'aucun secours car j'étais trop crispé.

La Mère ne fit irruption en me criant de sortir et de me rhabiller qu'à l'heure du dîner. Je ne me le suis pas fait dire deux fois. Comme j'attrapais une serviette pour me sécher, elle s'interposa :

— Ah, pas question ! Mets tes vêtements immédiatement.

Sans hésiter, je lui obéis. Trempé jusqu'aux os, je descendis m'asseoir dans la cour comme j'en avais reçu l'ordre. Le soleil qui déclinait en inondait encore la moitié de lumière. C'est là que je voulus m'installer. Peine perdue, La Mère n'eut de cesse que j'aille dans un coin à l'ombre où je me suis accroupi en grelottant dans la sempiternelle position du prisonnier. Quelques secondes de chaleur, je n'en demandais pas plus mais cela m'était aussi refusé. Les bruits de la famille qui se passait des plats bien garnis me parvenaient par la fenêtre ainsi qu'un rire, fusant de temps à autre. Papa étant là, nul doute que La Mère avait préparé un bon repas. L'envie de tourner la tête, de lever les yeux pour les regarder manger me taraudait sans que j'ose y céder. Mon univers n'était pas le leur ; je ne méritais même pas d'avoir un aperçu sur une existence normale.

Le supplice de la baignoire ne tarda pas à être érigé en institution, voire en spectacle dont mes frères régalaient leurs copains. En me voyant allongé tout nu dans l'eau glacée, ceux-ci se fichaient de moi : « Qu'est-ce qu'il a encore fait ? » demandaient-ils à mes frères, lesquels répondaient en secouant la tête : « Aucune idée. »

La rentrée scolaire de l'automne me donna l'espoir d'échapper – du moins un certain nombre d'heures – à mon calvaire. Les premiers quinze jours, la classe de huitième fut assurée par une suppléante parce que notre institutrice était malade. Plus jeune que les autres membres du corps enseignant, elle était manifestement plus laxiste. Ainsi, à la fin de la première semaine, elle distribua des glaces aux élèves à conduite exemplaire. N'y ayant pas eu droit, mes efforts redoublés furent récompensés la fois d'après. En outre, elle mettait les disques des succès du moment et chantait pour la classe. Nous l'adorions. Toujours est-il que le vendredi après-midi, je n'avais aucune envie de partir. L'un d'eux, après le départ des autres élèves, la suppléante s'approcha de moi en me rappelant qu'il était temps de rentrer à la maison. De toute façon, elle savait que j'étais un enfant difficile et quand je lui répondis vouloir rester avec elle, la jeune femme me serra dans ses bras avant de passer mon disque préféré. Évidemment, cela me mit en retard, aussi ai-je couru comme un dératé sur le chemin du retour et ai-je fait mes corvées à toute vitesse. Puis La Mère m'envoya m'asseoir sur le revêtement de ciment, glacé, de la cour.

Levant les yeux sur l'épais brouillard masquant le soleil, je n'ai pu m'empêcher de verser des larmes silencieuses, bouleversé par la gentillesse de la suppléante qui m'avait traité comme un être humain, non comme un déchet. Malheureux comme les pierres, je me suis demandé où elle habitait, ce qu'elle faisait en ce moment. Certes, je n'en avais pas conscience à l'époque, mais j'en étais tombé amoureux.

Papa n'étant pas là, j'étais sûr d'être privé de dîner. Pourtant, ce soir-là, ça m'était égal de grelotter dans la cour tandis que La Mère servait mes frères. Les yeux clos, je voyais le visage souriant de l'institutrice dont la beauté, la douceur me réchauffaient.

En octobre, ce fut le paroxysme de l'horreur. La nourriture se faisait rare à l'école où, en outre, j'étais le souffre-douleur des voyous qui me rossaient à tout bout de champ. Dès la fin de la classe, il me fallait rentrer au pas de course à la maison où La Mère m'obligeait à vomir pour examiner le contenu de mon estomac. Tantôt, elle me mettait au boulot tout de suite, tantôt elle me plongeait dans la baignoire. Et si elle était vraiment de bonne humeur, j'avais droit à la chambre à gaz. Enfin, lorsqu'elle en avait marre de m'avoir dans ses jupes, elle m'expédiait tondre des pelouses non sans m'avoir gratifié d'une raclée au préalable, avec une chaîne de chien à l'occasion. Pour douloureux que ce soit, j'encaissais – même les coups les plus atroces qu'elle m'administrait derrière les genoux avec un balai, qui me laissaient parfois prostré sur le sol. Il m'est arrivé plus souvent qu'à mon tour de me traîner dans les rues en boitant, poussant la vieille tondeuse à gazon dans le but de gagner de l'argent pour La Mère.

En outre, la présence de papa ne m'était plus d'aucun secours vu que La Mère lui interdisait de me voir. L'espoir d'un changement m'abandonna et j'en vins à me croire condamné à être l'esclave de La Mère à vie. Au fil du temps, ma volonté faiblissait tandis que mes rêves d'être sauvé par Superman ou quelque héros de mon imagination s'envolaient. À l'évidence la promesse de papa de m'emmener n'était qu'un canular. Aussi décidai-je de ne plus prier et de vivre au jour le jour.

Un matin, à l'école, je fus convoqué par l'infirmière qui me posa des questions sur l'état de mes vêtements, sur les innombrables bleus de mes bras. D'abord, je lui sortis la fable serinée par La Mère. Puis, comme elle m'inspirait confiance, je lui ai avoué un certain nombre de choses. Après avoir tout noté, l'infirmière insista pour que je vienne la voir dès que j'aurais envie de parler. Par la suite, j'appris que son intérêt à mon égard avait été provoqué par le rapport de la suppléante.

Il était de tradition, chez La Mère, de sculpter des citrouilles à la fin du mois d'octobre. Comme de juste, je n'y avais plus droit depuis l'âge de sept ou huit ans. Mes frères s'y mirent un soir. Quant à moi, sitôt mes corvées terminées, La Mère remplit la baignoire et me rappela de garder la tête sous l'eau. Histoire de me rafraîchir la mémoire, elle me prit par le cou pour l'y plonger avant de sortir en trombe en éteignant la lumière. À ma gauche, il y avait une petite fenêtre par où je vis que la nuit tombait. Pour passer le temps, j'ai compté dans ma tête de un à mille. Plusieurs fois. Au fil des heures, la baignoire se vida tandis que j'avais de plus en plus froid. Les mains entre les jambes, je me suis appuyé de tout mon long sur le côté droit. Puis il y eut des grincements de porte, des hurlements de fantômes : il s'agissait du disque que La Mère avait offert à Stan quelques années auparavant. Après quoi, j'entendis celle-ci raconter, d'une voix douce, une histoire d'épouvante à mes frères qui avaient fini de sculpter les citrouilles. Une haine féroce m'envahit. C'était déjà pénible d'être banni dans la cour comme un chien pendant qu'ils se remplissaient la panse, mais de grelotter dans une baignoire d'eau glacée alors qu'ils bouffaient des pop-corn en écoutant des histoires me donnait envie de hurler.

En outre, le ton de La Mère me rappelait celui de ma maman du temps jadis. Quant à mes frères, ils se comportaient à présent comme si je n'existais pas – bref, je comptais moins pour eux que les fantômes du disque de Stan. Toujours est-il que La Mère ne vint dans la salle de bains que lorsqu'ils se furent couchés et, l'air médusé de me voir toujours dans la baignoire, elle me demanda en ricanant :

— Alors, tu as froid ?

Comme je faisais signe que oui en tremblant de tous mes membres, elle ajouta :

— Dans ce cas, pourquoi mon petit trésor ne se bouge-t-il pas le cul pour aller se réchauffer dans le lit de son père ?

À toute vitesse, je sortis en trébuchant. À peine mes sous-vêtements enfilés, je me suis traîné dans le lit de papa, dont j'ai trempé les draps tant j'étais mouillé. En effet, je ne sais pourquoi, La Mère me donnait à présent la permission – que papa soit là ou pas – de dormir dans la grande chambre. Pour sa part, elle couchait dans celle de mes frères. Peu importait la raison, l'essentiel, c'était d'avoir le droit de fausser compagnie au vieux lit de camp du garage. Ce soir-là, papa rentra mais je m'endormis avant d'avoir pu lui dire quoi que ce soit.

Pendant les vacances de Noël, ce fut si affreux que je ne

songeais qu'au jour de la rentrée scolaire. Certes, j'eus droit à une paire de patins à roulettes – cadeau qui me surprit beaucoup – jusqu'à ce que je découvre qu'il n'était en rien inspiré par l'esprit de Noël : La Mère avait trouvé un nouvel instrument de torture à mon intention. Ainsi, le week-end, elle me forçait à aller patiner pendant que les autres enfants restaient bien au chaud chez eux. Sans blouson – seul gamin du quartier à être dehors –, je faisais des allers et retours dans la rue. Plus d'une fois, Tony, un voisin qui m'apercevait en allant chercher son journal, me sourit avant de rentrer chez lui pour échapper au froid. La seule façon de me réchauffer, c'était de patiner le plus vite possible tandis que la fumée qui s'échappait des maisons exacerbait mon rêve d'être au coin du feu. Mais La Mère ne l'entendait pas de cette oreille, j'étais tenu de patiner des heures et elle ne me permettait de rentrer que lorsqu'elle avait besoin de moi.

Au mois de mars, La Mère, enceinte, eut des contractions au beau milieu des vacances de Pâques. Quand papa l'emmena à l'hôpital, je fis des prières pour que ce soit l'accouchement, non une fausse alerte tant j'appelais son départ de tous mes vœux. Au moins pendant son absence, papa me donnerait à manger et j'échapperais aux raclées.

Lors du séjour de La Mère à l'hôpital, mon père me permit de m'amuser avec mes frères qui m'acceptèrent immédiatement. Comme on jouait à *Star Trek,* Ron me fit l'honneur de m'attribuer le rôle du capitaine Kirk. Le soir de notre premier dîner, j'eus le droit de reprendre deux fois des sandwiches. Lorsqu'il allait voir La Mère, papa nous confiait à Shirley, une voisine adorable qui nous traitait comme si nous étions ses enfants. Sa façon d'organiser des parties de ping-pong ou de nous laisser faire ce qu'on voulait me rappelait ma maman de l'époque où elle ne me battait pas.

Cela ne dura pas longtemps, La Mère revint au bout de quelques jours avec notre nouveau petit frère : Kevin. Et tout redevint comme avant. Mon père n'était jamais là. La Mère se défoulait sur moi, son souffre-douleur, de toutes ses frustrations.

Cela étant, alors qu'elle n'avait pas l'habitude de fréquenter nos voisins, elle se lia avec Shirley – ce qui m'étonna – au point de la voir tous les jours. Devant notre voisine, La Mère jouait le rôle d'une femme affectueuse, dévouée à ses enfants, comme du temps où elle était animatrice chez les scouts. Shirley ne put toutefois s'empêcher de poser des questions à mon sujet. Pourquoi David n'avait-il pas le droit de jouer avec les autres gosses ? Et pourquoi était-il si souvent puni ? Les réponses de La Mère étaient aussi nombreuses que variées. David était enrhumé, à moins qu'il n'ait des devoirs à faire. Jusqu'au jour où elle finit par déclarer à son amie que David était un vilain garnement qui méritait des heures de consigne.

Au bout d'un certain temps, la belle amitié battit de l'aile et La Mère finit par couper les ponts sans motif. Elle interdit à mes frères de jouer avec le fils de Shirley qu'elle traitait sans arrêt de salope. Dommage pour moi. Même si je n'avais pas la permission de jouer avec les autres, je m'étais senti un peu plus en sécurité avec Shirley dans les parages.

Un dimanche, à la fin de l'été, La Mère entra dans la grande chambre où, ainsi qu'elle m'en avait donné l'ordre, j'étais assis dans la position du prisonnier de guerre. Elle me fit lever puis asseoir au bord du lit. Et elle décréta que ça ne pouvait plus durer, qu'elle était désolée, qu'elle voulait que ça change. Un sourire rayonnant aux lèvres, j'ai sauté dans ses bras, la serrant très fort. Au moment où elle m'a passé la main dans les cheveux, j'ai éclaté en sanglots. Maman aussi. Alors, j'ai osé croire en la fin de mon calvaire. Il n'empêche que, pour en être absolument sûr, il fallait qu'elle le répète. Aussi ai-je, craintivement, demandé :

— Vrai de vrai, c'est fini ?

— Oui, mon chéri. Tu dois oublier tout ce qui s'est passé et essayer d'être sage, d'accord ?

J'ai hoché la tête.

— Quant à moi, je vais faire tout mon possible pour être une gentille maman.

Après cette réconciliation, maman me permit de prendre un bain chaud et de mettre – pour la première fois – les vêtements neufs que j'avais reçus à Noël. Puis, elle m'emmena au bowling avec mes frères tandis que papa gardait Kevin. Sur le chemin du retour, elle s'arrêta au supermarché où elle acheta des toupies pour tout le monde. À la maison, j'eus le droit de jouer dehors avec mes frères, mais je préférai m'amuser seul avec ma toupie dans la chambre des parents. En plus, pour la première fois depuis une éternité – sauf quand il y avait des invités – j'ai dîné à la table familiale. Tout allait trop vite néanmoins, et j'avais le sentiment que c'était trop beau pour être vrai. N'osant être vraiment content, je marchais sur des œufs tant j'étais sûr que maman allait se réveiller et redevenir La Mère. Pour l'heure, ce ne fut pas le cas. Elle me laissa me remplir la panse au dîner et regarder la télé avec mes frères avant d'aller au lit. Comme je m'étonnais qu'elle tienne à ce que je continue de dormir avec papa, elle invoqua le bébé dont elle ne voulait pas s'éloigner.

Le lendemain, papa était à son travail quand une dame des services sociaux se présenta dans l'après-midi. Maman m'envoya rejoindre mes frères dans le jardin pendant qu'elles parlaient. Leur conversation dura plus d'une heure au bout de laquelle maman me rappela parce que la dame voulait me poser des questions :

— Est-ce que tu es heureux ?

— Oui, ai-je répondu.

— Est-ce que tout se passe bien avec ta mère ?

— Oui.

— Est-ce qu'il arrive à ta mère de te battre ?

Avant de répondre, j'ai regardé maman. Elle affichait un sourire poli.

L'impression qu'une bombe explosait dans mon ventre s'est emparée de moi doublée d'une horrible envie de vomir. Évidemment, quel imbécile j'étais ! Voilà pourquoi La Mère avait changé d'attitude et m'avait traité si gentiment. À cause de ce foutu besoin d'amour, j'avais tout gobé.

La main que La Mère posa sur mon épaule me fit retomber sur terre.

— Voyons, mon chéri, raconte à la dame que je ne te donne rien à manger et te rosse comme un chien, fit-elle avec un petit rire auquel elle chercha à associer l'assistante sociale.

Écarlate, le front moite, je levai les yeux vers celle-ci. Le courage de dire la vérité me manqua.

— Mais non, m'dame, c'est pas vrai. Maman est très gentille avec moi.

— Et elle ne te bat jamais ? insista l'assistante sociale.

— Non... euh... seulement pour me punir quand je ne suis pas sage, affirmai-je, soucieux de ne pas vendre la mèche.

Un regard à La Mère suffit à me faire comprendre que je n'avais pas dit ce qu'il fallait. Dieu sait pourtant qu'elle me dressait depuis des lustres ! En plus, notre échange silencieux n'avait pas échappé à la dame.

— Très bien, conclut-elle. Je voulais simplement faire votre connaissance.

La Mère la raccompagna à la porte. L'instant d'après, elle se tourna vers moi en hurlant :

— Espèce de petit merdeux !

Instinctivement, je me suis protégé le visage qu'elle a giflé avant de m'expédier au garage. Elle fit dîner ses fils et m'appela pour la vaisselle à laquelle je me suis attelé sans être trop démoralisé. Au fond, j'avais deviné que la cause de la tendresse de La Mère n'était pas son affection pour moi. J'aurais dû me douter de son manque de sincérité, elle faisait pareil quand grand-mère venait pour les vacances. Au moins avais-je eu deux jours de répit, c'était toujours ça de pris d'autant que ça ne m'était pas arrivé depuis belle lurette. À présent, je n'avais qu'à me remettre au boulot en ne comptant que sur moi pour tenir le coup, sans guetter, le dos rond, à quel moment le ciel risquait de me tomber sur la tête. La vie reprenait son cours habituel, et moi mon rôle d'esclave de la famille.

Même si j'acceptais mon sort, je me sentais terriblement seul les matins où papa partait travailler. Ces jours-là, il se levait à

5 heures et, sans qu'il s'en aperçoive, j'étais toujours réveillé. Je l'écoutais se raser dans la salle de bains, aller manger un morceau dans la cuisine. Quand il mettait ses souliers, cela signifiait son départ imminent. Quelquefois, je me retournais dans le lit juste à temps pour le voir ramasser le sac bleu roi de la Pan Am où il mettait quelques affaires. Puis il me posait un baiser sur le front en me recommandant :

— Tâche de lui faire plaisir et ne reste pas dans ses jambes.

Quels que soient mes efforts pour m'en empêcher, j'éclatais en sanglots.

C'était insupportable pour moi de le voir s'en aller ; d'ailleurs, il le savait même si je ne le lui disais pas. Il refermait la porte de la maison, remontait l'allée menant à la rue. Je comptais ses pas tandis que je me le représentais en train de tourner à gauche pour gagner l'arrêt du bus de San Francisco. Les jours de courage, sautant du lit, je courais le regarder s'éloigner par la fenêtre, mais, la plupart du temps, je restais couché à la place tiède qu'il venait de laisser. Longtemps après son départ, je m'imaginais l'entendre encore jusqu'à ce qu'un vide glacial me creuse face à l'évidence. J'aurais voulu rester toujours auprès de mon père – l'être que j'aimais le plus au monde – et, persuadé de ne jamais le revoir, je laissais mes larmes couler sans retenue.

7.

Le Notre Père

Environ un mois avant d'entrer en septième, j'aboutis à la conclusion que Dieu ne veillait pas sur moi.

Seul dans le garage ou recroquevillé dans la pénombre de la chambre de mes parents en train de lire, j'acquis la conviction que j'étais condamné à cette vie jusqu'à la fin de mes jours. Or aucun Dieu juste ne m'aurait abandonné à un tel sort. Par conséquent, cette lutte pour la vie qui était mon lot, je la livrais en solitaire.

À cette époque, j'avais réussi à m'insensibiliser à la douleur physique. La Mère ne s'acharnait plus sur moi mais sur une poupée de chiffons. Bien que perpétuellement déchiré entre la peur et la fureur, je n'exprimais ces émotions que si je jugeais que cela calmerait La Garce ou me servirait d'une manière quelconque. Ne voulant à aucun prix lui donner le plaisir de savourer ma défaite, je m'interdisais de pleurer.

La nuit, je ne rêvais plus ; le jour, je bridais mon imagination. Les moments d'évasion où je me voyais voler dans les nuages en costume bleu étincelant appartenaient à un passé révolu. Mes heures de sommeil étaient un gouffre noir dont je me réveillais fatigué avec l'idée que c'était un jour de moins à tirer en ce bas monde. Je faisais mon boulot en traînassant, plein d'une perpétuelle appréhension. Avec la disparition de mes rêves, les mots d'espoir et de foi perdirent leur sens pour ne plus être que des lettres accolées au hasard, des balivernes de contes de fées.

Lorsqu'on daignait me donner de la nourriture, je l'engouffrais comme un chien errant en poussant les grognements qu'exigeait La Mère. Indifférent à ses sarcasmes, je nettoyais les plats sans laisser une miette. Rien n'était indigne de moi. Un samedi, alors que je faisais la vaisselle du matin, La Mère balança des restes de crêpes dans l'écuelle des chiens. Très bien nourris, ceux-ci y touchèrent à peine puis retournèrent dormir dans leur coin. Du coup, après avoir rangé des casseroles dans le placard du bas, je me mis à quatre pattes pour dévorer ce qu'ils avaient laissé, à peine dégoûté par l'odeur canine dont c'était imprégné. Nul doute que je le paierais cher si la Garce me prenait sur le fait, mais je n'avais pas le choix – c'était une question de vie ou de mort.

L'âme glacée, j'exécrais tout – fût-ce le soleil puisque je ne pouvais pas aller jouer dehors quand il brillait. Les rires d'enfants, qui eux en avaient le droit, m'emplissaient de rancœur. Dès que des odeurs de plats destinés à d'autres parvenaient à mes narines, mon estomac se nouait. Enfin, chaque fois que La Mère me sommait de monter ranger le désordre de mes porcs de frangins, je serrais les poings prêt à cogner.

Bien entendu, l'objet de ma haine la plus absolue, c'était La Mère. Si je souhaitais sa mort de toutes mes forces, je voulais, qu'auparavant, rien de ma souffrance, de ma solitude ne lui soit épargné. Au cours des longues années où j'avais imploré Dieu, il n'avait exaucé mes prières qu'une fois. J'avais cinq ou six ans. La Mère m'avait poursuivi d'un bout de la maison à l'autre en me tabassant. Et le soir, avant de me coucher, je m'étais agenouillé en suppliant Dieu de la faire tomber malade pour qu'elle ne puisse plus me frapper. Ma prière avait été si longue, si fervente que j'en avais eu mal à la tête. Quelle n'avait pas été ma stupéfaction de découvrir le lendemain matin La Mère prostrée sur le canapé, incapable de bouger. Comme papa travaillait, on l'avait dorlotée, mes frères et moi.

Au fil du temps et de l'intensification de sa violence, je me mis à calculer les années qui lui restaient par rapport à son âge. Il me tardait de voir son âme se détacher de son corps et rôtir en enfer, afin d'être enfin libéré de son joug.

À dire vrai, je détestais aussi papa pour sa lâcheté alors qu'il était parfaitement conscient de l'enfer que je vivais. Lui, qui m'avait tant de fois promis de me sauver, ne levait pas le petit doigt. En réfléchissant à son attitude à mon égard, je compris malgré tout qu'il me considérait comme partie prenante du problème, voire comme un traître. En effet, La Mère m'associait toujours à leurs bagarres, me faisant venir tôt ou tard, m'obligeant à répéter les obscénités qu'il avait proférées lors de leurs précédentes disputes. Parfaitement conscient de son but, je n'avais pas le choix : le pire pour moi, c'était sa rage. Alors, je répétais docilement ce qu'elle voulait entendre. Si j'avais un trou de mémoire, il fallait que j'improvise. Très perturbé de l'ingratitude dont je faisais du coup preuve envers mon père, j'ai tenté de lui en expliquer les raisons. D'abord il a eu l'air de comprendre, puis il a fini par perdre confiance en moi. Et, au lieu de me faire de la peine, il m'a inspiré un mépris accru.

En outre, je n'avais plus de frères. Au début, ils s'étaient débrouillés pour me soutenir un peu mais à partir de 1972, ils commencèrent eux aussi à me rosser. À tour de rôle. Sans compter les ordres qu'ils me donnaient avec un plaisir manifeste, du haut de leur sentiment de supériorité – n'étais-je pas l'esclave de la famille ? Mon cœur se glaçait dès qu'ils s'approchaient, et, j'en suis persuadé, ils voyaient la haine qui me défigurait. À l'occasion, très rarement, je me vengeais en traitant celui qui me frôlait de *trou du cul*. À mi-voix naturellement, il ne fallait surtout pas qu'ils m'entendent. Du reste, voisins, parents, tous ceux qui me croisaient et connaissaient ma situation, je les vouais aux gémonies. La haine était la seule chose qui me restait.

À dire vrai, c'est à moi que j'en voulais le plus. Tout était de ma faute, à cause de la passivité avec laquelle je supportais depuis des lustres de ne pas avoir ce qu'avaient les autres que je détestais pour ça. Et je n'avais pas le courage de résister à ma garce de mère – moi qui me voulais fort, je n'étais qu'un lâche. Bref, j'estimais mériter ma situation. Sans compter que depuis des années, La Mère ne cessait de me fourrer cette idée dans le crâne en me forçant à répéter à haute voix : « Je me déteste ! » Nul doute que ses efforts portaient leurs fruits. Juste avant de rentrer en septième, j'en étais à espérer la mort tant je me faisais horreur.

Hélas, l'école ne m'attirait plus comme avant. Malgré mon application, ma colère sourde éclatait. Et souvent au mauvais moment. Comme ce vendredi de 1973 où – sans rime ni raison – je suis sorti de la classe en hurlant et en claquant la porte avec une telle violence que je crus qu'elle allait voler en éclats. Après quoi, j'ai couru comme un dératé aux toilettes où j'ai martelé le carrelage de mes petits poings rougis jusqu'à m'écrouler, à bout de forces, en priant pour un miracle. Il ne s'est pas produit.

En fait, en dehors des heures de classe, les choses ne se passaient pas beaucoup mieux qu'à l'asile de fous de La Mère vu que mes camarades, profitant de mon statut de paria de l'école, prenaient le relais. L'un d'eux, Clifford – une brute de la cour de récré –, m'agressait systématiquement quand je rentrais au pas de course chez moi. Il me flanquait une rossée pour se faire valoir auprès de ses copains. Proie facile pour lui et sa bande, je ne luttais pas et me laissais tomber en me protégeant le visage.

Et puis il y avait Aggie dont les supplices étaient plus raffinés. Elle prenait plaisir à trouver des formules différentes pour m'assener à quel point elle aurait aimé me voir raide mort. D'une prétention incroyable, c'était la meneuse d'une bande de filles qui, outre le plaisir de me torturer, semblaient n'avoir d'autre intérêt dans l'existence que de se pavaner dans leurs beaux habits. Si j'avais toujours eu conscience du mépris d'Aggie à mon égard, je n'en ai mesuré l'étendue qu'à la fin de la huitième dont l'institutrice était sa mère. Le dernier jour de l'année, Aggie débarqua dans ma classe où, faisant mine de vomir, elle claironna :

— Quand je pense que David Pelzer le Puant va être dans ma classe l'année prochaine !

De toute façon, elle n'était contente que lorsqu'elle lançait une vacherie sur mon compte devant ses copines.

Cela dit, je ne prenais pas Aggie au sérieux. Lors d'une excursion de la classe de septième – la visite d'un voilier ancré dans le port de San Francisco –, je fus obligé de réviser mon opinion. Alors que posté, seul, à l'avant du bateau, je contemplais l'eau, Aggie s'approcha de moi et, un méchant sourire aux lèvres, souffla :

— Saute !

Sa voix me fit sursauter. Comme je la dévisageais pour saisir le sens de ce qu'elle venait de dire, elle répéta calmement, avec douceur :

— Allez, vas-y, saute ! David Pelzer, je sais tout sur toi. Crois-moi, c'est la seule façon de t'en sortir.

Une autre voix s'éleva :

— Elle a raison, tu sais.

C'était John, élève de ma classe, copain macho d'Aggie. Je me suis tourné vers la rambarde pour fixer l'eau verte et glacée qui clapotait sur la coque du voilier. L'espace d'un instant, je me suis vu y plongeant avec la certitude de m'y noyer. La vision qui me promettait d'être ainsi délivré d'Aggie et consorts, de tout ce que je détestais ici-bas, me rasséréna. Tout de même, je me ressaisis, regardant John droit dans les yeux, sans ciller. Sensible à ma fureur, celui-ci me faussa compagnie en entraînant Aggie.

Au début de la septième, M. Ziegler, mon professeur principal, ne comprenait pas pourquoi j'étais un gamin si difficile. Une fois que l'infirmière lui eut expliqué les raisons de mes chapardages et de ma tenue vestimentaire, il mit un point d'honneur à me traiter de la même manière que les autres. En tant que responsable du journal de l'école, il avait la tâche de constituer le groupe d'élèves qui serait chargé d'en trouver le titre. Ma suggestion qui figurait sur la liste des propositions soumises au choix de l'école fut retenue à la majorité des voix. Ce jour-là, M. Ziegler me prit à l'écart pour me féliciter. J'étais au septième ciel, cela faisait si longtemps qu'on ne m'avait pas fait de compliment que je faillis fondre en larmes. Par-dessus le marché, M. Ziegler me donna une lettre pour La Mère en m'assurant que je n'avais rien à craindre.

Fou de joie, je suis rentré à la maison bien plus vite qu'à l'ordinaire. À croire que je n'avais toujours rien compris vu la réaction de La Mère à la lecture de la lettre.

— M. Ziegler considère que je devrais être fière de toi car tu as trouvé le titre du journal de l'école. En plus, il prétend que tu es l'un des meilleurs élèves de sa classe. Eh ben, dis donc, t'es un vrai crack ! railla-t-elle.

Puis, d'un ton glacial, elle poursuivit en me menaçant du doigt :

— Ce qu'il faut que tu te fourres dans le crâne, espèce de fils de pute, c'est que rien de ce que tu fais ne m'impressionne ! Est-ce que c'est clair ? Tu n'es qu'un minable — *Un Moins que Rien !* Tu n'as pas d'existence ! Tu me fais tellement horreur que je voudrais te voir mort ! Tu m'entends ? Mort !

Après avoir déchiré la lettre en mille morceaux, elle fit volte-face et retourna à sa télé. Quant à moi, tétanisé, je n'arrivais pas à détacher les yeux des bouts de papier à mes pieds. J'avais beau l'avoir entendue m'abreuver d'insultes des milliers de fois, j'étais assommé par l'expression : *Un Moins que Rien.* La Mère me privait de toute identité. Je ne cessais de me donner un mal de chien pour qu'elle me reconnaisse. Peine perdue. Une fois de plus, j'avais échoué. Un désespoir plus profond que jamais me terrassa parce que je sentais bien que c'était un cri du cœur, non des paroles provoquées par l'ivresse. Si elle était revenue en brandissant un couteau pour en finir, j'aurais été soulagé !

À genoux, je me suis escrimé à recoller les morceaux de la lettre sans y arriver. Et je les ai jetés à la poubelle. En cet instant précis, la mort me semblait infiniment préférable à la vie. Je n'avais plus aucun espoir puisque j'étais *Un Moins que Rien.*

Cet épisode m'accabla tant que – jouet de pulsions autodestructrices – je me mis à souhaiter de toutes mes forces que La Mère me tue, persuadé d'ailleurs qu'elle passerait à l'acte tôt ou tard. Du coup, pour la mettre hors de ses gonds, je faisais mon boulot par-dessus la jambe – oubliant volontairement de sécher le carrelage de la salle de bains dans l'espoir que La Mère ou l'un de ses sujets glisserait et se casserait une jambe. À moins que je ne laisse exprès des rogatons sur les assiettes que j'étais censé laver. Bref, je m'escrimais à faire comprendre à La Garce que je me fichais éperdument de ses réactions.

Ce changement en moi attisait ma révolte – je n'avais plus peur de lui tenir tête même dans un lieu public, tel le supermarché où cela arriva un jour. D'ordinaire, je restais dans la voiture quand nous y allions, mais cette fois La Mère voulut que je l'accompagne et que je reste planté, tête basse, la main sur le Caddie. Non content de lui désobéir, je me suis éloigné à grands pas – sûr qu'elle ne voudrait pas d'esclandre –, en rembarrant mes frères. La coupe était pleine, il n'était plus question qu'on me marche sur les pieds !

Consciente des regards des clients, de leur oreille à la traîne, La Mère me prit doucement par le bras en me demandant, gentiment, de me calmer. Si d'avoir le dessus dans le magasin me donnait des ailes, je savais que j'allais le payer cher dès que nous en serions sortis. Cela ne rata pas. D'abord, j'eus droit à une gifle magistrale. Ensuite, dans la voiture, La Mère me força à m'étendre au pied de la banquette arrière où mes frères me piétinèrent à tour de rôle pour me punir de mon insolence. Enfin, dès notre arrivée à la maison, elle prépara un mélange d'ammoniaque et d'eau de Javel. Ayant deviné que je me servais du chiffon comme d'un masque, elle l'y trempa. Sitôt la porte fermée, je me suis précipité vers la bouche d'aération. Pas un souffle d'air. Je dus rester plus d'une heure dans la salle de bains où les vapeurs grises se condensèrent. Les larmes qui me montèrent aux yeux intensifièrent manifestement l'effet du poison – saisi de haut-le-cœur, j'ai craché des mucosités au bord de la syncope. Quand La Mère se décida à me libérer, je me suis rué vers le couloir, mais, m'attrapant par la peau du cou, elle voulut me plonger le visage dans le seau. Je me débattis comme un beau diable. Elle n'y réussit pas. S'il est vrai que je redevins une mauviette après cette séance prolongée dans la chambre à gaz, la tension s'accumulait malgré tout en moi – volcan sur le point d'entrer en éruption.

Mon petit frère Kevin fut celui grâce à qui je ne sombrai pas dans la folie. C'était un merveilleux bébé que j'adorais. Trois mois et demi avant sa naissance, La Mère m'avait permis de regarder la télé à l'occasion de Noël. Après l'émission, pour des motifs obscurs, elle m'avait expédié dans la chambre de mes frères où elle m'avait rejoint. Et, m'enserrant le cou de ses mains, elle avait tenté de m'étrangler. J'avais bougé la tête frénétiquement pour me dégager jusqu'au moment où, prêt à tomber dans les pommes, j'avais eu le réflexe de lui donner un coup de pied dans les jambes. J'allais le regretter.

Le mois d'après, La Mère m'assura qu'à cause de moi, le bébé ne serait pas normal. Évidemment, j'eus l'impression d'être un assassin. D'autant qu'elle n'en resta pas là, racontant à qui voulait l'entendre des versions différentes de l'incident. Tantôt, j'avais réagi en lui flanquant des coups de pied ou de poing dans le ventre alors qu'elle voulait me serrer dans ses bras. Tantôt, elle présentait ma brutalité comme une conséquence de ma jalousie, de ma peur que le futur bébé ne l'absorbe à mon détriment.

Il n'en reste pas moins que mon amour pour Kevin était sincère. N'ayant pas plus le droit de lever les yeux sur lui que sur mes frères, je n'avais toutefois pas l'occasion de le lui montrer. Sauf un certain samedi dont le souvenir s'est gravé dans ma mémoire. La Mère avait emmené les autres à un match de base-ball à Oakland, laissant Kevin à papa, et moi à mes travaux forcés. Ceux-ci terminés, papa sortit mon petit frère de son lit. À ma grande joie, je l'ai regardé se traîner partout à quatre pattes, adorable dans sa jolie barboteuse. À un moment, Kevin leva la tête et me sourit. Je fondis. Oubliant ma misère, fasciné par son innocence, je ne l'ai plus lâché d'une semelle tout en prenant soin d'essuyer la bave de sa bouche, de veiller à ce qu'il ne se fasse pas mal. Avant le retour de La Mère, j'ai même joué à la main chaude avec lui et son rire me fit chaud au cœur. En tout cas, par la suite, je pensais à lui dès que j'avais le cafard, souriant intérieurement à ses cris de joie.

Ce bref épisode n'étouffa pas ma haine bien longtemps, elle resurgit en dépit de tous mes efforts pour l'enfouir. À dire vrai, la certitude qu'on ne m'aimerait jamais, que je n'aurais jamais droit à la même vie que mes frères, m'empoisonnait. Sans compter que Kevin finirait par me rejeter comme eux – ce n'était qu'une question de temps.

Au cours de l'automne, La Mère commença à s'en prendre à d'autres personnes qu'à moi. Si sa cruauté à mon égard ne désarmait pas, elle réussit à se mettre à dos ses amis, son mari, son frère et même sa mère. Depuis ma petite enfance, je savais qu'elle ne s'entendait pas avec les membres de sa famille à qui elle reprochait de se mêler de sa vie. Mal à l'aise avec eux, elle ne supportait carrément pas grand-mère – femme autoritaire également – qui ne cessait de vouloir lui offrir des robes ou des rendez-vous chez le coiffeur. Ce que La Mère refusait systématiquement, à grand renfort de cris pour que grand-mère prenne la porte. En outre, celle-ci prenait parfois mon parti. C'était le bouquet pour La Mère qui, outrée, braillait que son apparence, l'éducation qu'elle donnait à ses enfants ne regardaient personne. De guerre lasse, ma grand-mère ne vint presque plus à la maison.

Il n'empêche qu'à l'approche des vacances de Noël, les deux femmes passaient leur temps à se crêper le chignon au téléphone. Et, comme de juste, ça me retombait sur le dos dès que La Mère raccrochait après avoir traité grand-mère de tous les noms imaginables. Une fois, je l'ai même entendue convoquer mes frères au sous-sol pour leur annoncer qu'ils n'avaient plus ni grand-mère ni oncle.

Enfin, La Mère était odieuse avec papa. Quand il passait – pour un moment ou pour la journée –, elle l'engueulait dès qu'il apparaissait sur le pas de la porte. Du coup, il arrivait souvent éméché et l'évitait en faisant des petits boulots dans le voisinage. Cela étant, elle le poursuivait jusqu'à son travail où elle l'appelait pour l'injurier, le traiter de « chiffe molle », de « poivrot » – ses deux injures de prédilection. Au bout d'un certain temps, le pompier qui répondait au standard se contenta de poser le combiné sans transférer l'appel à mon père. De quoi attiser la fureur de La Mère, et, une fois de plus, c'était moi qui en faisais les frais.

En fin de compte, elle chassa papa de la maison. Pendant un moment, on ne le vit plus que lorsqu'on allait chercher le chèque de sa paye à San Francisco. Un jour, on passa par le Golden Gate Park. Malgré la rage qui m'habitait en permanence, le souvenir de l'époque où ce parc signifiait tant pour nous me revint en mémoire. À leur silence, je compris qu'aucune magie n'auréolait plus les lieux pour mes frères qui se rendaient peut-être compte que le bon temps était aussi révolu pour eux.

Il y eut un intermède – bref – pendant lequel La Mère changea d'attitude envers papa. Un dimanche, elle nous fourra tous dans la voiture et fit le tour des magasins afin de trouver un disque de chants allemands, censés créer une atmosphère chaleureuse pour le retour au bercail de papa. L'après-midi durant, elle prépara un festin avec autant d'ardeur qu'auparavant. Et elle mit des heures à se pomponner, allant jusqu'à enfiler une robe évoquant la femme qu'elle était autrefois. Moi, à la voir arpenter la maison, ranger tout ce qui traînait, je crus que Dieu exauçait mes prières. Obsédé par la nourriture pour ne pas changer, je me dis qu'elle aurait, cette fois, la bonté d'âme de me laisser partager le repas familial. La déception fut d'autant plus cruelle.

L'après-midi s'étira avec lenteur alors qu'on attendait papa pour le déjeuner. Au moindre bruit de voiture, La Mère se précipitait à la porte pour l'accueillir à bras ouverts. Or, il ne débarqua avec un collègue qu'un peu après 16 heures, tenant à peine sur ses jambes. Nul doute qu'il fut surpris par l'ambiance gaie et chaleureuse. De la chambre de mes parents où je m'étais réfugié, j'entendis la voix tendue de La Mère qui s'armait de patience. L'instant d'après, papa entra en titubant. Médusé – je ne l'avais jamais vu aussi saoul –, je m'aperçus qu'il puait l'alcool à plein nez et avait le plus grand mal à garder ouverts ses yeux injectés de sang. Avant même qu'il n'ouvre la porte du placard, j'avais deviné son intention et les raisons de son passage à la maison. Comme il bourrait d'affaires son sac bleu, je me suis mis à pleurer en silence. J'aurais tellement aimé rapetisser au point de tenir dans son sac pour qu'il m'emmène avec lui !

Une fois prêt, papa s'agenouilla pour me chuchoter quelques mots. Les jambes de plus en plus flageolantes, je l'ai regardé tandis que les questions se bousculaient dans ma tête. *Où est mon héros ? Qu'est-ce qui lui est arrivé ?* En ouvrant la porte de la chambre pour sortir, papa se cogna à son copain – aussi ivre que lui – et faillit se casser la figure. Alors, d'une voix triste, il me dit :

— Je ne peux plus supporter tout ça. Ta mère. Toi. Vraiment, je n'en peux plus.

Avant de s'en aller, il ajouta si bas que je l'entendis à peine :

— Pardonne-moi... je suis désolé.

Cette année-là, le repas de Thanksgiving fut une catastrophe. En signe de bonne volonté, La Mère me permit de prendre place à la table familiale. Tassé sur ma chaise, j'ouvris à peine la bouche de crainte de déclencher ses foudres. La tension, palpable, entre mes parents, dégénéra en dispute dès la fin du repas. Du coup, papa mit les voiles sans demander son reste tandis que La Mère prenait sa bouteille bien-aimée dans un placard du salon. Vautrée sur le canapé, elle but verre sur verre. Je desservis, fis la vaisselle. Ce coup-ci, j'eus l'impression de ne pas être le seul à être perturbé par son comportement – on aurait dit que mes frères ressentaient enfin la même peur que moi.

Pendant un petit moment, La Mère et papa essayèrent d'être polis l'un envers l'autre. À Noël cependant, ils n'en pouvaient déjà plus de leur comédie ; cette amabilité forcée leur coûtait trop. Assis sur la plus haute marche de l'escalier alors que mes frères défaisaient leurs cadeaux, je les entendis échanger des mots durs. Tout en priant pour qu'ils se réconcilient – ne serait-ce qu'en ce jour de fête –, il me parut évident que seule ma mort exaucerait ma prière.

Quelques jours après Noël, La Mère emballa les affaires de papa et nous emmena en voiture jusqu'à un motel miteux, à quelques pâtés de maisons de la caserne, où il nous attendait, l'air calme. La mort dans l'âme, je compris l'inutilité de mes années de prières : ça y était, mes parents se séparaient. À force de serrer les poings, je sentis que mes ongles me transperçaient les paumes. Tandis que La Mère et mes frères accompagnaient papa dans sa chambre, je suis resté dans la voiture à maudire ce dernier. Si je le haïssais de nous abandonner, j'étais surtout jaloux qu'il ait réussi à se sauver. Moi pas. Moi, j'étais condamné à rester sous le joug de La Mère.

Avant que celle-ci ne démarre, mon père me passa un paquet par la fenêtre en m'expliquant que j'y trouverais les renseignements qu'il m'avait promis de réunir pour un devoir que j'avais à faire. Quel que soit son soulagement de quitter La Mère, ce ne fut pas moins avec un regard triste qu'il nous regarda partir.

Le retour à Daly City se fit dans un climat pesant. Mes frères ne se parlaient qu'à voix basse pour éviter de contrarier La Mère. À proximité de la maison, elle leur proposa un tour au McDo pour leur remonter le moral. Comme à l'ordinaire, je fus confiné dans la voiture pendant qu'ils allaient commander. Par la fenêtre, j'ai regardé le ciel. Des gouttes de la brume épaisse qui envahissait l'atmosphère perlèrent sur mon visage. La terreur s'empara de moi : désormais, rien n'arrêterait La Mère. Il n'y avait plus aucun espoir. La volonté de continuer m'abandonna et j'eus l'impression d'être un condamné à mort attendant l'heure de son exécution.

Paralysé de peur, je fus incapable – malgré mon envie folle – de m'enfuir de la voiture et je m'en suis terriblement voulu. Quelle lâcheté ! Au lieu de quoi, j'ai serré de toutes mes forces le paquet de papa, l'ai humé dans l'espoir d'y trouver une trace de son After Shave.

En vain. Alors, j'ai éclaté en sanglots, vouant Dieu aux gémonies. Lui qui assistait à ma lutte depuis toujours, il se contentait de regarder les choses empirer. Il n'était même pas fichu de m'accorder la consolation d'un soupçon d'odeur. Dieu me privait de toute espérance. Le maudissant, je lui ai reproché de m'avoir laissé naître.

J'entendis les pas de La Mère et de mes frères. Essuyant hâtivement mes larmes, je me suis recroquevillé dans ma coquille. Une fois sortie du parking, elle m'a lancé un coup d'œil dans le rétroviseur avant de lâcher en ricanant :

— Maintenant, tu es tout à moi. Quel dommage que ton père ne soit plus là pour te protéger !

J'étais sans défense. À l'évidence, je n'en réchapperai pas, elle me tuerait – tôt ou tard. Au fond, je n'avais plus qu'un espoir, c'est qu'elle ait pitié de moi et le fasse le plus vite possible.

Mes frères dévoraient leur hamburger. Furtivement, les mains jointes, les yeux fermés, j'ai prié de tout mon cœur. Quand le break entra dans l'allée, je sentis que mon heure était venue. Avant d'ouvrir la portière, j'ai baissé la tête, et, le cœur en paix, j'ai murmuré : *Et délivre-moi du mal. Amen.*

Épilogue

Comté de Sonoma, Californie.

Je suis vivant ; c'est extraordinaire.

Une brise souffle des collines tandis que je contemple la splendeur de l'océan Pacifique qui s'étire à l'infini. La journée a été magnifique – comme toujours. Le soleil plonge à l'horizon. Dans quelques instants, la magie va se déployer et embraser le ciel bleu d'orange éclatant. Je regarde à l'ouest, fasciné par les vagues. L'une, gigantesque, se dresse avant de se briser sur le rivage m'aspergeant le visage d'embruns. L'écume blanche me recouvre les pieds, puis se perd dans le ressac. C'est alors que la mer rejette sur le sable un bout de bois étrangement tordu. Poli, délavé, criblé de trous. Au moment où je me penche pour le ramasser – mes doigts effleurent l'eau –, l'eau le happe. L'espace d'un instant, on dirait qu'il s'arc-boute au rivage et c'est en y laissant une empreinte qu'il s'abandonne aux flots où il tressaute violemment.

Ce bout de bois symbolise tellement ma vie passée que je suis émerveillé. Au cours de mon enfance, extrêmement tumultueuse, déchirée dans tous les sens, plus ma situation empirait, plus j'avais le sentiment d'être aspiré par un courant irrésistible, d'être entraîné dans une spirale infernale malgré mes efforts forcenés pour y échapper. Jusqu'au jour où – comme par miracle – la liberté m'a été offerte.

J'ai une chance inouïe. Désormais, cette abominable période est derrière moi. À dire vrai, même aux heures les plus noires, j'avais malgré tout le sentiment diffus d'être l'artisan de mon sort et je m'étais fait le serment – si j'en sortais vivant – de tout mettre en œuvre pour devenir un homme bien. Et j'ai tenu parole. J'ai réussi à ne pas me laisser obséder par mon passé, à ne voir en mon enfance qu'une parcelle de mon existence. Certes l'abîme n'était jamais loin, prêt à m'engloutir, à contrôler ma destinée – mais uniquement si j'y consentais. Ce ne fut pas le cas, j'ai pris la maîtrise de ma vie et lui ai donné un élan positif.

Les épreuves de mon enfance m'ont donné une grande force intérieure. J'ai appris à m'adapter rapidement aux situations difficiles, à les surmonter en découvrant le secret de la motivation personnelle. Grâce à mon expérience, j'ai une vision de la vie que peu d'êtres humains partagent, je suis capable d'apprécier ce que beaucoup considèrent comme un dû. À l'évidence, j'ai fait un certain nombre d'erreurs en cours de route, mais j'ai pu rebondir. Au lieu de m'appesantir sur le passé, je me suis cramponné à mon but avec autant de détermination qu'aux moments les plus atroces où, exclu dans le garage, je sentais Dieu m'effleurer l'épaule pour m'insuffler le courage dont j'avais besoin.

Entre autres grâces dont j'ai bénéficié, il y a les rencontres avec des personnes qui ont eu une influence bénéfique sur le cours de mon existence. Ils sont innombrables ceux qui m'ont poussé, aidé à faire les bons choix, soutenu dans ma volonté de m'en sortir. Lorsque je me suis enrôlé dans l'armée de l'air, celle-ci, m'inculquant les valeurs traditionnelles, m'a procuré un sentiment de fierté et d'appartenance jamais éprouvé. Après des années de lutte, ma vie a pris un sens et, surtout, j'ai pris conscience que l'Amérique est bien ce pays où tout le monde a une chance de réussir en partant de rien.

Le fracas des vagues me ramène à la réalité. Le bout de bois a disparu dans l'eau tourbillonnante. Sans hésiter, je fais volte-face pour retourner à ma camionnette. L'instant d'après, je fonce sur une route sinueuse menant à la rivière Russian – ce lieu chimérique auquel je ne cessais de rêver lorsque j'étais plongé dans les ténèbres. À présent, j'y vais dès que j'en ai la possibilité. Après m'être arrêté prendre un passager – qui m'est très cher – à Rio Villa, près de Monte Rio, je roule de nouveau sur la chaussée à une voie. En fait, c'est une course contre la montre car le soleil se couche tandis que le rêve de ma vie est sur le point de se réaliser.

À peine suis-je entré dans le village paisible de Guerneville que je ralentis beaucoup, freinant avant de tourner à droite dans Riverside Drive. Les vitres baissées, je respire l'air pur, imprégné d'effluves des séquoias dressés de part et d'autre du chemin dont les branches oscillent doucement sous le vent.

Enfin, j'arrête la Toyota blanche devant la maison où – il y a une éternité – je passais des vacances avec ma famille au 17426 Riverside Drive. Elle a changé. Cela fait longtemps que deux petites chambres ont été rajoutées derrière la cheminée. On avait même l'intention, avant l'inondation de 1986, d'agrandir la cuisine. Quant à la souche d'arbre que mes frères et moi ne cessions d'escalader, elle est complètement pourrie. Du chalet de mon enfance, ne subsistent que le plafond de cèdre et la cheminée en pierres.

En proie à une légère mélancolie, je m'avance à pas lents sur le chemin gravillonné. Puis, discrètement, pour ne déranger personne, je guide mon fils Stephen dans une trouée où nos parents nous faisaient passer dans le temps, située à quelques mètres d'une maison. J'en connais le propriétaire qui ne se formalisera sûrement pas. Sans mot dire, mon fils et moi nous tournons vers la rivière Russian dont l'eau verte, toujours aussi miroitante, coule immuablement vers l'océan Pacifique. Des geais bleus s'interpellent tout en planant dans les airs avant de disparaître dans les séquoias. Le ciel est diapré de lueurs bleutées, orangées. Les yeux fermés, je prends une profonde respiration et savoure ce moment exquis comme je le faisais autrefois.

Une larme, une seule, coule sur ma joue quand je relève les paupières. À genoux, j'entoure de mes bras les épaules de Stephen qui, sans hésiter, m'embrasse.

— Papa, je t'aime.

— Moi aussi, de tout mon cœur.

Mon fils lève les yeux vers le ciel qui s'obscurcit, les écarquille pour ne rien perdre du soleil couchant. Et il déclare :

— C'est l'endroit au monde que je préfère !

La gorge serrée, je lui réponds tout en pleurant :

— Moi aussi.

Stephen a beau avoir l'innocence magique de son âge, il a déjà une certaine sagesse. À la vue des larmes qui ruissellent sur mon visage, il se contente de sourire. Non seulement pour ne pas blesser mon amour-propre, mais parce qu'il sait que je pleure de bonheur.

Je suis libre.

Sur la violence faite aux enfants

Dave Pelzer, rescapé

Enfant, plongé dans les ténèbres, craignant de perdre la vie, je me croyais seul au monde. À présent, je sais n'avoir été qu'un parmi des milliers d'enfants maltraités.

D'après diverses sources, on estime qu'à l'heure actuelle aux États-Unis un enfant sur cinq est victime de sévices d'ordre physique, psychologique ou sexuel. Bon nombre de personnes persistent néanmoins à considérer cela comme des dérapages de parents exerçant une autorité légitime sur leurs enfants et ne croient pas que ces derniers en resteront marqués à vie. C'est une profonde erreur.

Il ne s'écoule pas un jour sans que des adultes, maltraités dans leur enfance, ne se défoulent de leurs frustrations sur la société ou leur entourage. Vu l'inévitable taux d'écoute qu'un tel sujet suscite, le public est informé par les médias des cas spectaculaires. Tout le monde a entendu parler de l'avocat parti se coucher en abandonnant son fils inconscient après l'avoir roué de coups de poing, ou du père qui a jeté son bébé dans les cabinets. Ainsi que de la mort des deux enfants. Ou de ce père et de cette mère qui ont, chacun, tué leur enfant dont ils ont caché le corps pendant quatre ans. Sans compter cette histoire – à la une des journaux – d'un ancien enfant martyr tirant à bout portant sur la clientèle innocente d'un McDonald avant d'être abattu par la police.

Mais, la plupart du temps, personne n'est au courant des cas d'enfants anonymes qui disparaissent de la circulation, tel ce garçon sans foyer dormant dans des cartons sous un viaduc d'autoroute pour en citer un récent. Chaque année, des milliers d'adolescentes, victimes d'inceste, s'enfuient de leur domicile et se prostituent pour vivre, tandis que des gamins rejoignent les bandes de vandales qui sèment la terreur dans les rues.

Beaucoup d'adultes victimes de maltraitance enfouissent leur passé si profondément qu'ils s'imaginent incapables de devenir des parents cruels. S'ils arrivent d'abord à se construire une existence normale, à se marier, à avoir des enfants, à se lancer dans une carrière professionnelle, il n'est pas rare que les difficultés de la vie quotidienne suscitent chez eux des comportements semblables à ceux dont ils ont été les témoins. Et ce sont leur conjoint ou leurs enfants qui subissent les effets ravageurs de cette spirale infernale qu'ils perpétuent, à leur insu.

D'autres se replient dans leur coquille, se bouchent les yeux, persuadés que leur passé – boîte de Pandore à n'ouvrir sous aucun prétexte – disparaîtra à force d'être occulté.

Des millions de dollars sont dépensés tous les ans pour financer les services de protection de l'enfance aux États-Unis et dans le monde entier, ainsi que des centres d'hébergement ou le placement en familles d'accueil. Sans compter les subventions accordées aux ONG dont le rôle est de prévenir la maltraitance des enfants, d'assister les parents auteurs de sévices ainsi que leurs victimes dont le nombre ne cesse de s'accroître. Il y en avait deux millions cinq cent mille aux États-Unis en 1990, deux millions sept cent mille en 1991 et trois millions en 1995.

Pourquoi ? Quelle explication trouver à la tragédie de la maltraitance des enfants ? La situation est-elle aussi catastrophique qu'on le prétend ? Existe-t-il des moyens d'y mettre fin ? Et surtout – question la plus essentielle – comment l'enfant victime de sévices les perçoit-il ?

J'ai écrit ce témoignage d'une famille normale dévastée par un secret jalousement gardé en poursuivant un double objectif. D'une part, celui de montrer comment une mère affectueuse, attentive, peut se transformer en un monstre d'indifférence et de cruauté martyrisant un enfant sans défense. D'autre part, celui de décrire les ressources extraordinaires de l'esprit humain capable de triompher d'une adversité en apparence insurmontable.

Il se peut que certains lecteurs trouvent mon histoire invraisemblable voire choquante, mais la maltraitance des enfants est une réalité scandaleuse qui existe dans notre société. En outre, c'est un phénomène à effet domino au sein des familles. Si la victime est d'évidence celle qui en pâtit le plus, le fléau n'épargne personne, du conjoint – déchiré entre les deux protagonistes – aux autres enfants qui, ne comprenant rien à la situation, se sentent menacés. Sans compter les voisins, passifs, malgré les cris qu'ils ne manquent pas d'entendre, les professeurs alertés par les ecchymoses, obligés de s'occuper d'un enfant trop perturbé pour apprendre, et, enfin, les parents ou amis n'osant intervenir de crainte de couper les ponts.

Ce récit se veut davantage célébration d'une victoire que témoignage d'un rescapé. Même aux heures les plus atroces, le cœur est invincible et, si rien n'est possible sans la résistance physique, c'est l'esprit humain qui l'emporte au bout du compte.

En tout cas, c'est mon histoire. Elle n'engage que moi. Des années durant, j'ai vécu au cœur des ténèbres, replié sur moi, isolé, réduit au rôle de perpétuel perdant. Si au début j'aspirais à ressembler à tout le monde, je n'ai pas tardé à vouloir rejoindre le rang des gagnants. Aussi, après avoir servi mon pays dans l'armée pendant treize ans, je le sers à présent en organisant conférences et ateliers destinés à tous ceux qui ont besoin d'aide pour briser leurs chaînes. Inspiré par mon expérience, mon message – provoqué par les sévices subis au cours de mon enfance et alimenté par l'espérance en un avenir meilleur – s'adresse tant aux enfants maltraités qu'aux personnes qui s'occupent d'eux. D'autant que rompant le cercle vicieux, je suis devenu un père coupable essentiellement d'entourer son fils d'amour et de lui prodiguer tous les encouragements possibles.

Il y a actuellement des millions de désespérés et j'estime qu'il est de mon devoir de leur porter secours. Pour moi, il est important qu'ils comprennent que, si sombre qu'ait été leur passé, ils peuvent le surmonter, s'en servir pour évoluer vers un monde plus lumineux. Si paradoxal que cela puisse paraître, sans les souffrances de mon enfance je ne serais ni l'homme que je suis aujourd'hui ni capable d'apprécier la vie avec autant d'intensité. D'une tragédie, j'ai eu la chance de faire une victoire. C'est le fin mot de mon histoire.

Peut-être les familles modernes sont-elles soumises à davantage de pressions qu'à toute autre époque de l'histoire. Les mutations économiques, sociales sont à l'origine de bouleversements qui ouvrent la porte à la maltraitance des enfants. Pour que la société résolve ce problème, il est indispensable qu'il soit dénoncé. C'est la condition pour qu'il soit compris et que l'assistance aux victimes s'organise. L'enfance doit être insouciance et lumière, non un voyage cauchemardesque au bout de la nuit.

Steven E. Ziegler, professeur

Le début du mois de septembre 1992 fut celui d'une rentrée scolaire banale. Pour moi qui enseignais depuis vingt-deux ans, son effervescence n'avait rien de nouveau. Aux quelque deux cents nouveaux élèves dont il me faudrait mémoriser les noms, s'ajoutaient ceux de plusieurs nouveaux professeurs à accueillir. Nul doute que les grandes vacances étaient terminées, d'autant qu'outre de nouvelles responsabilités à assumer, j'avais la perspective des bâtons dans les roues que mettrait Sacramento – comme tous les ans – quant au financement des écoles. Rien de changé en apparence donc, jusqu'à ce qu'un message me ramène brutalement vingt ans en arrière : « Un certain David Pelzer souhaiterait que vous preniez contact avec son agent à propos d'un dossier pour mauvais traitements infligés à un enfant que vous avez contribué à monter il y a vingt ans. » Et le passé de refaire surface au grand galop.

Car le souvenir de David Pelzer s'est gravé dans ma mémoire. Professeur novice, je venais de sortir de l'université, et, je m'en rends compte maintenant, la réalité de cette carrière que j'avais choisie m'était complètement étrangère. Surtout le domaine de la maltraitance des enfants à l'existence de laquelle je croyais à peine, du moins, que je reléguais dans le secteur des sujets tabous comme tant d'autres en la matière. Si nous avons beaucoup appris depuis, il nous reste encore bien des choses à découvrir.

Du coup, je me suis rappelé l'école Thomas Edison de Daly City en Californie. En septembre 1972, un certain David Pelzer est entré dans ma classe de septième. Bien que naïf, j'ai une sensibilité qui m'a permis de capter sur-le-champ que ce petit garçon – triste, maigrichon – avait de gros problèmes. On lui attribuait des vols dans les paniers-repas de ses camarades, son corps était couvert d'ecchymoses plus que suspectes. L'évidence s'est imposée : c'était un enfant battu, puni avec une sévérité excessive. Ce n'est que quelques années plus tard que j'ai appris qu'il s'agissait d'un des pires cas – venant au troisième rang – répertoriés en Californie.

Ce n'est pas à moi ni à mes collègues de décrire en détail ce que nous avons vu et signalé aux autorités cette année-là. Seul David peut le faire, ainsi que ce livre en témoigne. J'éprouve une immense admiration envers lui d'avoir su saisir cette occasion extraordinaire de prévenir les souffrances d'autres enfants.

Bonne chance, David. Aucun doute ne subsiste dans mon esprit : tu as vaincu l'adversité.

Valerie Bivens, assistante sociale

En tant qu'assistante sociale des services de protection de l'enfance de Californie, je suis en mesure de constater le nombre élevé, l'horreur des sévices infligés aux enfants. Toutefois, le cas décrit dans ce livre – où la victime révèle la façon dont son enfance idyllique se mue peu à peu en une existence de « prisonnier de guerre » dans son propre foyer – dépasse l'entendement. Cette histoire est d'autant plus bouleversante que c'est le rescapé, homme d'un courage et d'une force d'âme exceptionnels, qui la raconte.

Le grand public ne réalise malheureusement pas vraiment la gravité du problème de la violence envers les enfants. Victimes de crimes atroces, ceux-ci sont trop souvent incapables d'en parler ou de dénoncer leurs agresseurs. En outre, ils retournent contre eux-mêmes ou leurs proches leur rage refoulée, et le cycle se perpétue.

Il est vrai que le sujet fait de plus en plus la une des journaux ou l'objet de films mais d'une façon souvent trop spectaculaire pour nous émouvoir sur les souffrances de ces enfants martyrs. Voilà un livre qui nous secoue en nous informant.

David nous fait vivre sa terreur, son abandon, son isolement, son indignation, sa douleur et, enfin, ses espoirs. L'univers caché des sévices innommables subis par les enfants se dévoile peu à peu. C'est à travers les yeux, les oreilles, le corps de David que nous prenons conscience de sa détresse, puis de ce qu'il ressent lors de sa victoire sur les tortures inhumaines qu'on lui faisait subir.

Glenne A. Goldber, ancien directeur du California Consortium for the Prevention of Child Abuse

Il faut à tout prix faire connaître l'histoire de David Pelzer si l'on veut mobiliser la population et éradiquer le monde des sévices infligés aux enfants. Bien qu'ils soient notre bien le plus précieux, ceux-ci sont victimes d'une épidémie de violence et de négligence aussi terrible qu'insensée.

La progression des cas de maltraitance est constante depuis une dizaine d'années. Aussi le témoignage de David ne peut-il qu'aider à ce que les gens comprennent que la situation actuelle dépasse de loin un excès dans l'usage de châtiments corporels. Des centaines de milliers d'enfants sans défense sont, tous les ans, brutalisés et torturés physiquement, psychologiquement et sexuellement.

Le moindre coup donné à un enfant a des répercussions sur son avenir, la moindre de ses souffrances a d'imprévisibles conséquences. L'histoire de David Pelzer, ce rescapé qui a réussi à échapper aux tortures qu'on lui infligeait, est une source d'inspiration pour tout le monde.

Il ne faut cependant pas oublier les dizaines de milliers de victimes qui n'ont pas survécu à leurs supplices ni les millions d'autres qui en sont encore les proies. La seule façon d'éliminer ce problème, c'est la prévention. Et j'espère vivement que ce livre suscitera un vaste mouvement dans l'opinion publique en faveur de la prévention de toutes formes de violence à l'encontre des enfants.

Poème : Je ne savais pas

Je ne savais pas que c'était si grave,
Mais je savais que ça existait.
Ce crime odieux m'a révoltée
Parce qu'on vole à des enfants
Une période « unique » de leur existence.

Je ne savais pas à quel point ça faisait mal ;
Les bleus et les cicatrices sont trop souvent cachés.
Je ne comprenais pas pourquoi sur ta route,
la brutalité de la violence exigeait de toi
un si lourd tribut.

Je ne savais pas comment tu te sentais ;
que tu avais perdu toute dignité.
Je savais seulement que tu te repliais sur toi-même,
Que tu cachais toujours tes sentiments.

Je ne savais pas quoi faire ;
Je ne savais pas si je pouvais t'aider.
Je ne savais pas que tu avais d'abord besoin
d'une amie ;
De quelqu'un qui t'aime et te soutient.

Maintenant, je sais que je peux aider ;
Que je peux changer les choses.
Je resterai à tes côtés ; je dénoncerai aussi fort que toi ;
Pour que plus jamais personne ne dise :
« Je ne savais pas. » [1]

CINDY M. ADAMS

1. L'autorisation de publier *Je ne savais pas* a été accordée par Cindy M. Adams.

À propos de l'auteur

Dave a été membre de l'armée de l'air des États-Unis, la *United States Air Force*, où il a joué un rôle important pendant la guerre du Golfe. Il a participé aux missions de ravitaillement en vol de l'avion de reconnaissance SR-71 Blackbird et de l'avion furtif F-117, appareils classés ultrasecrets à l'époque. Pendant sa carrière militaire, Dave a collaboré à divers programmes destinés aux jeunes en difficulté de la Californie.

En plus d'avoir reçu l'éloge des anciens présidents américains Ronald Reagan et George Bush, Dave s'est vu décerner plusieurs récompenses pour son extraordinaire réussite. Tout en poursuivant sa carrière militaire, Dave a reçu en 1990 le J/C/ Penney Golden Rule remis au bénévole de l'année en Californie. En 1993, il a été un des dix récipiendaires du *Ten Outstanding Young Americans* ; il a ainsi rejoint les rangs de personnalités aussi prestigieuses que Chuck Yeager, Christopher Reeve, Anne Bancroft, John F. Kennedy, Orson Welles et Walt Disney. En 1994, Dave a été le *seul* Américain à recevoir un des dix prix *Outstanding Young Persons of the World* pour son travail de sensibilisation et de prévention dans le domaine de la violence faite aux enfants et pour sa capacité d'inspirer le courage. Dave a également été un des porteurs du flambeau olympique, symbole du caractère indomptable de l'esprit humain, lors du Relais du flambeau olympique de 1996.

Dave travaille actuellement sur le troisième et dernier livre de sa trilogie, *A Man Named Dave (Dave, l'homme)*.

Lorsqu'il n'est pas en voyage ou avec son fils Stephen, Dave vit une existence paisible à Russian River, à Guerneville, en Californie, avec sa tortue prénommée Chuck.

Remerciements

Après des années de travail intense, de frustrations, de compromis, de déceptions, ce livre, enfin publié, est disponible partout. Je souhaiterais exprimer ma gratitude à celles et ceux qui ont cru en cette croisade.

À Jack Canfield, coauteur du feuilleton à succès *Bouillon de poulet pour l'âme,* pour son extrême gentillesse et l'accueil à bras ouverts qu'il m'a réservé. Jack est l'un de ces êtres rares, capable d'aider en une journée plus de personnes que la plupart de nous en une vie. Que Dieu le bénisse.

À Nancy Mitchell et Kim Wiele du Canfield Group, pour leur enthousiasme et leurs conseils.

À Peter Vesgo de Health Communications Inc., à Christine Belleris, Matthew Diener, Kim Weiss, et à l'ensemble du personnel de HCI pour leur honnêteté, leur professionnalisme, leur amabilité. Ils n'ont eu de cesse de faciliter le travail de publication de ce livre. À Irene Xanthos et à Lori Golden pour leur ténacité, les mille petits problèmes qu'elles ont réglés. Mille mercis à l'équipe du service artistique pour son travail acharné et son dévouement.

Un merci tout particulier à Marsha Donohoe, extraordinaire rédactrice, dont la relecture et la réécriture du manuscrit ont permis d'en supprimer les innombrables exclamations, afin que le lecteur saisisse mieux ce récit raconté par un enfant. C'était pour elle une question de simple bon sens.

À Patti Breitnam de Breitman Publishing Projects pour son travail initial et sa persévérance.

À Cindy Adams, pour sa foi inébranlable au moment où j'en avais le plus besoin.

Un merci particulier à Ric & Don du Rio Villa Resort, pour leur hébergement dans un sanctuaire idéal à la réalisation de ce projet.

Et enfin à Phyllis Colleen, à qui je souhaite de trouver bonheur et sérénité. Que Dieu la bénisse.

L'ADO PERDU

À mes professeurs, à tous ceux qui m'ont sauvé la vie
Steven Ziegler, Athena Konstan, Joyce Woodworth, Janice Woods,
Betty Howell, Peter Hansen.
À l'infirmière de l'école primaire Thomas Edison.
Au fonctionnaire de police de Daly City.
À l'ange des services sociaux, Mme Pamela Gold.
Aux membres de ma famille d'accueil : Tante Mary, Rudy et Lilian Catanze, Michael et Joanne Nulls, Jody et Vera Jones, John et Linda Walsh.
À ceux qui, d'une main ferme mais bienveillante, m'ont guidé : Gordon Hutchenson, Carl Miguel, Estelle O'Ryan, Dennis Tapley.
À mes amis et mentors : David Howard, Paul Brazell, William D. Brazell, Sandy Marsh, Michael A. Marsh.
À la mémoire de Pamela Eby, qui a consacré sa vie aux enfants de Floride.
À mes parents, Harold et Alice Turnbough, qui ont toujours su.
Et enfin à mon fils Stephen, dont l'amour inconditionnel pour l'être que je suis et mes entreprises me donne le courage de continuer.
Soyez bénis.
« Un enfant n'est sauvé que si tout le monde s'y met. »

1.

La fugue

Hiver 1970, Daly City, Californie.

Je suis tout seul. J'ai faim. Assis sur mes mains au pied de l'escalier du garage, je grelotte en rejetant la tête en arrière. Je ne sens plus mes mains depuis une éternité. À force d'être contractés, les muscles de mon cou et ceux de mes épaules me font mal. Mais j'ai pris l'habitude d'étouffer la douleur.

Je suis prisonnier de La Mère.

À neuf ans, ça fait des lustres que je mène cette existence. Jour après jour, c'est la même chose. Je me lève après avoir dormi sur un vieux lit de camp dans le garage, me tape les corvées ménagères et – si j'ai du bol – je peux finir les céréales de mes frères. Ensuite, je file à l'école où je pique de la nourriture. Et, dès mon retour à la maison, La Mère me force à vomir pour vérifier le contenu de mon estomac.

Résultat, elle me donne une raclée à moins qu'elle ne m'embringue dans un de ses petits jeux avant de me remettre au boulot. Après quoi, je suis tenu de rester assis au pied de l'escalier jusqu'à ce qu'elle m'ordonne de remonter pour la vaisselle du dîner. Enfin – uniquement si j'ai fini dans le délai fixé et si je n'ai commis aucun forfait – elle me balancera peut-être un rogaton.

Ma journée ne s'achève que lorsque La Mère me permet d'aller me coucher sur le vieux lit de camp où, roulé en boule, j'essaie tant bien que mal de me réchauffer. Le sommeil est mon seul plaisir dans la vie, mon seul moment d'évasion. J'adore rêver.

Le pire, c'est le week-end. Pas d'école rime avec jeûne et un surcroît de temps à la maison. Je n'ai d'autre issue que de m'imaginer ailleurs, n'importe où, car je suis la brebis galeuse de la famille depuis des années. Aussi loin que remontent mes souvenirs, j'ai toujours eu des ennuis qui m'attiraient autant de punitions soi-disant méritées. D'abord, j'ai attribué cela à ma méchanceté, puis à La Mère qui, à n'en pas douter, était malade puisqu'elle changeait de comportement dès que mes frères et mon père avaient le dos tourné. Cela étant, j'ai toujours été plus ou moins conscient de la nature particulière des rapports entre La Mère et moi – j'étais la seule cible de sa rage obscure, perverse.

Je n'ai pas de foyer ni de famille. Au fond de moi, j'ai l'intime conviction que, pas plus maintenant qu'à l'avenir, je ne mérite qu'on m'aime, s'occupe de moi, voire qu'on me reconnaisse comme un être humain. Je suis un petit garçon qu'on appelle le *Moins que rien.*

Je me sens complètement seul.

Là-haut, mes parents s'étripent. Comme il est plus de 16 heures, ils sont ivres. Ils crient. Les insultes fusent. Les jurons ne se font pas attendre. Je compte les secondes car, tôt ou tard, ils se bagarreront à mon sujet – c'est inévitable. La voix de La Mère me fait frémir. « Qu'est-ce que tu veux dire, Stephen ? Tu trouves que je martyrise Le Garçon, c'est ça ? » À son ton soudain glacial, je l'imagine menaçant mon père du doigt. Et elle martèle : « Bon, écoute-moi bien... tu ne te rends pas compte de ce qu'est le *Moins que rien.* Si tu trouves que je le traite si mal que ça, il n'a qu'à foutre le camp. »

Je n'ai aucun mal à me représenter papa – au fond, il n'a cessé depuis le début de tenter de me protéger –, en train de tourner son verre où tintent les glaçons entre ses doigts.

« Calme-toi, Roerva. Je voudrais seulement que tu comprennes... eh bien... qu'aucun gosse ne mérite de vivre comme ça. Seigneur, tu traites mieux les chiens que lui ! »

L'engueulade atteint son paroxysme. La Mère pose violemment son verre sur le plan de travail. Papa est allé trop loin. Personne n'a le droit de faire la moindre observation à La Mère. Naturellement, ça va me retomber sur le dos – d'un moment à l'autre elle va me sommer de monter. Je m'y prépare. Avec lenteur, je retire mes mains de sous les fesses – mais pas trop – parce qu'il lui arrive de venir vérifier à l'improviste ma position. Or, sans sa permission, tout mouvement m'est interdit.

Je me sens minuscule. Si seulement je pouvais...

Sans crier gare, La Mère ouvre la porte donnant sur l'escalier du garage.

— Toi, s'égosille-t-elle. Amène-toi ! Et grouille !

Je m'élance et monte les marches quatre à quatre. En haut, j'attends son ordre avant d'ouvrir craintivement la porte. Puis, sans bruit, je m'approche d'elle en cherchant à deviner quel petit jeu elle me réserve.

Ce coup-ci, il s'agit du jeu d'adresse qui consiste à ce que je reste à un mètre d'elle, les mains sur les hanches, la tête penchée à un angle de quarante-cinq degrés et les yeux rivés sur ses pieds. À la première sommation, je dois la regarder à hauteur de ses épaules, mais en dessous des yeux. À la deuxième, je dois la fixer dans les yeux, mais jamais – au grand jamais – ne parler, ne respirer ni esquisser le moindre geste sans sa permission. Depuis que j'ai sept ans, La Mère s'amuse avec moi de la sorte : c'est l'un des rituels de ma morne existence.

Brusquement, La Mère me tire l'oreille droite. Malgré moi, je sursaute. La gifle ne se fait pas attendre. Comme je n'ai pas mes lunettes que je n'ai le droit de porter qu'à l'école, je ne vois sa main qu'un instant avant qu'elle ne me touche. J'ai la joue qui me brûle.

— Qui t'a autorisé à bouger ? persifle La Mère.

Les yeux ouverts, je fixe un point du tapis. Elle s'assure de ma docilité avant de me tirer de nouveau l'oreille et de me traîner vers la porte.

— Tourne-toi, glapit-elle. Et regarde-moi !

Je triche. Du coin de l'œil, je lorgne papa qui prend une gorgée de son verre. Lui qui redressait les épaules auparavant, les voûte à présent tant son métier de pompier, l'alcool, la tension de ses rapports avec La Mère ont sapé ses forces. Ce n'est plus un héros volant au secours d'enfants prisonniers d'immeubles en flammes, mais un homme brisé. Il avale une autre gorgée avant que La Mère ne me prenne à partie :

— Ton père ici présent trouve que je te martyrise. Toi aussi ? Toi aussi ?

J'ai les lèvres qui tremblent. Une fraction de seconde, j'hésite à rompre le silence. La Mère, qui a sûrement perçu mon dilemme, doit tirer un plaisir accru de son petit jeu. Quelle que soit ma réaction, je suis fichu. J'ai l'impression d'être un insecte qu'on va écrabouiller. Une pellicule se détache de mes lèvres lorsque je les entrouvre pour bégayer.

Je n'ai encore rien articulé que La Mère me tire de nouveau l'oreille droite – on la dirait en feu.

— Ferme ta gueule, personne ne t'a demandé de l'ouvrir ! N'est-ce pas ? N'est-ce pas ? beugle La Mère.

Je cherche papa des yeux. Il doit le sentir parce qu'il intervient :

— Ma parole, Roerva. Comment peux-tu traiter Le Garçon comme ça ?

Je me crispe immédiatement tandis que La Mère me tire une fois de plus l'oreille, sans la lâcher, si bien que je suis forcé de me dresser sur la pointe des pieds. Cramoisie à présent, elle assène, l'index tendu vers ma poitrine :

— Alors, tu trouves que je le maltraite... C'en est trop, Stephen. Si c'est vraiment ce que tu penses... Eh bien, le *Moins que rien* n'a qu'à débarrasser le plancher.

Toujours sur la pointe des pieds, je me raidis pour être prêt à encaisser les coups qui vont pleuvoir. C'est alors qu'elle me lâche et, ouvrant la porte, hurle d'une voix perçante :

— Va-t'en ! Fiche le camp de chez moi ! Tu me fais horreur, je ne te supporte plus ! De toute façon, je ne t'ai jamais aimé. Du balai !

Pétrifié, je me racle les méninges. C'est un jeu dont les règles me sont étrangères de même que les intentions de La Mère. Ma survie dépend de mon aptitude à anticiper. Papa s'avance vers moi en s'écriant :

— Non, ça suffit ! Arrête, Roerva. Ne fais pas ça, laisse Le Garçon tranquille !

La Mère s'interpose entre nous.

— Non ? raille-t-elle. Ça fait la combientième fois que tu me sors ça à propos du Garçon, hein ? Il n'y en a que pour lui. La combientième fois, dis, Stephen ?

Et elle touche le bras de papa, comme pour le supplier d'admettre que leur vie irait infiniment mieux sans moi – si je n'existais plus.

En moi, un cri retentit. *Oh mon Dieu ! Maintenant, je comprends !*

Papa l'interrompt sans réfléchir :

— C'est hors de question !

Je perçois à la lassitude de sa voix qu'il est au bout du rouleau, au bord des larmes. Il secoue la tête, me lance un coup d'œil, puis se tourne vers La Mère.

— Où habitera-t-il ? Qui s'occupera de lui ?

— Voyons Stephen, t'es bouché ou quoi ? Ça m'est complètement égal ce qui peut lui arriver. Le Garçon, je m'en fous éperdument !

L'instant d'après, la porte d'entrée s'ouvre à toute volée tandis que La Mère sourit, la main sur la poignée.

— C'est bon, je lui laisse le choix.

Elle se penche à quelques centimètres de moi. Son haleine pue l'alcool, ses yeux froids luisent de haine. Si seulement je pouvais tourner les talons et filer au garage ! Lentement, d'une voix âpre, elle articule :

— Si tu trouves que je te martyrise, tu n'as qu'à t'en aller.

Je sors de mon hébétude et prends le risque de couler un regard à papa.

Occupé à vider un autre verre, il ne s'en aperçoit pas. Complètement désarçonné, je patauge sans comprendre le but du nouveau jeu de La Mère jusqu'au moment où je réalise que ce n'en est pas un. Il me faut quelques secondes pour prendre conscience que c'est une aubaine – la fuite est à portée de main. J'en meurs d'envie depuis des lustres mais je n'y ai jamais donné suite à cause d'une peur diffuse. *Tout de même, c'est trop facile*, me dis-je tout en voulant bouger les jambes. En vain, je suis cloué au sol.

— Alors ? me crie La Mère à l'oreille. Tu te décides !

On dirait que le temps s'est arrêté. Comme je fixe la moquette, j'entends La Mère ajouter perfidement :

— Il ne s'en ira pas. Le Garçon ne partira jamais, il n'en a pas le cran.

Je frissonne. Les yeux fermés, je m'imagine en train de franchir le seuil. Je souris. Le désir de prendre la clé des champs est impérieux. À force de me représenter la scène, une onde de chaleur m'envahit, puis je me mets en mouvement. Du coup, je regarde mes baskets usées jusqu'à la corde tandis que mes pieds m'emmènent à la porte. *Oh mon Dieu, ce n'est pas possible !* La peur me pousse à continuer.

— Et voilà, exulte La Mère. Le Garçon a décidé tout seul. Je ne l'ai pas forcé. Ne l'oublie pas, Stephen.

Je franchis le seuil, convaincu que La Mère va m'attraper pour me ramener à l'intérieur. Mes cheveux se hérissent tandis que je presse le pas. À peine sur le perron, je tourne à droite et descends les marches peintes en rouge. Derrière moi, j'entends les paroles qu'échangent les parents penchés à la fenêtre.

— Roerva, murmure papa. Tu as tort.

— Absolument pas. N'oublie pas que c'est son choix ; de toute façon, il va revenir.

Fébrile, je manque dégringoler dans l'escalier et me rattrape à la rampe. Luttant pour reprendre mon souffle, j'atteins l'allée. Après avoir tourné à droite, je gagne la rue où, m'assurant que personne ne me voit, je prends mes jambes à mon cou. À mi-chemin, je m'arrête pour jeter un coup d'œil à la maison.

Les mains sur les genoux, je me courbe hors d'haleine. Et je tends l'oreille guettant le bruit du break de La Mère tant je n'en reviens pas qu'elle m'ait laissé partir si facilement. À l'évidence, elle va me rattraper d'un instant à l'autre. À peine ai-je repris mon souffle que je me remets à marcher à toute allure. En haut de Crestline Avenue, je regarde la maisonnette verte : aucun break ne sort en trombe du garage. Personne ne me poursuit. Il n'y a ni cri ni hurlement. Je ne suis pas assis au pied de l'escalier. On ne me donne pas des coups de balai derrière les genoux. On ne m'a pas enfermé dans la salle de bains face à un mélange d'ammoniaque et d'eau de Javel.

Une voiture passe. Je fais volte-face et agite la main.

Malgré mon pantalon troué, mon T-shirt tout mince, plein d'accrocs, mes tennis éculées, j'ai chaud. Fou de joie, je me jure de ne jamais retourner à la maison. Après des années de terreur, d'horribles raclées, de déchets en guise de repas, j'ai la certitude que je vais m'en tirer.

Même si je n'ai pas d'amis, nulle part où me cacher, je sais exactement où aller – à la rivière. Il y a quelques années, à l'époque où je faisais partie de la famille, on passait les vacances d'été au bord de la rivière Russian. Je n'ai jamais été aussi heureux : j'y ai appris à nager, passé des heures à dévaler le toboggan, à me promener en charrette au coucher du soleil, à jouer avec mes frères sur une vieille souche d'arbre écroulée près du chalet. Le souvenir du parfum des immenses séquoias, de la beauté du cours immuable de l'eau émeraude m'arrache un sourire.

Guerneville est situé au nord du Golden Gate Bridge. C'est tout ce que je sais. Évidemment, il faudra plusieurs jours pour y arriver. Tant pis. Là-bas, je me débrouillerai pour piquer des miches de pain, du salami au supermarché et dormirai sur la plage Johnson en écoutant les voitures traverser le vieux pont menant à la ville. Pour moi Guerneville était un vrai refuge et j'ai toujours rêvé d'y vivre depuis la maternelle.

Alors que j'avance dans Eastgate Avenue, un vent froid me transperce. Le soleil s'est couché, la brume du soir qui se lève de l'océan envahit tout. Les mains sous les aisselles, je continue de marcher en claquant des dents. L'exaltation du succès de mon évasion retombe tandis que l'idée que La Mère avait peut-être raison me traverse l'esprit. En dépit des coups, des hurlements, il fait tout de même moins froid dans le garage. *Sans compter que c'est vrai que je suis un menteur, un voleur,* me dis-je. *Les punitions, je les mérite peut-être.* Je m'immobilise pour réfléchir à mon plan. Bon, si je rebrousse chemin maintenant, nul doute que j'aurais droit à une rossée maison – mais j'en ai l'habitude. Avec un peu de chance, elle me filera des restes demain et je réussirai à dérober des trucs à l'école après-demain. Au fond, j'ai connu bien pire.

Du coup, je m'arrête entre deux enjambées. Décidément, ce n'est pas une si mauvaise idée de retourner à la maison. En plus, je n'arriverai jamais à trouver la rivière. Voilà que je tourne les talons.

L'instant d'après, je me figure assis au pied de l'escalier, tremblant de trouille. Affolé par le moindre bruit qui me parvient de là-haut. Comptant les secondes jusqu'aux pubs de la télé qui me terrorisent. Parce qu'à ce moment-là, La Mère se lève pour aller se verser un verre à la cuisine et me hurle de monter – elle me tabassera jusqu'à me faire tomber par terre sans que je sois capable de ramper pour lui échapper.

Rien ne me fait plus horreur que ces réclames.

Un grillon qui se frotte les ailes me ramène à la réalité. Je le cherche. Le croyant tout près de moi, je ne bouge plus. Le crissement s'interrompt. Immobile, je me dis que si j'arrivais à l'attraper j'en ferais mon animal de compagnie, à l'abri dans ma poche. Je l'entends de nouveau. Comme je me penche pour le ramasser, j'entends le vrombissement du break de La Mère dans mon dos. Aussitôt, je m'accroupis derrière une voiture avant que les phares ne m'éclairent. Le break roule lentement, puis les freins hurlent. La Mère me cherche. Le souffle court, je ferme les yeux tandis que les faisceaux lumineux balaient la rue. D'un moment à l'autre, le break s'arrêtera, elle en sortira brusquement et me jettera sur la banquette arrière. Comptant les secondes, je relève lentement les paupières, tourne la tête à gauche juste à temps pour voir rougeoyer les feux arrière. Les freins crissent. Ça y est ! La Mère m'a retrouvé ! En un sens, je suis soulagé. Je n'aurais jamais réussi à parvenir à la rivière. Épuisé par la tension, je répète à part moi : *Allez, viens. Dépêche. Viens.*

La voiture me croise.

Éberlué, je distingue une berline rutilante qui s'éloigne en freinant à tout bout de champ. La tête me tourne. J'ai l'estomac noué. La bile me remonte dans la gorge. Essayant de vomir, je trébuche sur une pelouse. Après quelques spasmes qui ne donnent rien vu mon ventre vide, je lève les yeux vers le ciel dont des lambeaux semés d'étoiles scintillantes transpercent le brouillard. Depuis combien de temps ne me suis-je pas retrouvé dehors ainsi ? C'est la question que je me pose en respirant profondément.

Du coup, je hurle : *Non ! Il n'est pas question de rentrer ! Jamais, je ne retournerai chez La Mère !* Alors, faisant demi-tour, je prends la direction du Golden Gate Bridge. Au bout de quelques secondes, je passe près de la fameuse voiture, garée devant une maison. Sur le perron, le propriétaire accueille un couple. Rires et musique s'échappent par la fenêtre grande ouverte. Je me demande quel effet ça fait d'être bien reçu. Continuant mon chemin, je sens des effluves de nourriture dans l'air. Il faut absolument que je mange quelque chose – l'obsession me reprend. On est samedi et je n'ai rien avalé depuis vendredi matin à l'école. *Ce n'est plus possible, je dois trouver de quoi bouffer.*

Un peu après, j'arrive à l'église où La Mère nous a envoyés, mes frères et moi, suivre des cours de catéchisme pendant quelques semaines. Il y a longtemps. En fait, je n'y ai pas mis les pieds depuis l'âge de sept ans. À peine en ai-je ouvert la porte que la chaleur s'infiltre dans les trous de mon pantalon et le mince tissu de mon T-shirt. J'aperçois un prêtre en train de ramasser les missels sur les bancs et, de crainte qu'il ne me surprenne, je me cache. Il s'approche de moi. Dieu sait si j'ai envie de rester mais... J'emmagasine le plus de chaleur possible avant de ressortir.

Dehors, je traverse la rue pour gagner les magasins qui la bordent de l'autre côté. Il y a une pâtisserie. Une fois, à l'époque bénie où papa nous emmenait à la rivière Russian, il y avait acheté des beignets. À travers la vitrine, je remarque qu'on a peint sur les murs des personnages qui illustrent les étapes de la confection des beignets.

Sur ma gauche flotte une odeur de pizza qui me donne le vertige. Je passe devant quelques boutiques en trébuchant. Me voilà en face d'une pizzeria. J'en ai l'eau à la bouche. Machinalement, j'ouvre la porte et m'avance jusqu'au fond. Il me faut un petit moment pour m'accoutumer à la pénombre où je distingue une table de billard tandis que le tintement de chopes qui s'entrechoquent, des rires parviennent à mes oreilles. J'ai l'impression d'être le point de mire de tous les regards. Au bout du comptoir, je m'arrête et jette des regards autour de moi en quête de reliefs. Sans succès. Du coup, je m'approche du billard où deux types viennent de terminer leur partie. Il y a une pièce de vingt-cinq cents au bord de la table. Après avoir regardé, furtivement, de tous les côtés, je la prends. Elle est tiède. L'air aussi naturel que possible, je retourne au bar. Et quand une voix tonitruante s'élève, je fais mine de ne pas l'entendre. Peine perdue, on m'attrape par l'épaule gauche. Je me raidis pour encaisser l'inévitable coup au visage ou au ventre qu'on va me flanquer.

— À quoi tu joues, fiston ?

Je fais volte-face sans lever les yeux.

— Je t'ai demandé à quoi tu jouais, répète la voix.

Cette fois, je ne peux faire autrement que de poser le regard sur l'homme. La taille ceinte d'un tablier blanc constellé de taches de sauce rouge, les mains sur les hanches, il attend ma réponse. Je bégaye.

— Eu. Ri... Rien... M'sieu.

Il me traîne au bout du bar.

— Hé, le môme, faut que tu me la rendes c'te pièce !

Alors que je m'apprête à sortir un bobard, il me coupe la parole.

— Écoute, je t'ai vu la piquer. Allez, rends-la ! Ces gars là-bas en ont besoin pour jouer au billard.

Je serre les poings. Avec ça, je pourrais me payer un truc à manger, peut-être même une part de pizza. L'homme ne me lâche pas des yeux. En désespoir de cause, je déplie lentement les doigts et laisse tomber la pièce. Il la prend et il la lance à deux types qui tiennent chacun une queue de billard.

— Merci, Mark, crie l'un des deux.

— De rien, les gars.

Au moment où je me détourne, cherchant la sortie, Mark m'attrape par le bras.

— Qu'est-ce que tu fiches ici ? Pourquoi t'as piqué c'te pièce ?

Recroquevillé dans ma coquille, je fixe le sol. Mark hausse le ton :

— Hé, fiston, je t'ai posé une question.

— J'ai rien volé, ms'ieu. Je pensais... Enfin, je veux dire que j'ai aperçu la pièce et...

— D'abord, je t'ai vu, ensuite les mecs en ont besoin pour jouer. En plus, tu comptais faire quoi avec ?

Bouillant de colère, je lâche :

— M'acheter à manger ! Tout ce que voulais, c'était m'offrir une part de pizza.

— Voyez-moi ça, une part de pizza ! s'esclaffe Mark. Ma parole, de quelle planète tu débarques... Mars ?

Je me creuse la cervelle pour sortir une réponse, mais je suis paralysé.

Après un très long soupir, je hausse les épaules.

— Tout doux, fiston. Viens, assieds-toi là, fait Mark d'une voix douce. Jerry, file-moi un Coca.

Il me scrute. Du coup, je tente de cacher les traces de coups, les gros bleus de mes bras avec mes manches.

— Hé, ça va, fiston ? s'inquiète-t-il.

Secouant la tête de gauche à droite, je réponds à part moi : *Non, pas du tout ! Ça ne va pas du tout !* Je meurs d'envie de tout déballer...

— Allez, bois, m'encourage Mark qui glisse le Coca vers moi.

À deux mains, je prends le gobelet en plastique rouge et suce la paille jusqu'à la dernière goutte.

— Dis-moi comment tu t'appelles. Tu as une maison ? Où habites-tu ?

J'ai trop honte. Incapable de répondre, je fais comme si je ne l'avais pas entendu.

— Bon, ne bouge pas, lance Mark en branlant du chef.

Il prend mon verre vide, le remplit derrière le bar tout en décrochant le téléphone. Le fil s'étire au maximum lorsqu'il me tend le Coca. Mark revient s'asseoir près de moi :

— T'as envie de me raconter c'qui va pas ?

— Ma mère et moi, on s'entend pas, marmonné-je dans l'espoir que personne n'entende. Elle... euh... elle m'a fichu à la porte.

— Tu crois pas qu'elle se fait de la bile ?

— Alors là, sûrement pas ! Tu blagues ou quoi ?

Les mots sont sortis malgré moi. *Merde, ferme-la.* Essayant de me dérober à Mark, je pianote sur le comptoir. Je lance un coup d'œil aux deux types qui jouent au billard, aux autres convives en train de rire, de manger, de s'amuser.

Si seulement j'étais un être humain à part entière !

Un haut-le-cœur me secoue de nouveau. Je me laisse tomber du tabouret et souffle à Mark :

— Y faut que j'y aille.

— Où ça ?

— Euh, y faut vraiment que j'y aille, m'sieu.

— C'est vrai que ta mère t'a flanqué dehors ?

Sans le regarder, je fais signe que oui.

— Eh bien, moi, je suis sûr qu'elle s'inquiète pour toi.

Qu'en penses-tu ? Tu sais quoi, tu vas me donner ton numéro et je vais l'appeler. D'accord ?

Mon sang ne fait qu'un tour. *La porte. Fonce vers la porte et cours !* C'est tout ce que j'ai en tête. Je bouge la tête frénétiquement à la recherche d'une issue.

— Allez, insiste Mark, les sourcils levés. Ne pars pas maintenant, je te fais une pizza... et garnie en plus !

— Vrai de vrai ? m'écrié-je. Mais... je n'ai pas un...

— Te tracasse pas pour ça, fiston. Attends-moi ici.

Mark se lève et va à l'avant de la salle. Il me sourit par l'ouverture du passe-plats de la cuisine. Naturellement, l'eau me vient à la bouche tandis que je me vois déjà avalant un plat chaud – pas des restes récupérés dans la poubelle, ni du pain rassis –, un véritable repas.

Assis bien droit à ma place, je guette un autre coup d'œil de Mark.

C'est alors qu'un policier en uniforme bleu arrive dans le restaurant. Et ça ne fait pas mouche en moi jusqu'à ce que Mark lui parle en me désignant d'un signe de tête. Aussitôt, je pivote sur mon tabouret et cherche une porte au fond de la salle. En vain. Alors je me retourne vers Mark. Il a disparu. Le policier aussi. Les yeux écarquillés, je fouille la salle du regard sans distinguer les deux hommes. Fausse alerte. Les battements de mon cœur se calment, je recommence à respirer.

— Excuse-moi, jeune homme.

Je relève la tête : un policier souriant me domine de toute sa taille.

— Je crois que tu devrais me suivre, ajoute-t-il.

Non ! Pas question ! Je refuse ! Cramponné au tabouret, je cherche Mark. Impossible qu'il ait appelé la police, il avait l'air si sympa ! Non seulement il m'a donné un Coca, mais il m'a promis de m'apporter une pizza. Pourquoi a-t-il fait ça ? Je le déteste ! À dire vrai, c'est moi que je déteste surtout. J'aurais dû rester dans la rue, ne pas entrer dans la pizzeria. C'était de la folie. Il aurait fallu me tailler de la ville le plus vite possible. Comment ai-je pu être si bête !

Je suis perdu. Le peu de forces qui me restait m'abandonne. Je n'ai plus qu'une envie, c'est de me recroqueviller dans un coin. Je descends du tabouret.

L'agent de police me suit.

— T'inquiète pas, tout va s'arranger.

Obsédé par l'idée fixe que La Mère m'épie, tapie quelque part dans l'ombre, c'est à peine si je l'entends. Et la perspective de rentrer à la maison me terrorise. Le policier m'escorte jusqu'à la porte et lance à Mark :

— Merci de votre coup de fil.

Les yeux rivés sur le sol, bouillant de colère, je refuse de les lever sur Mark. L'homme invisible, voilà ce que je voudrais être !

— Eh, fiston ! me dit alors celui-ci en me tendant une boîte blanche. Je t'ai promis une pizza.

La mort dans l'âme, je lui souris. L'instant d'après, je secoue la tête parce que je ne la mérite pas. Et je repousse la boîte. L'espace d'une seconde, rien d'autre n'existe. Je devine qu'il me comprend. Aucun mot ne franchit ses lèvres, mais je sais ce qu'il a en tête. Je prends la boîte et plonge mes yeux dans les siens.

— Merci, m'sieu.

Mark passe sa main dans mes cheveux. L'odeur de pizza m'arrive de plein fouet, je la hume.

— Elle est garnie. Eh fiston... accroche-toi. Ça va aller.

Tenant ce trésor qui me réchauffe les mains, je sors. Un brouillard gris a envahi la rue au milieu de laquelle le policier a garé sa voiture. Lorsqu'il m'ouvre la portière, je sens la pizza tomber au fond de la boîte que je serre contre moi. Une fois à l'intérieur, j'agite mes orteils sur la pompe à chaleur du plancher. L'agent s'installe derrière le volant et prend un micro. Une douce voix de femme lui répond. Je me tourne pour jeter un dernier regard à la pizzeria devant laquelle se tient un groupe de gens qui grelottent. Quand la voiture s'éloigne lentement, Mark agite la main et trace le signe de la paix. Les autres l'imitent en souriant.

La gorge nouée, je sens le goût salé des larmes qui coulent sur mes joues. Nul doute que Mark va me manquer. Comme j'agite mes orteils, il y en a un qui sort par un trou de ma chaussure.

— Alors, commence le policier. C'est la première fois que tu montes dans une voiture de police ?

— Oui, m'sieu. Hum... Est-ce que je vais avoir des problèmes, m'sieu ?

— Absolument pas, sourit-il. On est inquiet, c'est tout. Il est tard et tu es trop petit pour te balader dehors tout seul. Comment tu t'appelles ?

Mon orteil dégoûtant m'obnubile.

— Allez, insiste-t-il. Tu ne risques rien, c'est quoi ton nom ?

Je toussote. Il n'est pas question de lui adresser la parole, pas plus qu'à quiconque d'ailleurs. Chaque fois que j'ouvre la bouche, ça me rapproche de l'atroce férule de La Mère. *D'accord, mais que faire ?* Je n'ai plus aucune chance d'arriver à la rivière. Tant pis. Du moment que je ne suis pas forcé de retourner chez elle. Du coup, je balbutie :

— Da... Da... David, m'sieu. Je m'appelle David.

Comme l'agent rigole, je lui souris. Et il me dit qu'il me trouve charmant.

— Quel âge as-tu ?

— Neuf ans.

— Tant que ça ? T'es pas un peu petit pour ton âge ?

La conversation s'engage. Je n'en reviens pas qu'il s'intéresse à moi.

On dirait qu'il m'aime bien. Il se gare devant le poste de police, puis m'emmène dans une pièce déserte où trône un billard près duquel on s'assied. Et le policier de me demander :

— Dis-moi, David, il faudrait faire un sort à cette pizza avant qu'elle ne refroidisse, qu'est-ce que tu en penses ?

Avec de vigoureux hochements de tête, j'acquiesce. Sitôt la boîte en carton déchirée, je me penche pour humer l'odeur.

— Bon, David. Tu habites où déjà ? reprend l'agent.

Je me fige. Les garnitures de la pizza dégringolent tandis que je me détourne. Moi qui espérais qu'il oublierait pourquoi il était venu me chercher !

— Voyons, David. Tu m'inquiètes vraiment, tu sais.

Je n'arrive pas à fuir son regard qu'il a planté dans le mien et remets la pizza dans la boîte. Alors l'agent tend le bras pour me toucher. Machinalement, je me rétracte. Avant qu'il ne refasse une tentative, je le scrute, méfiant, tout en hurlant en mon for intérieur : *Mais enfin vous ne comprenez pas que La Mère ne veut pas de moi. Elle ne m'aime pas ! Elle se fiche comme de l'an quarante de moi ! Vraiment, ce serait bien que vous me laissiez tranquille pour que je puisse me remettre en route. D'accord ?*

Le policier recule sa chaise, puis s'adresse à moi avec une grande gentillesse.

— David, il faut que tu comprennes que je suis ici pour t'aider. Je compte rester avec toi le temps qu'il faudra.

Il me soulève le menton. Les yeux pleins de larmes et le nez plein de morve, j'ai la certitude de n'avoir aucune échappatoire. Sans trouver le courage de le regarder en face, je souffle :

— Crestline Avenue, m'sieu.

— Crestline Avenue, c'est ça ?

— Oui, numéro 40.

— Merci, David, tu as bien fait. Quel que soit le problème, je suis certain qu'on trouvera la solution.

Dans la foulée, je donne le numéro de téléphone à l'agent de police qui disparaît un moment. À son retour, il s'attaque de nouveau à la pizza.

Quant à moi, je reprends ma part qui est froide, pâteuse. Vraiment, ça m'a coupé l'appétit. Sourire aux lèvres, le policier me rassure :

— Tout va s'arranger, ne t'en fais pas.

Tu parles ! Depuis que je suis môme, je ne suis plus à l'abri ; personne ne me protège, personne ne m'aime ! Un jour, j'avais cinq ans, la famille m'attendait à la sortie de la maternelle. C'était le dernier jour de classe et j'avais grimpé à toute allure un petit tertre devant l'école. Le visage illuminé de tendresse de maman, le ton sur lequel elle m'avait appelé sont restés gravés dans ma mémoire : « Viens, mon trésor. Dépêche-toi, David. » Aussitôt après m'avoir serré dans ses bras, elle m'avait fait monter dans la voiture. Et papa avait démarré sur les chapeaux de roues. Destination : la rivière Russian. Cet été-là, maman m'avait appris à faire la planche, restant près de moi jusqu'à ce que, surmontant ma peur, je flotte tout seul. Quelle fierté lorsque j'y étais arrivé ! J'étais un grand garçon ; je méritais son attention, ses compliments. Voilà la période la plus heureuse de mon existence. À présent, en face du policier, je sais qu'elle appartient à un passé révolu. Ce bonheur n'est plus qu'un lointain souvenir.

Tout à coup, le policier lève les yeux. Je me retourne : vêtu d'une de ses chemises rouges, mon père se tient dans l'embrasure de la porte. Il est accompagné par un autre agent qui fait signe à celui assis près de moi.

— Monsieur Pelzer ? demande ce dernier.

Mon père hoche la tête, et ils disparaissent tous les deux dans un bureau. Le policier ferme la porte, alors que je meurs d'envie d'entendre ce qu'ils vont se dire. Nul doute qu'ils vont parler de moi. De mes démêlés avec La Mère. Heureusement qu'elle n'est pas venue ! Enfin, ça ne m'étonne pas, elle n'aurait jamais couru le risque de se présenter devant un représentant des forces de l'ordre. C'est papa qu'elle charge du sale boulot – de toute façon, elle le manipule, comme tout le monde. Évidemment, elle a quelque chose à cacher et ne veut à aucun prix que le secret de nos rapports soit divulgué. Il n'empêche que La Mère commence à déraper. Elle perd pied. Qu'est-ce que ça signifie ? Ma survie dépend de mon aptitude à anticiper.

La porte du bureau grince. Papa sort. Il serre la main du policier qui s'approche de moi.

— Voyons, ce n'est qu'un petit malentendu, David. D'après ton père, tu n'as pas supporté que ta mère t'interdise de faire du vélo. Ce n'était pas la peine de t'enfuir pour ça. Maintenant, tu vas rentrer avec lui et régler ça avec ta mère. D'autant qu'elle se fait un sang d'encre à ce qu'il paraît.

Puis, le doigt pointé sur moi, il change de ton :

— Et que je ne te reprenne pas à faire ça à tes parents ! J'espère que ça t'a donné une bonne leçon. Ça flanque la trouille d'être dehors, hein ? ajoute-t-il avec un geste vers la fenêtre.

Planté devant l'agent, je n'en crois pas mes oreilles. Du vélo ? Mais je n'en ai même pas un ! Et je n'en ai jamais fait ! J'ai envie de me retourner pour voir si le policier ne s'adresse pas à un autre gosse. Papa me regarde, l'œil morne. Encore une fable de La Mère. Une de plus.

— Enfin David, je te conseille d'être respectueux et poli avec tes parents. Tu ne te rends pas compte de ta chance.

Mes idées s'embrouillent tandis que la phrase : *Tu ne te rends pas compte de ta chance*, ne cesse de me trotter dans la cervelle. Au moment où papa claque la portière du break du côté du volant, je tressaille. Il se penche vers moi en poussant un gros soupir.

— Grand Dieu, David, commence-t-il en démarrant. Qu'est-ce qui t'est passé par la tête ? Est-ce que tu imagines dans quel état tu as mis ta mère ?

Brusquement, je me tourne vers lui. *L'état de La Mère ? Et le mien alors ? C'est le comble ça ! Naturellement tout le monde s'en fiche...* Puis, je me dis : *Au fond, elle est peut-être effondrée, morte d'inquiétude ? Au fond, elle s'est peut-être rendu compte qu'elle avait dépassé les bornes ?* Et me voilà prêt à imaginer La Mère dans les bras de papa, sanglotant, se demandant si je suis toujours vivant. L'instant d'après, je la vois se précipiter vers moi le visage ruisselant de larmes, me serrer de toutes ses forces, me couvrir de baisers.

C'est tout juste si je ne l'entends pas murmurer les mots tant espérés : « Je t'aime. »

— David !

Papa m'attrape le bras avec une telle violence que je sursaute, me cogne la tête au plafond.

— As-tu seulement une idée de la scène qu'a faite ta mère ? C'est impossible d'avoir une seconde de paix dans cette maison.

Pour l'amour du ciel, c'est infernal et ta fuite a mis le feu aux poudres. Seigneur, pourquoi faut-il que tu te mettes toujours dans le pétrin ? Un effort, c'est trop te demander ? Tu n'as qu'à ne pas rester fourré dans ses jambes, lui obéir au doigt et à l'œil. C'est possible, oui ou non ? Au moins, fais-le pour moi, d'accord ? braille-t-il à me donner la chair de poule.

Avec lenteur, j'acquiesce sans oser proférer quoi que ce soit et pleure en silence. Naturellement, j'ai tort. Comme toujours, c'est de ma faute. Papa me tapote la tête que je n'arrête pas de hocher et, d'un ton plus tendre, conclut :

— C'est bon, je retrouve mon petit lion. Bon, en route.

Papa emprunte la rue par laquelle je suis passé il y a quelques heures. Prostré au bout du siège, contre la portière, j'ai le sentiment d'être un animal pris au piège ne songeant qu'à écarter les barreaux de sa cage. À mesure que nous approchons de la maison, je me sens saisi de frissons – sans compter mon envie pressante d'aller au petit coin. Les yeux rivés sur mes mains, je me répète *: Chez moi.* J'ai les doigts qui tremblent de peur. D'un instant à l'autre, ce sera le retour à la case départ. Rien n'a changé. Rien ne changera jamais. Si seulement je n'étais pas celui que je suis, n'importe qui sauf moi ! Si seulement j'avais une vraie vie, une vraie famille, un vrai foyer !

Papa rentre la voiture au garage. Avant d'ouvrir sa porte, il constate, un sourire contraint aux lèvres :

— Eh bien, voilà. On est arrivé à la maison.

Je le dévisage avec l'espoir fou qu'il perçoive ma terreur, ma souffrance, en pensant : *La maison ? Mais je n'en ai pas.*

2.

Un ange gardien

Mes prières furent exaucées : le 5 mars 1973, on m'a sauvé. Mes professeurs et le personnel de l'école primaire Thomas Edison signalèrent ma situation à la police qui intervint.

Tout se passa très vite. Au moment des adieux, j'ai versé toutes les larmes de mon corps tant je pressentais ne jamais revoir mes professeurs dont les yeux humides me prouvèrent qu'ils étaient au courant de la vérité – pleine et entière. Le mystère était levé. Sur ma différence. Sur mon odeur repoussante. Sur mes loques. Sur mes razzias dans les poubelles.

Avant mon départ, M. Ziegler, mon professeur principal, se pencha pour me dire au revoir. Il me donna une poignée de main plus que chaleureuse et me recommanda d'être sage. Puis il me promit – à l'oreille – de tout révéler à mes camarades. C'était primordial pour moi : j'avais tant besoin que ma classe, l'école, le monde entier, m'aime et m'accepte.

Le policier dut me pousser pour que je sorte du bureau.

— Allez, David, il est temps de partir.

Je franchis la porte en me mouchant. Une foule de pensées, terrifiantes, se bousculaient dans ma tête. Notamment, à propos de la réaction de La Mère quand elle apprendrait la nouvelle. Jusqu'à présent, personne ne lui avait barré la route ; j'allais le payer très cher.

Comme l'agent m'emmenait vers la voiture, les cris des enfants en train de jouer dans la cour à l'heure du déjeuner parvinrent à mes oreilles. Au moment où la voiture démarra, j'ai jeté un ultime coup d'œil à l'école. Même si je n'y laissais aucun ami, le regret de n'avoir pas pu dire au revoir à mon professeur d'anglais, Mme Woodworth, malade ce jour-là, me serrait le cœur. C'était elle qui m'avait donné le goût de la lecture et aidé, à son insu, à supporter la solitude. Prisonnier de La Mère, je m'évadais en dévorant des livres dans l'obscurité.

Au poste de police, l'agent remplit des formulaires. Après quoi, il appela La Mère pour l'informer que je ne rentrerais pas cet après-midi – au cas où elle aurait des questions, le service de protection des mineurs était là pour y répondre. Le temps de ce coup de téléphone, je suis resté d'une immobilité de statue, à la fois fébrile et horrifié, en train d'imaginer ce qui se passait dans la tête de La Mère. Le front constellé de gouttes de sueur, le policier s'exprima très sèchement. Quand il raccrocha, je me suis demandé si d'autres avaient réagi de la même façon en parlant à La Mère. En tout cas, il avait manifestement hâte de quitter le poste de police et je ne lui ai pas facilité la tâche. « Qu'est-ce qu'elle a dit ? Qu'est-ce qu'elle a dit ? » l'ai-je harcelé en trépignant. Il a refusé de répondre. Sitôt franchies les limites de la ville en revanche, l'air soulagé, il m'a déclaré :

— Et voilà, David. Tu es libre, ta mère ne te fera plus jamais de mal.

La portée de ses paroles m'échappa sur le moment. Moi, je croyais qu'il m'emmenait dans une maison de redressement pour délinquants – du genre de celle dont La Mère me rebattait les oreilles. Cela étant, ça faisait belle lurette que j'avais décidé que c'était bien mieux d'y croupir que de passer une minute de plus avec elle. Comme je détournais mon visage du soleil, une larme – unique – perla au coin de mon œil.

Aussi loin que remontent mes souvenirs, j'avais toujours refoulé mes pleurs, recroquevillé dans ma coquille. Cette fois, la larme coula jusqu'à mes lèvres, je sentis son goût salé et la laissai sécher aux rayons dont la chaleur se réverbérait sur le pare-brise. Il fallait qu'elle reste dans ma mémoire, non comme un signe de peur, de colère, de souffrance mais comme une expression de joie et de liberté. Une vie nouvelle commençait.

Le premier arrêt fut pour l'hôpital où l'on m'emmena sur-le-champ dans une salle d'examen. Manifestement consternée par mon apparence, l'infirmière me lava de la tête aux pieds avec une éponge avant que le médecin ne m'ausculte. Je n'osais pas la regarder. Mort de honte, je me suis retrouvé en caleçon – dégoûtant, plein de trous – assis sur le métal froid de la table d'examen. Et j'ai fermé très fort les yeux lorsque l'infirmière m'a nettoyé le visage. Dès qu'elle eut terminé, j'ai fixé les personnages de Snoopy qui ornaient les murs jaunes de la pièce, puis ai passé mon corps en revue. J'avais les jambes, les bras marbrés de jaune et de marron tandis que, sur les cercles violacés d'anciennes ecchymoses, les traces de coups récents étaient d'un bleu plus vif. Le docteur arriva. L'état de mes bras et de mes mains l'inquiéta beaucoup. J'avais les doigts rouges, à vif, desséchés à force d'être plongés dans un mélange de détergents. Il les pinça en me demandant si je sentais quelque chose. Je fis signe que non. Et ça ne datait pas d'hier, tant s'en fallait. Vu qu'il m'affirma que ce n'était pas grave, j'ai chassé ça de ma tête.

Ensuite, le policier me guida gentiment dans un dédale de couloirs desservant des salles où l'on s'arrêta pour me faire une ribambelle de tests, d'analyses de sang, de radios. Hébété, j'avais l'impression que la vie d'un autre défilait sous mes yeux. Cela étant, j'étais paniqué au point de supplier l'agent d'inspecter tous les recoins et de me précéder dans les pièces où j'étais convaincu que La Mère était tapie, prête à me sauter dessus. Réticent tout d'abord, il finit par accepter en me voyant tétanisé, incapable de respirer, de bouger. Au fond de moi, je trouvais que tout allait trop vite, que j'avais échappé trop facilement aux griffes de La Mère.

Au bout d'un certain temps, on retrouva l'infirmière qui m'avait lavé. Comme pour me dire un mot, elle se pencha. J'attendis. Ses yeux dans les miens, elle resta muette, puis s'écarta en reniflant. Ce fut au tour du médecin de s'approcher. Après m'avoir donné un sac contenant de la crème pour mes mains, il m'expliqua que je devais garder mes bras le plus propre possible car c'était trop tard pour y mettre des pansements. Sans comprendre, j'ai regardé le policier, puis mes bras – fidèles à eux-mêmes, rouge foncé, décharnés. S'ils me démangeaient un peu, j'en avais l'habitude. Avant notre départ, le docteur recommanda à mon escorte :

— Veillez à ce que David mange beaucoup et à ce qu'il prenne le soleil.

Il s'avança plus près du policier pour ajouter :

— Où est-elle ? Vous ne le renvoyez pas auprès de sa... ?

Celui-ci lui lança un regard direct et répondit :

— Ne vous en faites pas, toubib. J'ai donné ma parole au môme. Sa mère ne le torturera plus jamais.

À ce moment-là, je n'ai plus douté d'être vraiment en sécurité. Malgré l'envie folle que j'en avais, je me suis empêché de serrer la jambe du policier. Rayonnant, je l'ai en revanche immédiatement promu au rang de héros.

On quitta l'hôpital dans sa voiture. Au bout de quelques minutes, il s'engagea en ralentissant sur une route à une voie qui serpentait entre des collines. Baissant ma fenêtre, je regardais avec émerveillement les flancs de coteaux et les immenses séquoias. Le policier ne tarda pas à se garer.

— Eh bien, David, nous voilà arrivés.

La plus jolie maison que j'aie jamais vue s'offrit à mon regard. L'agent m'expliqua alors que j'allais y vivre un certain temps dans ma nouvelle famille d'accueil. Même si c'était la première fois que j'entendais l'expression, j'étais sûr d'adorer l'endroit. On aurait dit un gigantesque chalet en rondins, percé de multiples fenêtres ouvertes, flanqué à l'arrière d'un grand jardin traversé par un ruisseau – d'où fusaient cris et rires.

La directrice du foyer, une femme d'un certain âge – tante Mary –, m'accueillit à la porte de la cuisine et se présenta. Il me fallut dire au revoir au policier dont j'ai serré la main de toutes mes forces. À dire vrai, j'étais gêné qu'il ait fait des heures supplémentaires à cause de moi. Mais il se mit à genoux pour me dire d'une voix grave :

— Écoute-moi bien, David. Ce sont les petits garçons comme toi qui m'ont donné envie de devenir policier.

Sans réfléchir, je lui entourai le cou de mes bras qui me brûlèrent aussitôt. Tant pis.

— Merci beaucoup, m'sieu.

— Mais de rien, mon bonhomme.

Et s'éloignant d'un pas lent sur le trottoir, il m'adressa un dernier salut avant de démarrer. Je ne savais même pas comment il s'appelait.

Tante Mary me servit un dîner exquis composé de filets de sole. Après quoi, elle me présenta les sept autres enfants qui, comme moi, ne vivaient plus avec leurs parents pour une raison quelconque. J'ai scruté le visage de chacun d'eux. Certains avaient les yeux vides, d'autres des yeux angoissés, d'autres des yeux troubles. Jusqu'à présent, j'ignorais qu'il y avait d'autres enfants dont on ne voulait pas, je croyais être le seul sur terre. Leurs questions finirent par m'aider à vaincre ma timidité : « Pourquoi t'es ici ? Qu'est-ce qui t'est arrivé ? »

La tête basse, j'eus du mal à répondre que c'était à cause de ma mère qui ne m'aimait pas parce que je me collais toujours dans de sales draps. J'avais honte. Je ne voulais pas divulguer le secret qui me liait à La Mère. En fait, ils s'en fichaient : j'étais l'un d'eux. On m'accepta d'emblée. Du coup, galvanisé, ne tenant plus en place, j'ai couru comme si j'avais le diable aux trousses. Et mes blagues, mes rires, mes cris de joie ont desserré l'étau de solitude et de silence où j'étouffais depuis si longtemps.

Rien ne pouvait m'arrêter. Je passais d'une chambre à l'autre, sautant sur les matelas, si haut que je me cognais la tête au plafond et finis par voir trente-six chandelles. Tant pis. Les autres enfants applaudissaient pour m'encourager, rigolant non pour se moquer de moi derrière mon dos comme ceux de l'école mais parce qu'ils s'amusaient.

La lampe que je faillis renverser en traversant le salon ventre à terre mit un terme à mes gambades. Par réflexe, tante Mary m'attrapa par le bras. Prête à me gronder, elle s'aperçut que je me protégeais le visage, que mes genoux tremblaient. Cette femme autoritaire qui savait se faire respecter ne cria toutefois pas comme – au dire de tous – elle en avait l'habitude. Une fois mon extrême agitation retombée tel un ballon de baudruche, tante Mary me relâcha et s'accroupit pour me demander :

— Qu'est-ce qu'elle t'a fait ?

— Je m'excuse, bafouillai-je à voix basse.

Comme je n'avais encore aucune idée des intentions de tante Mary, j'ai ajouté sur la défensive :

— Je suis un vilain garçon ; ce qu'elle me faisait, je le méritais.

Ensuite, tante Mary me mit au lit. Alors qu'elle me bordait, je lui ai expliqué en pleurant que je mourais de peur que La Mère vienne me chercher. Elle me rassura et resta auprès de moi jusqu'à ce que je sois apaisé. Le plafond de la chambre était en cèdre comme celui du chalet de Guerneville. En tout cas, je m'endormis persuadé que La Mère rôdait dans le coin, à l'affût.

Naturellement, je fis des cauchemars. Dans l'un, je me trouvais dans un long couloir sombre à l'autre bout duquel se profilait une silhouette qui prenait la forme de La Mère. Et elle s'avançait à grands pas dans ma direction. Pétrifié, incapable de faire le moindre mouvement, je ne bougeais pas. La Mère s'approchait. Son visage rougeaud, haineux, sortait de l'ombre et elle brandissait un couteau dont la lame étincelait, s'apprêtant à me le plonger dans la poitrine. Du coup, je faisais demi-tour et courais dans l'interminable couloir, à toutes jambes, à la recherche d'une lumière. Course éperdue dans un dédale dont je ne trouvais pas l'issue tandis que l'haleine fétide de La Mère m'effleurait la nuque, que sa voix glaciale scandait que je ne lui échapperais jamais.

À mon réveil, en sursaut, j'avais le visage et la poitrine couverts d'une sueur gluante. Ne sachant pas si je dormais encore, je m'enfouis la tête dans les bras. À peine calmé, j'ai fouillé la pièce du regard. Pas de doute, j'étais toujours dans la chambre au plafond en cèdre et portais le pyjama prêté par tante Mary. Tout en me palpant pour vérifier que je n'avais rien, je réussis à admettre : *Ce n'était qu'un cauchemar !* Mais j'eus du mal à récupérer mon souffle, hanté par les images du rêve, poursuivi par la menace de La Mère : *Tu ne m'échapperas pas. Jamais.*

Sautant de mon lit, je récupérai mes vêtements à tâtons. Puis, habillé de pied en cap, je retournai m'y asseoir. Les genoux pliés contre ma poitrine, je décidai de ne pas me rendormir parce que, désormais, La Mère vivait dans mes rêves. En plus, l'idée qu'on m'avait emmené ici par erreur et qu'on ne tarderait pas à me remettre sous sa férule me tournait dans la tête. Aussi, ai-je passé les nuits suivantes dans la même position, à me balancer d'avant en arrière sur mon lit en fredonnant, à regarder par la fenêtre, à écouter le bruissement des arbres sous la brise, en me jurant de ne plus jamais sombrer dans ce cauchemar.

La première personne du service de protection de l'enfance que je rencontrai fut un ange, Mme Gold. Avec ses cheveux soyeux d'un blond doré, son visage rayonnant, elle portait bien son nom.

— Salut, m'aborda-t-elle en souriant. Je suis l'assistante sociale chargée de m'occuper de toi.

C'est ainsi que commença une succession d'interminables entretiens – épuisants – au cours desquels je devais expliquer des choses encore à peine élucidées pour moi. Au début de la première séance, j'étais recroquevillé à un bout du canapé tandis que Mme Gold, assise à l'autre bout, se rapprochait insensiblement de moi comme si elle voulait me prendre la main. D'abord trop effrayé pour la laisser me toucher, je finis par m'apprivoiser et elle me caressa la paume en m'assurant n'être là que pour m'aider. Ce premier jour, Mme Gold resta cinq heures.

Il en fut de même pour les autres visites. Tantôt, la peur m'empêchait de parler et les silences s'éternisaient. Tantôt – pour des raisons mystérieuses – j'éclatais en sanglots. Cela n'avait aucune importance pour Mme Gold qui me serrait contre elle, me berçait, me chuchotait à l'oreille que je n'avais rien à craindre. Il arrivait qu'on s'allonge tous les deux sur le canapé et que je lui raconte des trucs qui n'avaient rien à voir avec mon horrible passé. Dans ce cas, blotti dans ses bras, je jouais avec les longues mèches de ses cheveux et humais l'arôme de son parfum. Au bout d'un petit moment, Mme Gold m'inspira confiance.

À dire vrai, elle devint ma meilleure amie. Dès que j'apercevais sa voiture en sortant de l'école, je m'élançais dans l'allée et faisais irruption dans la maison de tante Mary où je savais qu'elle m'attendait. À la fin de chaque visite, Mme Gold m'étreignait longuement en m'assurant que je ne méritais pas d'avoir été traité de la sorte par La Mère et que ce n'était pas de ma faute. Ce n'était pas la première fois que j'entendais ça, mais les années de lavage de cerveau m'empêchaient de la croire tout à fait. Un jour, je lui ai demandé pourquoi elle avait besoin de toutes ces précisions sur La Mère, sur moi, et sa réponse m'a épouvanté : elles serviraient lors du procès qu'allait lui intenter le comté.

— Non ! ai-je crié, implorant. Elle ne doit jamais savoir que je vous ai tout raconté. Jamais !

Mme Gold me promit que je ne faisais rien de mal, bien au contraire. Il n'empêche qu'en mon for intérieur je n'étais pas de cet avis. Aussi loin que remontent mes souvenirs, j'avais toujours eu des problèmes et je passais mon temps à être puni. Mon nom ne cessait de revenir sur le tapis lors des disputes entre mes parents. Était-ce vraiment la faute de La Mère ? Peut-être que je méritais tous les sévices qu'elle m'infligeait. Au fond, j'étais effectivement un menteur qui passait son temps à piquer de la bouffe. Sans compter que, si les parents étaient séparés, c'était à cause de moi. Est-ce qu'on allait jeter La Mère en prison ? Et si c'était le cas, que deviendraient mes frères ? Ce jour-là, avec toutes ces idées qui s'entrechoquaient dans ma tête, je me sentis vraiment mal. *Mon Dieu, qu'est-ce que j'ai fait ?*

Un dimanche après-midi quelques jours après, j'apprenais à jouer au basket-ball lorsque j'entendis le bruit familier du break de La Mère. Ma parole, c'était un cauchemar ! On aurait dit que mon cœur cessait de battre tandis que je fermais les yeux. Dès que je fus capable de réagir, je fonçai dans la maison et me jetai sur tante Mary :

— C'est... C'est...

— Oui, je sais, dit-elle doucement en me serrant dans ses bras. Pas de panique, tout ira bien.

— Pas du tout, tu ne compr... elle m'a retrouvé ! Elle va m'emmener ! hurlai-je tout en me débattant pour me dégager et filer me cacher quelque part.

Refusant de me lâcher, tante Mary ajouta :

— Je ne t'ai pas prévenu de sa visite pour ne pas te chambouler. Elle vient simplement déposer quelques vêtements parce qu'elle tient à ce que tu sois bien habillé au tribunal mercredi prochain.

— C'est pas vrai ! Elle va m'emmener, j'en suis sûr ! sanglotai-je.

— Calme-toi, voyons, David ! Si tu as besoin de moi, je ne serai pas loin de toute façon. Allons, tiens-toi tranquille, mon bonhomme.

Malgré les efforts de tante Mary pour me rassurer, mes yeux faillirent sortir de leur orbite lorsque je vis La Mère s'avancer sur le trottoir, suivie par ses quatre fils à la queue leu leu.

Assis à côté de tante Mary, j'assistai aux salutations qu'échangèrent les deux femmes et, comme un chien parfaitement dressé, je me sentis redevenir le *Moins que rien.* En un clin d'œil, je cessai d'être un petit garçon plein de fougue pour redevenir l'esclave sans existence propre de La Mère.

D'ailleurs, elle se tourna d'emblée vers tante Mary, m'ignorant complètement :

— Alors, comment va Le Garçon ?

Éberluée, tante Mary eut un battement de cils et me serra contre elle.

— David ? David va très bien, je vous remercie. Il est là, vous savez.

— C'est ce que je vois, répondit sèchement La Mère avec une telle haine que j'eus l'impression d'en être transpercé. Et est-ce qu'il s'entend avec les autres ?

— Parfaitement, s'empressa d'affirmer tante Mary en inclinant la tête sur le côté. David est très poli, toujours prêt à rendre service, poursuivit-elle, consciente que La Mère n'avait aucune intention de m'adresser la parole.

— À votre place, je resterais sur mes gardes. Il a déjà cherché à faire mal à des enfants. En fait, Le Garçon ne s'entend avec personne. C'est un gamin violent qui a besoin qu'on lui serre la vis et je suis la seule à savoir comment le mater. Vous ne le connaissez pas !

Je sentis que les muscles de tante Mary se contractaient tandis qu'elle se penchait pour offrir à La Mère un sourire meurtrier – de quoi mettre cette dernière au tapis.

— David est un petit garçon délicieux. Il est peut-être un peu turbulent, mais c'est plutôt normal après ce qu'il a subi.

Tout à coup, je compris qu'il s'agissait d'une joute où La Mère s'escrimait à avoir le dessus sans y arriver. Si je gardais mon attitude de chiot docile – épaules voûtées, yeux obstinément fixés sur la moquette –, en revanche mes oreilles, tels des radars, captaient la moindre phrase de cet échange. *Enfin quelqu'un qui remet La Mère à sa place !*

À mesure que tante Mary durcissait le ton, je me sentais mieux. Aux anges, j'ai regardé La Mère droit dans les yeux. *Tout de même, il était temps !* Et je me suis mis à tourner la tête de gauche à droite, puis dans l'autre sens comme si j'assistais à un match de tennis. Tante Mary continua à pousser La Mère dans ses retranchements pour qu'elle cesse de m'ignorer. Quant à moi, j'osai manifester que j'étais de tout cœur avec elle.

L'assurance que j'étais quelqu'un – une personne à part entière – se renforçait en moi tandis que, de plus en plus détendu, je sentais ma peur se dissiper. Pour une fois, je n'étais pas en danger... C'est alors que le téléphone retentit. D'un mouvement brusque, je me suis tourné vers la cuisine, comptant les sonneries dans l'espoir qu'on allait raccrocher. À la douzième, j'étais complètement crispé. Comme tante Mary se penchait vers la cuisine, je m'aggripai à elle, suppliant dans ma tête : *Allez, il n'y a personne. Raccrochez, je vous en prie.* Mais le téléphone continua de sonner – 16, 17, 18 fois. *Raccrochez, s'il vous plaît. Raccrochez !* Tante Mary s'apprêta à se lever ; je ne la lâchai pas pour l'en empêcher. En vain, elle se mit debout. Du coup, je fis pareil toujours accroché à son bras. S'arrêtant brusquement, elle détacha ma main – un doigt après l'autre.

— Voyons, David. Ce n'est que le téléphone. Pour l'amour du ciel, sois poli. Retourne t'asseoir.

Immobile, j'ai plongé mes yeux dans ceux de tante Mary qui, comprenant enfin, me souffla :

— C'est bon, viens avec moi.

Avec un profond soupir de soulagement, je lui emboîtai le pas. Mais on me tira brusquement le bras gauche et je faillis tomber. Comme je me débattais pour retrouver l'équilibre, les yeux fermés, les jambes flageolantes, je me mordis les lèvres. La Mère était assise à deux pas de moi. Au bruit de sa respiration oppressée, rauque, j'eus des frissons. Elle avait le visage rouge de fureur et, derrière ses lunettes, ses yeux lançaient des éclairs. Je jetai des regards autour de moi pour retrouver mon sauveur. En vain. Tante Mary avait disparu dans la cuisine.

Alors que, les paupières baissées, je me demandais comment faire partir La Mère, celle-ci me serra le bras encore plus fort.

— Regarde-moi, siffla-t-elle.

Tétanisé, j'avais perdu la voix. Impossible d'appeler au secours. Avec un regard satanique, elle approcha son visage du mien. Et d'une voix non plus monocorde mais méchante, elle assena :

— Espèce de sale petit prétentieux, tu te crois malin ? Eh bien, tu roules un peu moins des mécaniques maintenant, hein ? Qu'est-ce qui se passe ? Ta petite tante Mary t'aurait-elle abandonné par hasard ? railla-t-elle d'un ton geignard.

Puis, La Mère me tira brutalement vers elle, si près que je

sentis son haleine et ses postillons tandis qu'elle martelait, glaciale :

— As-tu une idée de ce que tu as fait ? On m'a bombardée de questions, harcelée. Est-ce que tu te rends compte que tu as couvert la famille de honte ?

J'avais les genoux qui flanchaient, une envie folle d'aller vomir au cabinet. La Mère sourit, découvrant ses dents jaunies.

— Tout le monde s'imagine que je te martyrise. Mais pourquoi ferais-je une chose pareille ?

Éperdu, je tendis l'oreille, mais la voix de tante Mary en train de parler au téléphone était à peine distincte.

— Écoute-moi bien, sale môme ! m'apostropha La Mère. Je me fous comme de l'an quarante de ce que racontent les gens ou de ce qu'ils font. Ne crois pas que tu vas t'en tirer comme ça ! Je te reprendrai ! Tu m'entends ? Je te reprendrai !

Aussitôt qu'elle entendit tante Mary raccrocher, La Mère me repoussa.

Recroquevillé dans un grand fauteuil, j'ai regardé mon sauveur rentrer dans la pièce et s'asseoir à côté de moi.

— Je vous prie de m'excuser, dit tante Mary.

La Mère battit des cils et eut un geste hautain de la main. Une fraction de seconde lui avait suffi pour remonter en scène.

— De quoi ? Ah le coup de fil ? Je vous en prie. De toute façon, je dois... enfin, nous devons partir.

Du coin de l'œil, j'observai mes frères. Ils avaient le regard fixe et dur.

Que pensaient-ils de moi ? À part Kevin – un bébé –, on aurait dit qu'ils crevaient d'envie de me jeter dehors pour me tabasser. Ils me détestaient. Et je le méritais puisque j'avais divulgué le secret de la famille.

À quoi ressemblait leur vie avec La Mère à présent ? J'aurais tant aimé qu'ils me pardonnent car j'avais le sentiment d'être un déserteur. Et je priai de toutes mes forces pour qu'elle n'ait pas fait de l'un d'eux son nouveau souffre-douleur. Bref, j'avais de la peine pour eux. Nul doute que leur existence était un enfer.

Après quelques autres plaisanteries et d'ultimes mises en garde de La Mère à tante Mary, la famille s'en alla. Même si j'avais entendu le crissement des pneus du break sur le gravier, je restai à me balancer dans mon fauteuil tout l'après-midi en ruminant la menace de La Mère : *Je te reprendrai !*

Je fus incapable d'avaler une bouchée au dîner. Une fois couché, je me tournai dans tous les sens avant de m'asseoir dans mon lit, les bras autour des genoux. La Mère parviendrait à ses fins, j'en étais convaincu. Dehors, le vent hurlait dans les cimes des arbres dont les branches grinçaient. L'angoisse me comprimait la poitrine. En larmes, je me persuadai qu'il n'y avait aucune issue pour moi.

À l'école le lendemain, j'errai dans la cour comme un zombie sans arriver à me concentrer. En fin d'après-midi, Mme Gold, venue me voir chez tante Mary, me demanda :

— David, nous allons au tribunal après-demain, tu veux bien répondre à quelques dernières questions pour que tout soit clair ?

Raide comme un piquet au bout du canapé, sans la regarder, je marmonnai :

— Je crois qu'il faudrait que je ne dise rien.

Bouche bée, Mme Gold voulut parler mais, l'interrompant d'un geste, je commençai à me rétracter, à revenir sur la plupart de mes aveux, à prétendre que tout n'était qu'un tissu de mensonges. C'était moi le coupable. J'avais dégringolé dans l'escalier ; je m'étais cogné aux portes ; je m'étais fait des bleus moi-même ; je m'étais donné un coup de couteau. Pour couronner le tout, je lui criai que maman était une femme merveilleuse, adorable, qui avait le plus beau jardin de la terre, une maison impeccable, une famille parfaite. En fait, jaloux de mes frères, je cherchais sans arrêt à me rendre intéressant. Tout était de ma faute.

Sans voix, Mme Gold se rapprocha de moi et voulut me prendre la main. Mais je la repoussai. Sa déception était telle qu'elle en pleura et son eyeliner coula sur ses joues. Au bout d'un certain temps, de plusieurs tentatives tout aussi infructueuses, elle insista une ultime fois :

— Qu'est-ce qu'il se passe, David ? Je ne comprends pas pourquoi tu refuses de me parler. Fais un effort, mon bonhomme.

Face à mon obstination, elle changea de tactique. Debout, elle pointa le doigt sur moi.

— Voyons, tu te rends compte de l'importance de tout ça, non ? Et sais-tu qu'au bureau je ne parle que d'un adorable petit garçon qui a le courage de me confier son secret ?

Pas dupe, je fis la sourde oreille et répétai froidement :

— Je n'ai rien d'autre à dire.

Mme Gold me supplia en cherchant à m'obliger à la regarder :

— David, je t'en prie...

À dire vrai, l'assistante sociale n'existait plus pour moi. Même si je réalisais qu'elle faisait l'impossible pour m'aider, la perspective de la fureur de La Mère m'épouvantait bien plus que son éventuelle colère. Dans mon esprit, tout espoir de vie nouvelle était parti en fumée depuis que La Mère avait proféré sa menace : *Je te reprendrai !*

Aussi quand Mme Gold recommença à vouloir me prendre la main, lui tapai-je sur les doigts avant de lui tourner le dos.

— David James Pelzer ! As-tu une idée de ce que tu viens de dire ? Est-ce que tu comprends au moins ce que tu es en train de faire ? Tu as intérêt à retrouver la mémoire parce qu'il s'agit de prendre une décision vitale, que tu le veuilles ou non !

Mme Gold se rassit. Je me retrouvai coincé entre ses genoux et l'accoudoir du canapé tandis qu'elle ajoutait :

— Il faut que tu comprennes qu'il existe dans la vie des moments où les décisions qu'on prend ont des répercussions jusqu'à la fin de ses jours. Et je ne peux t'aider que si tu fais la moitié du chemin. Est-ce que c'est clair ?

Comme je me détournais une fois de plus, elle se releva brusquement, écarlate, les mains tremblantes. Malgré mes efforts pour la dominer, ma colère éclata :

— Enfin, tu ne comprends pas ? Elle va me reprendre ! Elle va gagner comme toujours. On ne peut pas arrêter La Mère. Ni toi ni personne !

Mme Gold blêmit.

— Oh, mon Dieu ! s'exclama-t-elle en m'enlaçant. Elle t'a menacé ? Mon pauvre petit bonhomme...

Elle me tendit les bras.

— Non ! hurlai-je. Laisse-moi tranquille. Va-t'en !

L'espace d'un instant, l'assistante sociale resta immobile, puis, tournant les talons, elle se précipita dans la cuisine dont la porte grillagée claqua. Je m'y ruai et, pétrifié, je vis Mme Gold trébucher sur le trottoir. Elle lâcha son dossier, tenta de le rattraper au vol en criant : « Merde ! » Les feuilles s'éparpillèrent tandis qu'elle cherchait désespérément à les rassembler. À peine relevée, elle tomba de nouveau et s'érafla le genou droit. L'air effondré, elle se couvrit la bouche et se remit prudemment debout. Arrivée à sa voiture, elle s'installa derrière le volant où elle posa la tête. Toujours posté derrière la porte grillagée, j'entendis Mme Gold – mon ange gardien – pleurer à chaudes larmes. Au bout de quelques minutes, elle démarra.

Quant à moi, j'étais aux cent coups. Évidemment, je ne me pardonnerai jamais mon attitude envers Mme Gold, mais entre deux maux j'avais choisi le moindre. Pour paumé que je sois, j'étais sûr d'avoir eu raison de protéger La Mère avec mes mensonges. Personne ne réussirait à l'empêcher de me reprendre. L'instant d'après, repensant à la gentillesse avec laquelle Mme Gold me traitait depuis le début, je compris dans quel pétrin je venais de la fourrer. Ce n'était pas mon intention, bien au contraire. La mort dans l'âme, planté comme une statue derrière la porte, j'aurais voulu rentrer sous terre et y rester caché à jamais.

3.

Le procès

Le surlendemain, Mme Gold me conduisit au tribunal. Au début, le silence régna dans la voiture. Appuyé contre la portière, je regardais défiler le paysage. On roulait sur l'autoroute 280 qui longeait un aqueduc, la même que celle que la famille empruntait dans le temps pour aller au Memorial Park. En fin de compte, l'assistante sociale brisa la glace pour m'expliquer, d'une voix douce, qu'aujourd'hui un juge allait décider soit de me placer sous tutelle judiciaire soit de me rendre à ma mère. Si je ne comprenais pas ce que signifiait « tutelle judiciaire », le deuxième élément de sa phrase – limpide – me donna des frissons. Les yeux fixés sur Mme Gold, je me demandai dans quelle voiture j'effectuerai le trajet de retour, la sienne ou le break de La Mère. Je lui posai la question. Elle me répondit, en me tapotant la main, qu'il était possible que je rentre avec La Mère. Je m'effondrai à bout de forces. Depuis notre dernière rencontre, je ne fermais plus l'œil. En outre, plus on s'approchait du palais de justice, plus j'avais l'impression de m'éloigner de la présence rassurante de Mme Gold et de retomber dans les griffes de La Mère.

Je serrai les poings ; le compte à rebours débutait.

On effleura ma main gauche. Aussitôt, je me protégeai le visage, ne réalisant que je rêvais tout éveillé qu'au bout de quelques secondes. Pour recouvrer mon calme, je pris une profonde inspiration.

— Écoute-moi très attentivement, David, commença Mme Gold. C'est Pam qui te parle, pas ton assistante sociale, tu comprends ?

Nous n'étions plus qu'à quelques kilomètres du but, je répondis en poussant un gros soupir :

— Oui, m'dame.

— David, c'est mal ce que ta mère t'a fait. Très mal. Aucun enfant ne mérite d'être traité de la sorte. Elle est très malade.

Au bord des larmes, aurait-on dit, Pam s'exprimait calmement.

— Tu te rappelles ce que je t'ai dit lundi dernier, comme quoi tu aurais une décision à prendre ? Eh bien, le jour est arrivé. Celle que tu vas prendre aujourd'hui aura des répercussions sur ta vie entière – ton sort est entre tes mains. J'ai fait tout mon possible pour t'aider et je ne suis pas la seule – tes professeurs, l'infirmière de l'école, tante Mary, enfin tout le monde. Maintenant, c'est à toi de jouer.

» David, je trouve que tu es bourré de qualités et que tu as du courage. Je ne connais pas beaucoup d'enfants qui auraient eu celui de révéler un secret comme le tien. Un jour, tout cela sera derrière toi. En tout cas, tu es un petit garçon très brave.

— Ce n'est pas du tout ce que je ressens, madame Gold. Moi, j'ai plutôt l'impression d'être un... un traître.

— Mais pas du tout ! s'exclama Pam avec un sourire. Tu n'es absolument pas un traître. Ne l'oublie surtout pas !

— Si c'est vrai qu'elle est malade comme vous dites, qu'est-ce qui va arriver à mes frères ? Eux aussi, tu vas les aider ? Et si elle en martyrisait un ?

— Écoute, je m'occupe de toi pour l'instant. On ne m'a pas signalé qu'elle maltraitait tes frères. De toute façon, il faut bien commencer quelque part et procéder par étapes, d'accord ? Et David...

Mme Gold freina brusquement : nous étions arrivés au tribunal.

— Oui, m'dame ?

— Je voudrais que tu saches que je t'aime.

Je plongeai mon regard dans les yeux, si purs, de Mme Gold.

— C'est vrai, insista-t-elle, me caressant la joue.

Comme je baissais la tête en pleurant, elle me la releva et je l'appuyai sur sa main. Mes larmes provenaient de la certitude que j'avais de trahir son amour dans très peu de temps.

L'instant d'après, nous sommes entrés dans la salle d'attente du palais de justice où La Mère et mes frères attendaient sur un banc. Mme Gold leur fit un signe de tête. Lançant un regard furtif, je remarquai que La Mère, bien coiffée, portait une jolie robe.

Ron avait une jambe dans le plâtre.

Aucun ne me salua. La haine de La Mère était perceptible, en tout cas pour moi. Je m'assis à côté de Mme Gold. Incapable de supporter l'attente, je m'enfouis la tête sous le bras, lui demandant à mi-voix de me donner un bout de papier et un crayon. Voici le petit mot que j'ai griffonné :

Pour maman,

Je suis vraiment désolé. Je ne voulais pas que ça finisse comme ça. Je ne voulais pas révéler notre secret. Je ne voulais pas faire du mal à la famille. Est-ce qu'un jour, tu pourras me pardonner ?

Ton fils, David.

Après l'avoir lu, Mme Gold consentit à ce que je le remette à La Mère. En m'approchant de celle-ci d'un pas traînant, j'eus le sentiment de redevenir *Le Moins que rien* – les mains plaquées de chaque côté du corps, la tête rentrée dans les épaules. Je m'attendais à une réaction de La Mère – un mot, une insulte, un geste. En vain. Elle fit mine de ne pas me voir. Levant la tête pour avoir les yeux à hauteur de ses épaules, je lui tendis la feuille qu'elle arracha. À peine l'eut-elle parcourue qu'elle la déchira en deux. Le dos rond, je retournai auprès de l'assistante sociale qui m'entoura les épaules de son bras.

On ne tarda pas à nous faire entrer dans la salle d'audience où se trouvait un homme en robe noire, très impressionnant.

— N'aie pas peur, chuchota Mme Gold. Peut-être le juge va-t-il te poser des questions, dans ce cas il faut lui dire la vérité. C'est très important, insista-t-elle.

Angoissé à l'idée que mon sort allait se décider d'une minute à l'autre, je lui tapotai la main et balbutiai :

— Je suis désolé de vous avoir posé tous ces problèmes...

En fait, je voulais lui avouer la vérité – toute la vérité – mais je n'en avais ni le courage ni la force à cause du manque de sommeil. Mme Gold me rassura de son sourire qui révélait ses dents d'un blanc étincelant. Je sentais son parfum subtil dont l'odeur m'était devenue familière...

Déjà, le greffier appelait un numéro. Lorsqu'il prononça mon nom, j'ai levé la tête vers le juge en train de chausser ses lunettes. Il me jeta un coup d'œil.

— Ah oui, l'affaire Pelzer. Bon, je suppose qu'il y a un représentant des services sociaux.

Mme Gold s'éclaircit la voix et souffla :

— C'est le moment. Souhaite-moi bonne chance.

Le juge lui fit signe de la tête :

— Vous avez des recommandations ?

— Merci, Votre Honneur. Ainsi que la cour a pu le constater à la lecture des rapports détaillés du pédiatre, des comptes rendus d'entretiens avec les anciens professeurs de l'enfant, de divers documents et de mes conclusions, nous demandons le placement de David Pelzer sous tutelle judiciaire.

C'est tout juste si je reconnaissais la voix de Mme Gold tant elle chevrotait. Jetant un coup d'œil à sa jupe, je m'aperçus que ses genoux s'entrechoquaient. *Oh, mon Dieu !* implorai-je, les paupières baissées. Quand je les relevai, Mme Gold, revenue s'asseoir, s'efforçait de masquer le tremblement de ses mains.

— Souhaitez-vous ajouter quelque chose, madame Pelzer ? demanda le juge.

À l'unisson, tout le monde se tourna vers La Mère. D'abord, je crus qu'elle n'avait pas entendu le juge qu'elle regardait d'un air indifférent. Puis je compris : La Mère cherchait à intimider cet homme.

— Hum... madame Pelzer ? Avez-vous une déclaration à faire au sujet de votre fils David ?

— Non, aucune, proféra-t-elle d'un ton monocorde.

Le juge se frotta le front et conclut :

— Très bien, je vous remercie, madame. C'est noté.

Après quoi, il s'adressa à Mme Gold :

— Cette affaire m'a beaucoup troublé, elle est très inhabituelle. Il y a des éléments du dossier que j'ai lus avec beaucoup d'attention et qui m'ont particulièrement touché...

Pendant la tirade du juge, je perdis la notion du temps. Ratatiné à l'intérieur de moi, j'étais sûr qu'à la fin de l'audience – d'un instant à l'autre – La Mère me récupérerait. Coulant un regard dans sa direction, je fus frappé de la froideur glaciale de son visage. Et je me revis au pied de l'escalier, assis sur mes mains, le ventre creux — animal crevant de faim. Comment supporter de revivre de la sorte ? Moi, je voulais seulement ne plus souffrir, ne plus être privé de toute dignité.

— David ? chuchota Mme Gold en me tapotant le bras. David, le juge te demande de te lever.

Je m'efforçai de recouvrer mes esprits, étant ailleurs une fois de plus.

— Comment ? Je ne comprends...

Mme Gold me prit par le coude.

— Allez, David. Le juge attend.

Je fixai le juge qui me fit signe de me mettre debout. La gorge nouée, je repoussai mon siège tandis que Mme Gold me rassurait :

— Ça va aller. Tu n'as qu'à lui dire la vérité.

— Eh bien, jeune homme, commença le juge. Voilà comment les choses se présentent : si la cour en décide ainsi et si tu ne souhaites pas retourner chez toi... tu peux être placé sous tutelle judiciaire. À moins que tu ne préfères retourner chez ta mère.

L'heure avait enfin sonné. Frappé de stupeur, j'écarquillai les yeux. Tout le monde se tourna vers moi, de concert. Une dame aux cheveux grisonnants posa le doigt sur une machine à écrire plutôt bizarre. Chaque fois qu'une personne formulait quelque chose, elle tapait sur les touches qui ressemblaient à des spatules. Les poings serrés, je déglutis en percevant les vibrations de haine de La Mère sur ma droite.

Après un regard angoissé au juge, je voulus débiter mon petit discours appris par cœur : j'avais menti ; c'était moi le responsable de tous les problèmes de la famille ; maman ne m'avait jamais maltraité. Du coin de l'œil, je voyais La Mère qui m'observait.

On aurait dit le temps suspendu. Et je me suis représenté le retour à la maison avec elle. Ses coups. Mes stations au pied de l'escalier à guetter avec appréhension la pub à la télé. Mes rêves de fuite. Mon aspiration à mener la vie d'un enfant normal, délivré de la peur, libre de jouer dehors...

Mme Gold ne s'aperçut pas que je me tournais vers elle en prenant une profonde inspiration. Son parfum me ramena aux moments passés avec elle sur le canapé, à tripoter ses cheveux.

Ensuite, je me revis en train de m'amuser avec les autres chez tante Mary, de rire, de lancer le ballon dans le panier, de jouer à chat, de courir à fond de train dans sa maison, de fureter près du ruisseau. Retombant sur terre, j'ai regardé mes mains. Les rougeurs avaient disparu, remplacées par un léger hâle.

Le regard de La Mère me transperçait toujours. J'eus l'impression qu'il me faisait pencher sur la droite. Comme la terreur déferlait, je respirai une autre bouffée du parfum de Mme Gold.

Je retins mon souffle, puis, de crainte de me dégonfler, j'ai crié :

— Monsieur, c'est avec vous que je veux vivre ! Pardon ! Pardon ! Je voulais pas ça ! Je voulais pas poser de problèmes !

La rage de La Mère devint quasiment palpable. Les genoux tremblants, j'avais du mal à rester debout.

— Qu'il en soit ainsi. Je déclare le mineur David Pelzer sous tutelle judiciaire et ce jusqu'à l'âge de dix-huit ans. L'affaire est classée, décréta le juge en abaissant son marteau sur un morceau de bois.

Pétrifié, je réalisai à peine ce qui venait de se passer. Mme Gold bondit et me serra dans ses bras si fort que je crus qu'elle allait me briser les côtes. Le visage enfoui dans une forêt de cheveux blonds, j'en avalai quelques-uns qui me firent suffoquer. L'instant d'après, elle reprit contenance. Essuyant mes yeux et mon nez, j'ai levé les yeux vers le juge qui m'adressa un sourire. Je le lui rendis. Et j'eus alors l'impression qu'il me fit un clin d'œil.

Après un ultime soubresaut, la vibration haineuse de La Mère s'évanouit.

Mme Gold me prit par les épaules.

— Je suis fière de toi, David !

Sans lui laisser le temps d'ajouter quoi que ce soit, je gémis :

— Je regrette de vous avoir menti l'autre jour, je voulais pas. Je suis désolé de vous avoir fait pleurer. Dites, vous me pardonnez ? C'était parce que...

Mme Gold repoussa une mèche qui me tombait sur les yeux.

— Chut ! Voyons, c'est oublié. J'ai parfaitement compris. Bon, il y a ta mère...

— Non ! Elle va m'emmener !

— Elle voudrait simplement te dire au revoir, certifia Mme Gold.

Comme on sortait du tribunal, j'aperçus La Mère devant nous. Elle pleurait. D'un petit coup de coude, Mme Gold me poussa vers elle. Hésitant, il fallut que je sois sûr qu'elle resterait à côté de moi pour lui obéir. En m'approchant de La Mère, mes sanglots redoublèrent car une partie de moi refusait de la quitter. La Mère ouvrit ses bras. Je m'y précipitai et elle m'étreignit – avec une grande sincérité – comme si j'étais tout petit.

Après quoi, elle me lâcha et me prit par la main pour aller à sa voiture. La peur ne m'effleura même pas. Et elle me donna des vêtements neufs, un tas de jouets. Je n'en revenais pas.

D'une voix brisée, je fis mes adieux à mes frères qui me répondirent par un signe de tête. Je me faisais l'effet d'être un traître car j'avais révélé le secret de la famille et j'étais sûr qu'ils m'en voulaient.

— Tu vas me manquer, s'écria alors La Mère.

— Moi aussi, je vais vous regretter ! lançai-je sans réfléchir.

Si heureux que je sois de la décision du juge, je n'en avais pas moins le cœur lourd. Des sentiments contradictoires me déchiraient. D'un côté la joie d'être libre, de l'autre la tristesse d'être séparé de ma famille. Et puis ces nouveaux vêtements, ces jouets – tout ça c'était trop beau pour être vrai – sans compter le plus merveilleux, la tendresse maternelle.

— Je suis désolé, sanglotai-je. Vraiment. Je n'avais pas l'intention de dire ça.

— Ce n'est pas de ta..., commença La Mère qui s'interrompit.

L'expression de ses yeux changea et, d'une voix raffermie, elle poursuivit :

— Écoute-moi bien. Tu as une nouvelle chance, c'est un nouveau départ pour toi. Alors, je compte sur toi pour être un grand garçon.

— Je te le promets, fis-je en essuyant mes larmes.

— Mieux que ça ! assena-t-elle froidement. C'est sérieux. Il faut que tu sois exemplaire !

Regardant ses yeux gonflés, j'eus le sentiment qu'elle voulait – au fond – ce qu'il y avait de mieux pour moi. En outre, il m'apparut que La Mère connaissait le verdict avant d'avoir mis les pieds au tribunal.

— Je ferai de mon mieux, répondis-je, redressant les épaules comme ça m'arrivait dans le sous-sol pour reprendre du poil de la bête. Tu seras fière de moi, je me donnerai tout le mal qu'il faut pour ça.

— Ce n'est pas ça l'important. Tâche d'être heureux, conclut-elle avant de me serrer une dernière fois dans ses bras.

Je me suis éloigné en reniflant sans jeter un regard en arrière. Avec ces derniers mots, maman m'avait donné le sentiment de renoncer à moi. Je faillis m'effondrer quand je retrouvai Mme Gold qui m'aida à mettre mes trésors dans la voiture.

Ensemble, nous avons regardé La Mère partir et ce fut la seule à répondre à mon geste d'adieu. Bien que sa vitre soit remontée, je compris aux mouvements de ses lèvres qu'elle répétait : *Tâche d'être heureux.*

— Une glace, ça te dirait ? demanda Mme Gold pour détendre l'atmosphère.

— Et comment ! fis-je avec un sourire, en me redressant.

Pam me prit doucement la main, et, les doigts enlacés, nous sommes allés à la cafétéria. On passa devant d'autres voitures et des arbres dont j'ai humé les effluves en contemplant le paysage. Une brise légère me caressa les cheveux sans que je frissonne. Des reflets verts et jaunes scintillaient dans l'herbe. Nul doute, j'entrais dans un nouvel univers.

Mme Gold s'arrêta, regardant le soleil comme moi.

— Est-ce que ça va aller, David ?

— Bien sûr ! Simplement, je veux que ce premier jour reste à jamais gravé dans ma mémoire.

4.

Le nouveau départ

Une fois les effets du procès retombés, j'ai sombré dans une sorte d'apathie.

Si j'avais la certitude que La Mère ne pouvait plus me détruire physiquement, je ne cessais de l'imaginer tapie dans l'ombre, roulée sur elle-même comme un serpent, prête à me happer pour se venger.

En même temps, j'étais sûr de ne jamais la revoir, pas plus que mes frères. De toute façon, je ne méritais pas de vivre avec eux – La Mère s'était débarrassée de moi parce que je ne valais rien. Bref, tout se brouillait dans ma tête et ma seule issue, c'était de me convaincre que, grâce à l'intervention des services sociaux et de la justice, une vie nouvelle commençait pour moi. Du coup, je m'efforçai de rompre avec mon passé, d'enfouir mes horribles souvenirs en me figurant capable de les reléguer dans l'ombre d'une simple pichenette.

Mon adaptation au train-train de chez tante Mary, à celui de ma nouvelle école, fut rapide. Libre et spontané à la maison, j'étais en revanche maussade et timide avec mes camarades de classe. Ayant du mal à me faire des amis, je me sentais à part surtout quand ils me demandaient pourquoi je n'habitais pas chez mes parents. Au point que, si certains insistaient trop, je bégayais et prenais le large.

Il m'arrivait pourtant de clamer tout joyeux :

— Je vis dans une famille d'accueil.

Au bout du compte, j'en étais fier. Enfin, jusqu'à ce qu'un enfant qui habitait chez tante Mary depuis longtemps me prenne à l'écart dans la cour de récréation pour me mettre en garde :

— Tu ferais mieux de ne pas raconter à tout bout de champ ce que t'es, parce qu'il y a des tas de gens qui n'aiment pas les gosses comme nous.

— Ça veut dire quoi ? On ne fait rien de mal.

— T'inquiète pas, tu vas vite piger. En tout cas, t'énerve pas et ferme-la.

Comprenant qu'il existait d'autres préjugés dans le monde où je vivais à présent, j'ai suivi son conseil.

Pendant la récréation, les autres rigolaient, s'amusaient tandis que j'errais tout seul envahi par les souvenirs de mon ancienne école. M. Ziegler, mon instituteur, les soleils qu'il dessinait sur mes bons devoirs ; les redoutables dictées de Mme Woodworth ; les moments où je me précipitais dans la bibliothèque où Mme Howell passait *Octopus's Garden* des Beatles sur son tourne-disque.

Dans ma nouvelle école, je ne m'intéressais à rien. Aucun sujet ne retenait mon attention, alors que dans l'ancienne c'était le contraire. Assis derrière mon pupitre, je couvrais mes copies de gribouillages, comptant les minutes me séparant de la fin de la journée. Loin d'être un refuge, l'école était devenue une prison qui me privait de ma liberté. Pour couronner le tout, ma belle écriture se transforma en pattes de mouche.

Chez tante Mary, les autres enfants m'adoptèrent à cause de mon sens de l'humour bizarre et de mon enthousiasme naïf. Dès que certains avaient la permission de sortir l'après-midi, j'étais systématiquement de la partie. Et s'ils piquaient des tablettes de chocolat à l'épicerie du coin, je ne me faisais pas violence pour les imiter. Non seulement pour être accepté, mais aussi parce que ce n'était pas une nouveauté pour moi. D'ailleurs, faisant de la surenchère, j'en volais quatre là où un autre se contentait de deux. Si bien que le groupe me considéra vite comme un maître en la matière. C'était mal, bien sûr, et les plus grands me manipulaient. Tant pis. Tous les moyens étaient bons pour me sentir enfin intégré dans un groupe après toutes ces années d'isolement.

Il faut avouer que je commettais aussi des larcins dans la maison. Dès qu'il n'y avait personne, je me faufilais dans la cuisine où je piquais des tranches de pain que je cachais sous mon oreiller. Et, au milieu de la nuit, je les savourais comme une souris grignote un bout de fromage. Un dimanche après-midi, en ayant marre du pain, je pris le risque de prendre un paquet de petits gâteaux dans le congélateur. Ma foi, à mon réveil le lendemain à l'aube, je découvris une armée de fourmis sur mon oreiller. Je me suis empressé de tout balancer, mais, en préparant nos déjeuners pour l'école, tante Mary s'est rendu compte qu'ils avaient disparu et accusa une de ses petites pensionnaires, Teresa.

Celle-ci fut grondée, mise au coin dans sa chambre, mais je ne me dénonçai pas pour autant. Loin de voler tante Mary pour éprouver des sensations fortes, je le faisais pour avoir des provisions au cas où la faim me tenaillerait.

Cela dit, il ne fallut pas longtemps à tante Mary pour découvrir l'auteur de ces larcins. Et à partir de ce moment-là, elle me surveilla du coin de l'œil tout en réduisant au maximum mes sorties. Quant à moi, la honte d'avoir trahi sa confiance et sa gentillesse n'était que secondaire au regard du privilège d'être accepté par les grands de la maisonnée.

En tout cas, je n'étais manifestement plus en odeur de sainteté chez cette « vieille fille » lorsqu'on me plaça – début juillet – dans ma première famille d'accueil permanente. Tout comme la première fois où le policier m'avait emmené chez tante Mary, je mourais d'impatience de voir ma nouvelle maison. Lilian Catanze, ma mère nourricière, nous accueillit à la porte, Mme Gold et moi. Je les suivis dans le salon en serrant le sac en papier brun où, la veille, j'avais rangé mon peu d'affaires et qui ne m'avait pas quitté depuis.

D'expérience, je savais qu'une chose oubliée serait introuvable. En effet, les pensionnaires de tante Mary devenaient des vautours dès qu'un enfant vidait les lieux. De quoi me choquer la première fois que je les avais vus passer la chambre du partant au peigne fin dans l'espoir de dénicher un vêtement, un jouet, enfin n'importe quoi. Et je compris vite que ni le besoin ni l'envie n'entraient en ligne de compte dans l'opération. L'important c'était la monnaie d'échange que représentait un objet trouvé – contre des corvées, des desserts, de l'argent. M'adaptant vite comme à l'ordinaire, je ne tardai pas à participer à cette chasse au trésor, allant jusqu'à la perfectionner d'ailleurs. Ainsi, plutôt que d'accompagner celui qui partait jusqu'à la voiture, je lui disais au revoir dans la maison avant de me poster près de sa chambre pour avoir une longueur d'avance sur les autres. Il y avait néanmoins un code : en signe de respect, personne n'entrait dans la chambre jusqu'au départ effectif du pensionnaire. En outre, on concluait les marchés la veille au soir et le compagnon de chambre de l'ex-pensionnaire avait le droit de choisir en premier. Toujours est-il que je fis comme tout le monde et donnai quelques chemises, un ou deux jouets à mon départ.

Au moment précis où l'image du pillage de ma chambre chez tante Mary se formait dans ma tête, Mme Catanze me demanda :

— Alors qu'en penses-tu, David ?

Les doigts toujours agrippés à mon sac, je hochai vigoureusement la tête avant de répondre :

— Oh, elle est très belle cette maison, m'dame.

Mme Catanze me menaça gentiment du doigt.

— Ah non, pas de madame. Ici, tout le monde m'appelle Lilian ou maman. Tu peux m'appeler maman si tu veux.

Même si je fis signe que oui à l'intention des deux femmes, l'idée me mit mal à l'aise. Après tout, je venais à peine de faire sa connaissance.

Puis elles se mirent à bavarder. Suspendue aux lèvres de Mme Gold, Lilian s'exclama à un moment :

— Aucun contact du tout ?

— Absolument. David ne doit pas voir sa mère, ni ses frères. À moins que Mme Pelzer ne prenne des dispositions.

— Et le père ? demanda Lilian.

— Pas de problème dans son cas. Il a votre numéro et devrait bientôt vous appeler. Le père de David ne s'est pas présenté au tribunal, mais je l'ai informé de la situation de son fils.

Mme Catanze se rapprocha encore de Mme Gold :

— Vous n'avez rien à me préciser au sujet de David ?

— Ma foi, David est encore en phase d'adaptation. Un peu survolté, il est capable de tout – mais vraiment de tout. Et il a les doigts légèrement crochus, si vous voyez ce que je veux dire.

Assis sur le canapé, je faisais mine de ne pas tendre l'oreille alors que j'étais tout ouïe.

— Viens dans la cuisine, David, je m'occuperai de toi dans un instant, me lança Mme Catanze.

Je l'y suivis, sans lâcher mon précieux sac en papier. Lilian ferma la porte à glissière séparant les deux pièces tandis qu'installé près de la table je buvais un verre d'eau. Les deux femmes se mirent à chuchoter. Les chiffres du radioréveil changeaient toutes les minutes, je ne le quittais pas des yeux. La porte ne tarda pas à s'ouvrir.

Souriante, Mme Gold me serra dans ses bras.

— Je suis sûre que tu vas te plaire ici, affirma-t-elle. Il y a un parc à côté, des tas d'autres enfants avec qui jouer. Je viendrai te voir dès que possible ; sois bien sage.

Persuadé qu'elle viendrait dans quelques jours, je lui fis au revoir de la main de la fenêtre du premier étage. Mme Gold me souffla un baiser avant de démarrer. Après quoi, planté devant la fenêtre, je ne sus trop quoi faire.

— As-tu envie de voir ta chambre ? proposa Mme Catanze.

Enchanté, je lui donnai la main.

— Oui, m'dame.

— Voyons, tu as oublié ce que je t'ai dit.

— Désolé, je suis distrait.

Mme Catanze m'emmena dans la première chambre du couloir. Une fois mes vêtements rangés, je m'assis près d'elle sur le lit.

— Je vais t'expliquer le règlement de la maison. Premièrement, tu dois garder ta chambre propre et aider aux travaux ménagers. Deuxièmement, tu n'as pas le droit d'entrer dans une chambre sans frapper. Troisièmement, il est interdit de mentir comme de voler. Enfin, si tu veux sortir, il faut m'en demander la permission et me dire où tu vas, pour combien de temps...

— Alors, je peux aller où je veux ? lâchai-je, stupéfait de cette liberté inespérée.

— Absolument, dans les limites du raisonnable, répondit Lilian. Tu n'es pas dans une prison. Si tu es raisonnable, on te traitera en conséquence. Je me fais bien comprendre ?

— Oui, madame Catanze, déclarai-je à voix basse, incapable de l'appeler maman.

Elle me tapota la cuisse avant de sortir de la chambre. Je m'allongeai sur le lit dont l'oreiller sentait bon, écoutant le bruit des voitures qui passaient dans la rue. Et je m'endormis, bercé par un sentiment de sécurité.

Des voix provenant de la cuisine me réveillèrent. Après m'être frotté les yeux, j'y suis allé.

— Alors c'est lui ? grogna un garçon blond, aux cheveux longs. Ma parole, c'est pas un gosse, c'est un avorton.

Lilian lui donna aussitôt une tape sur le bras.

— Ne sois pas méchant ! Excuse-le, David. Je te présente Larry junior. Il y a aussi un grand Larry que tu vas rencontrer dans une minute.

— Voyons, Larry. Il est peut-être petit, mais il est mignon. Salut, David, je m'appelle Connie. Bon, je préfère te prévenir tout de suite que tu n'as pas intérêt à fouiller dans ma chambre, d'accord ?

Comme elle se penchait pour me serrer la main, les effluves de son parfum faillirent me faire suffoquer. Connie avait des cheveux noirs, de longs cils et portait une robe très courte, révélant ses jambes que je ne pus m'empêcher de regarder.

Écarlate, Connie recula en s'exclamant :

— Quel petit pervers, maman !

— Qu'est-ce que c'est un pré-vert ? demandai-je à Lilian.

— Quelqu'un qui devrait s'abstenir de reluquer les jambes des jeunes filles.

Voilà qui n'éclairait pas ma lanterne. Il fallait pourtant que je connaisse le sens de ce mot. Mais Mme Catanze m'interrompit au moment où je m'apprêtais à reposer la question :

— Tiens, voici le grand Larry.

Je dus renverser la tête aussi loin que possible pour distinguer ce costaud frisé, au visage doux, masqué par des lunettes à monture noire. Le grand Larry sourit en me serrant la main, puis s'adressa à Lilian :

— Maman, je vais au cinéma ce soir. Je peux emmener David avec moi ?

— Oui, à condition que tu t'occupes de lui.

— Fais gaffe, persifla Larry junior. Faut pas qu'il ait peur ou qu'il voie des trucs scabreux...

Le grand Larry et moi, on partit au cinéma une heure plus tard. Il était manifestement timide, voire puéril. Et il me plut tout de suite. On parcourut les rues de Daly City en bavardant mais sans aborder quoi que ce soit d'important, surtout pas le sujet de nos placements respectifs en famille d'accueil – code dont on m'avait parlé chez tante Mary. En tout cas, à notre arrivée au cinéma, le grand Larry était devenu mon copain.

Larry prétendait avoir vu *Vivre et laisser mourir* douze fois, et je ne comprenais pas pourquoi il tenait tant à le revoir. Mais, au bout de dix minutes, les scènes d'action, la musique endiablée me subjuguèrent. Les aventures auxquelles j'avais rêvé dans mon sous-sol obscur défilaient sur le grand écran. Si Larry regardait les filles en bikini, moi j'attendais avec impatience que James Bond échappe de justesse à la mort et sauve le monde. Du reste, son personnage se grava dans mon esprit avec autant de force que celui de Superman quelques années auparavant.

Le lendemain s'avéra tout aussi palpitant. Une fois que le mari de Lilian, Rudy, eut chargé les deux voitures d'une montagne de victuailles, on y grimpa. Et ils nous emmenèrent pour le pique-nique du 4 juillet qu'ils organisaient tous les ans au Junipero Serra Park – celui où j'allais enfant quand La Mère me considérait comme un membre de la famille. Dès notre arrivée, j'aidai à transporter glacières et sacs de provisions, demandant à la cantonade :

— Qu'est-ce que je fais de ça ?

— Mets-les où tu peux, David, répondit Rudy.

— Mais les gens ont mis leurs affaires, il n'y a plus de place sur les tables, gémis-je.

Lilian s'approcha de son mari dont elle prit la main.

— Oui, on le sait. Il se trouve que tous ces gens font partie de la famille, expliqua-t-elle.

Une foule de grandes personnes buvaient du soda ou de la bière tandis que des mioches couraient dans tous les sens.

— C'est pas possible que tous ces gens soient vos enfants !

Une femme poussa alors un cri. À deux doigts de me recroqueviller dans ma coquille, je la vis courir. Elle portait de drôles de chaussures en bois qui la firent trébucher.

— Papa ! Maman ! s'écria-t-elle, cherchant à les étreindre en même temps.

J'eus beau la dévisager, je ne lui trouvai aucune ressemblance avec Rudy ou Lilian. Celle-ci fondit en larmes, se moucha, passa son mouchoir à la jeune femme. Dès que Lilian eut recouvré ses esprits, elle me présenta :

— David, Kathy est l'une des premières enfants qu'on a recueillies.

Voilà le mystère éclairci. Les yeux écarquillés, je tournai la tête de tous côtés tandis qu'un flot de personnes se précipitait vers Rudy et Lilian.

— Bon, j'ai trouvé un boulot. En plus, je prends des cours du soir, et voici... mon... bébé, clama Kathy.

Comme un homme barbu tendait un nourrisson emmailloté dans une couverture jaune à Rudy, elle ajouta en pleurant :

— Oh, papa et maman ! C'est tellement merveilleux de vous revoir !

Les Catanze furent bientôt entourés d'un groupe compact de gens. Les enfants sautaient en criant pour attirer l'attention tandis que les adultes s'embrassaient, se montraient leurs bébés. Du coup, prenant le large, je gravis une colline à la lisière du parc du haut de laquelle je me mis à observer les avions en train de décoller d'un petit aéroport.

— C'est plutôt chouette, hein ? lança une voix familière.

En me tournant, je vis le grand Larry.

— C'est pareil tous les ans, sauf qu'il y a toujours plus de monde. Y a pas photo, les Catanze aiment les gosses, qu'est-ce que t'en penses ? demanda-t-il.

— Ben, il y a sûrement plus d'une centaine de personnes, m'écriai-je. T'es déjà venu ici ?

— Ouais, l'année dernière. Et toi ?

Gardant le silence, je suivis des yeux un jumbo-jet dont l'aile s'inclinait vers l'ouest.

Quand j'étais petit... hésitant à confier ce que je refoulais depuis des lustres, je m'éclaircis la voix avant de continuer. Mes parents, enfin mon vrai père et ma vraie mère, nous emmenaient ici, mes frères et moi. On passait la journée à jouer aux balançoires au pied de la colline.

L'image des enfants heureux que nous étions – Ron, Stan et moi – me traversa l'esprit. Que devenaient mes frères ?

— Dave ! Hé, David ! La terre appelle Dave, vous nous recevez ? m'apostropha Larry, les mains en cornet autour de sa bouche.

— Je m'excuse, répondis-je, machinalement. Bon, je vais me balader.

Une fois la permission demandée à Lilian, j'ai dévalé la pente de la colline. Bientôt, je me suis retrouvé sur la pelouse où je jouais à l'époque où je faisais partie d'une famille idéale. À présent, je n'étais plus qu'un gosse paumé en quête de son passé. J'allai m'asseoir sur l'une des balançoires noires, creusant du bout des pieds le sable qui finit par entrer dans mes chaussures. Et je me perdis de nouveau dans une rêverie intense.

— Dites, monsieur, vous allez vous balancer ou pas ? me lança un petit garçon.

En proie à une sensation de vide insupportable, je lui ai cédé la place.

Un jeune couple était assis à la même table que mes parents autrefois, devant moi, à l'ombre des arbres. La femme se leva pour appeler ses enfants, les mains sur les hanches comme La Mère le faisait. Nos regards se croisèrent ; elle me sourit. En entendant les cris des enfants qui revenaient en courant, je me suis interrogé pour la énième fois sur la cause de mes rapports désastreux avec La Mère.

M'avait-elle jamais aimé ? Pourquoi m'avait-elle traité de la sorte ? Ces deux questions m'obsédaient.

Dans la soirée, malgré l'envie qui me dévorait, je n'eus pas le courage d'en parler avec Mme Catanze. Je dormis tard le lendemain matin. Quand j'entrai dans la cuisine, Larry junior, railleur, lâcha :

— Elle est partie, l'avorton. Il va falloir que tu te démerdes pour trouver un truc à bouffer.

De quoi me désarçonner, je ne savais pas où étaient les céréales, ni les bols et, naturellement, la cuisine n'était pas mon fort.

— Il paraît que ta mère te tapait dessus, reprit Larry junior. Raconte. C'est comment d'avoir une vieille comme ça ? Je veux dire quel effet ça fait d'être traité comme de la merde ?

Quel saligaud ! Je n'en revenais pas. De toute façon, Larry junior prenait un malin plaisir à me rabaisser dès qu'on se retrouvait ensemble. Me mordillant les lèvres, je me raclai les méninges pour lui sortir une phrase bien sentie. En vain. Je bouillais de colère.

— Dis-moi, mec. Raconte, je suis curieux. Sérieusement, ça fait quoi de prendre des rossées en permanence ? Et pourquoi tu réagissais pas d'abord ? T'es une poule mouillée ou quoi ?

Son rire me poursuivit alors que je me précipitais dans ma

chambre où je restai enfermé toute la journée à pleurer sans vraiment savoir pourquoi.

— C'est vrai que je suis une poule mouillée ?

Mme Catanze m'emmenait au supermarché dans sa voiture lorsque je lui balançai cette question.

— Une poule mouillée ? Grand Dieu, David, qui t'a traité comme ça ?

Même si je n'avais pas envie de moucharder, Larry junior était un enfoiré que je n'aimais pas. Sans compter que j'étais malheureux de ce que lui et les autres grands pensaient de moi. Du coup, je donnai son nom à Lilian.

— Ne fais pas attention à Larry, déclara-t-elle alors. C'est un garçon très perturbé. Tu sais, chez nous, il y a une bande de...

Je la regardai d'un air perplexe.

— ... enfin, de jeunes qui ont des besoins particuliers. Larry est à l'âge de la révolte. Il est contre tout et tout le monde. Évite-le. En ce moment, il te sonde, pour voir qui tu es. Donne-lui un peu de temps, d'accord ?

— Oui, m'dame. N'empêche, est-ce que c'est parce que je me suis pas défendu que je suis une mauviette ? Est-ce qu'on a le droit de taper sa mère ?

Mme Catanze, qui s'était garée devant le centre commercial, se tourna vers moi, enlevant ses lunettes.

— Pas du tout. Je ne suis pas au courant de ce qui s'est passé pour toi mais tu n'es pas un lâche. Viens maintenant. Les services sociaux m'ont remis un chèque de cent vingt-sept dollars pour t'acheter des vêtements. Et je te prie de croire que ça me fait plaisir ! Alors, en route pour les courses, fit-elle avec un sourire.

Comme elle me prenait par la main, je m'exclamai :

— Eh ben dites donc, c'est beaucoup d'argent !

— Pas tant que ça pour un garçon qui grandit. Et tu en as bien l'intention, hein ? Cette somme est pour l'année. Alors tu sais, ce n'est pas énorme. Enfin, tu verras ça quand tu auras des enfants, conclut Lilian en ouvrant la porte d'un magasin.

Nous sommes rentrés chez elle au bout de quelques heures, chargés de trois sacs bourrés. Rayonnant, je me ruai dans la chambre dont je fermai la porte avant d'étaler, soigneusement, mes vêtements neufs sur le lit. Après avoir rangé les chemises par couleur, plié chaussettes et caleçons, je restai à les contempler. Puis je les empilai dans les tiroirs de la commode, recommençant quatre fois. Enfin, je sortis aussi délicatement que possible une chemise bleu foncé. Les mains tremblantes, je respirai l'odeur de coton : *C'est à moi ces habits ; personne n'y a touché ni ne les a portés.* De fait, ils n'avaient rien à voir avec les guenilles dont La Mère m'affublait, ni avec ceux qu'elle gardait d'un Noël sur l'autre et me donnait par prétendue bonté d'âme, ni avec ceux de tante Mary qui avaient appartenu à d'autres enfants.

« Hourra », hurlai-je avant de jeter de nouveau toute ma garde-robe sur le lit. Il me fallut une éternité pour la replier, mais je m'en fichais – c'était très amusant.

Quelques jours plus tard, Lilian m'appela dans la cuisine alors que je regardais la télé. Elle venait de recevoir un coup de téléphone.

— Alors, comment te sens-tu ? me demanda-t-elle.

— Bien, j'imagine, fis-je, écarquillant aussitôt les yeux. J'ai fait quelque chose de mal ? Je me suis mis dans le pétrin ?

— Mais non, voyons David, répondit calmement Lilian. Arrête. Pourquoi réagis-tu comme ça dès qu'on te pose une question ?

J'avais beau comprendre sa remarque, j'ignorais pourquoi j'étais toujours sur la défensive.

— J'sais pas.

Lilian eut un hochement de tête entendu.

— Et si on s'offrait un déjeuner en tête à tête ? Je vais mettre Larry junior à la porte, d'accord ?

— D'accord, dis-je, ravi.

J'adorais me retrouver seul avec Lilian, cela me donnait l'impression d'être son préféré.

Elle prépara des sandwiches au jambon tandis que je sortais

un sac de chips. Comme je m'empiffrais, elle m'ordonna gentiment d'abord, puis impérativement de ne pas manger si vite et de me tenir correctement à table. Je lui obéis, soucieux de lui prouver que j'étais capable de mâcher sans ouvrir la bouche.

Mme Catanze, elle, prenait tout son temps pour déguster son sandwich. Au moment où j'allais lui en demander la raison, j'entendis qu'on tambourinait à la porte.

— J'y vais, lançai-je sans réfléchir.

La bouche pleine, je descendis l'escalier quatre à quatre et ouvris la porte. L'instant d'après, je faillis m'étouffer. Frappé de stupeur, j'étais incapable de détacher mon regard de La Mère.

— Eh bien, tu ne nous fais pas entrer ? demanda celle-ci d'une voix aimable.

Les pas de Lilian qui dévalait les marches résonnèrent dans mon dos.

— Bonjour, je suis Lilian Catanze. Nous nous sommes parlé au téléphone aujourd'hui. David et moi venons de finir de déjeuner.

— Vous avez bien dit 13 heures, n'est-ce pas ? martela La Mère.

— Hum, en effet. Entrez, je vous en prie.

D'un pas raide, La Mère s'avança. Mes frères la suivirent en file indienne. Un sourire narquois aux lèvres, Stan fermait la marche en poussant le vélo que grand-mère m'avait offert pour Noël l'an dernier – jour que je n'avais pas oublié, parce que La Mère m'avait permis de l'essayer à deux reprises. Comme je n'en avais jamais fait, j'étais tombé plein de fois avant de trouver l'équilibre et j'avais crevé un pneu en roulant sur un clou. En tout cas, il manquait deux roues et des éléments à ma bicyclette que Stan laissa contre le mur.

Tant pis. L'essentiel, c'était que ce vélo jaune et rouge avec sa selle métallique rutilante soit à moi. Du reste, je n'en revenais pas que La Mère ait consenti à me le rendre.

La visite de cette dernière ne s'éternisa pas. Il n'empêche que Lilian ne me quitta pas d'une semelle. Même si La Mère paraissait plus détendue – moins glaciale et méprisante que lors de son irruption chez tante Mary –, elle ne m'adressa pas la parole. Alors que j'avais tant de choses à lui raconter. Alors que j'aurais eu tellement envie de lui montrer ma chambre, mes vêtements neufs, mes dessins de l'école. Alors que j'aurais tant aimé lui prouver que je méritais d'exister.

— Eh bien, fit La Mère en se levant du canapé. C'était une simple prise de contact. À propos, David, il faut que tu saches que je passerai de temps à autre m'assurer de ta conduite... sois sage, assena-t-elle.

D'un geste, Lilian m'interrompit avant que je n'aie pu ouvrir la bouche.

— Merci de votre visite, madame Pelzer. Mais n'oubliez pas de téléphoner si vous décidez de revenir.

Montant quatre à quatre l'escalier, j'allai me planter devant la plus grande fenêtre pour regarder La Mère et les garçons monter dans le vieux break gris. Quand elle démarra, j'agitai frénétiquement une main qu'aucun d'eux ne remarqua. Je n'en fus pas étonné. Pourtant, comme j'aurais aimé qu'une fois – rien qu'une fois – un membre de ma famille me fasse un signe, un sourire !

Me prenant par les épaules, Lilian laissa échapper un profond soupir.

— Voilà donc ta mère. Bon, tu tiens le coup ?

Je la fixai du regard en hochant la tête tandis que des larmes ruisselaient sur mes joues.

— Elle m'aime pas, c'est évident hein ? Mais pourquoi ? Vraiment, je ne comprends pas. Pourquoi refuse-t-elle de me parler ? Est-ce que je suis si méchant que ça ? Et pourquoi vous ne m'avez pas prévenu de sa visite ? Pourquoi ?

» J'en ai marre d'être traité comme... comme un *Moins que rien.* Oh, et puis j'en ai ma claque de La Mère, de mes frères, de Larry... (Je tendis le doigt vers la fenêtre.) Elle ne m'a pas adressé une fois la parole. De toute façon, elle ne le fait jamais.

Tournicotant autour de Lilian, je poursuivis :

— Est-ce que je suis à ce point vilain ? Pourtant, je me donne du mal pour être gentil.

Puis, j'ai arpenté la pièce en gesticulant et en trépignant.

— C'est pas moi qui lui ai demandé de me battre... de... ne rien me donner à bouffer plusieurs jours de suite ou... de m'obliger à vivre, à dormir dans un garage comme... un animal. La nuit, elle refusait même de me filer une couverture et j'avais si froid... malgré tous mes efforts, je n'arrivais pas à me réchauffer. Pourtant, j'essayais.

Je fermai les yeux tout en m'essuyant le nez. L'espace d'un instant, je me revis devant l'évier de la cuisine, à la maison. Une serviette en papier rose, puante, à côté de moi. Je repris ma respiration avant de continuer.

— Un samedi après-midi, elle m'avait forcé à ramasser des crottes de chien. J'étais dans la cuisine. La Mère regardait la télé dans le salon, vautrée sur le canapé – de toute façon, elle ne fait que ça toute la sainte journée. Enfin, peu importe, je n'avais qu'à balancer les crottes dans la poubelle pour qu'elle ne se rende compte de rien. Parce que ce serait trop tard, si elle me voyait le faire. Je veux dire si elle me voyait jeter les crottes... Alors je les ai mangées, comme elle me l'avait ordonné. Si j'ai pleuré toutes les larmes de mon corps, c'était plus parce que je la laissais me traiter comme ça que pour l'horreur du truc. J'avais tellement honte, et cela durait depuis des années. Je ne l'ai jamais dit à personne... Peut-être que Larry a raison, conclus-je en gémissant.

— David ! Oh mon Dieu ! On n'était pas au courant..., s'écria Lilian.

— Regardez... (Je relevai brutalement ma chemise.) Ici, elle m'a donné un coup de couteau. Elle l'a pas fait exprès. C'était un accident. Vous savez pourquoi ?

Exsangue, Lilian ferma les yeux et se couvrit la bouche.

— Non, David. Pourquoi ?

— Elle avait menacé de me tuer si je ne faisais pas sa maudite vaisselle en vingt minutes. Drôle d'idée, non ? Le plus bizarre, c'est que, depuis l'accident, j'ai toujours eu envie de lui dire que je savais qu'elle n'avait pas eu l'intention de me tuer. J'ai même prié pour que ça nous rapproche, pour que ça lui fasse comprendre qu'elle était allée trop loin et ne pouvait plus garder son secret. J'aurais voulu qu'elle sache que je lui pardonnais.

» Rien à faire ! Pour elle, je suis toujours un vilain garnement et elle refuse de m'adresser la parole.

Les bras raides, je serrai les poings tout en levant les yeux vers Mme Catanze.

— Merde ! Pourquoi elle me parle pas ? Pourquoi ? Pourquoi ? Pourquoi ?

Lilian, qui sanglotait, s'agenouilla devant moi.

— Je n'en sais rien, David. Il faut que tu racontes tout ça à quelqu'un capable de t'aider pour t'en libérer. Quelqu'un de plus qualifié que moi. Mme Gold et moi allons chercher une personne qui pourra t'aider à trouver des réponses, d'accord ?

À la dérive, je voyais les lèvres de Lilian remuer sans entendre ce qu'elle disait. Elle me prit par la main pour m'emmener dans ma chambre. Une fois que je fus étendu sur mon lit, elle me caressa les cheveux en murmurant :

— Ça va aller, je suis là. Calme-toi, tout va s'arranger.

Quelques heures plus tard, je me réveillai en grande forme. Je sautai du lit, emboîtant le pas à Lilian qui voulait examiner mon vélo. Écœuré par son état, je constatai :

— Ça, c'est du Stan tout craché. Monsieur le bricoleur s'est vengé de moi à sa façon.

— Eh bien, David, m'apostropha Lilian d'un ton ferme. La question se pose comme suit : ou tu continues de bouder sans lever le petit doigt, ou tu essaies de le réparer. (Elle s'interrompit, l'air de réfléchir.) Au fond, si tu en avais envie, tu pourrais gagner un peu d'argent pour le remettre en état. Enfin, si le cœur t'en dit.

L'instant d'après, j'allai me vautrer sur le canapé en ne pensant plus qu'à ça. Tant et si bien qu'au retour du grand Larry de son travail, je courus lui demander conseil. Et on passa la soirée dans sa chambre à nous creuser la cervelle pour trouver le moyen d'atteindre mon but le plus rapidement possible. À 22 heures, nous avions un plan idéal, qui, au dire de Larry, me garantissait une bicyclette en état de marche dans trente jours, voire moins. Se prétendant « maître stratège » – je n'avais aucune idée de ce qu'il entendait par là –, Larry me garantissait même qu'à l'exposé de mon projet les parents Catanze seraient enchantés de me filer du fric.

— C'est génial, m'écriai-je, enthousiasmé.

Avant de nous coucher, le grand Larry et moi avons baptisé le plan « Opération Harcèlement ».

Dès le lendemain matin, j'ai réclamé du boulot à Lilian que je ne quittais pas d'une semelle. Au bout d'une heure, elle leva les bras en l'air, excédée :

— C'est bon, je cède. Tiens, va nettoyer la salle de bains avec ces serpillières. Tu sais comment t'y prendre, hein ?

Vous en serez comme deux ronds de flan, pensai-je en souriant. Puis, penchant la tête, je lui demandai :

— Combien ?

— Quoi ? fit-elle, clignant les yeux.

— Vous me payez combien pour ça ? répétai-je très sérieusement.

— Ah, je vois. D'accord, je t'offre vingt-cinq cents, mon bonhomme...

— C'est pas assez, la coupai-je.

— Ma foi, tu es gourmand. Bon, combien ?

Là, je restai sans voix. Le grand Larry ne m'avait pas fourni la réponse à une telle question.

— Ben, j'en sais rien, babutiai-je, tout déconfit.

— Dans ce cas, je te propose trente cents. C'est à prendre ou à laisser.

À en croire les directives du grand Larry, il fallait impérativement accepter quand la partie adverse formulait cette expression. L'air triomphant, je déclarai à Lilian :

— D'accord. Marché conclu.

À voir l'expression de Lilian, j'en déduisis que mon talent de négociateur la surprenait. Non seulement, j'avais réussi à ce qu'elle me paie, mais davantage que prévu.

Il n'empêche que je mis pratiquement deux heures à récurer

la salle de bains – dans les règles de l'art – ainsi que l'avait précisé Mme Catanze. Du coup, j'eus le sentiment d'être exploité. Et tout en frottant le carrelage pour la troisième fois, je résolus de discuter notre plan soi-disant infaillible avec le grand Larry.

Cela dit, Lilian mit deux pièces dans le creux de ma main : une de vingt-cinq cents, une de cinq. De quoi imposer silence à mes sentiments contradictoires. Oubliant de la remercier, je me suis précipité dans ma chambre pour les déposer dans un bocal gardé à cet effet. Pas un jour ne s'écoula sans que je le regarde. En moins d'un mois, j'avais gagné plus de quatre dollars – somme amplement suffisante à mes yeux pour faire réparer ma bicyclette. Aussi ai-je cassé les pieds de Tony, le fils de Lilian, jusqu'à ce qu'il accepte d'embarquer mon vélo dans sa camionnette et de m'emmener à l'atelier de réparation. Je n'eus pas à lui dire les pièces qui manquaient, il sut exactement lesquelles se procurer. Et quand la facture arriva, il allongea une somme qui dépassait de loin mes économies.

Ce jour-là, j'ai piqué des outils sans demander la permission et me suis attelé à la réparation de ma bicyclette. Au bout d'une douzaine de tentatives, j'arrivai à mettre les chambres à air dans les pneus. Essuyant mes genoux en sang, je sautai sur mon vélo et m'élançai dans la rue avec un cri de victoire, fou de joie.

Dans ma mémoire, le 21 août 1973 reste marqué d'une pierre blanche. Ce jour passé sur mon vélo fut le premier où, comme un enfant normal, j'eus le sentiment d'avoir tout le temps devant moi – magnifique éternité. Des années durant, j'avais entendu les cris de joie des enfants qui zigzaguaient dans la rue. En tout cas, ce 21 août 1973, je parcourus la rue dans les deux sens plus d'un millier de fois. Et Mme Catanze dut se fâcher pour que je m'arrête.

— David Pelzer, il fait nuit depuis une heure ! Fais-moi le plaisir de rentrer immédiatement ! s'égosillait-elle tandis que je la croisais, refusant d'obéir.

Malgré la raideur de mes jambes – à force d'avoir pédalé –, l'idée de voir se terminer cette journée de rêve m'était insupportable. Les mains sur les hanches, Lilian s'impatientait. Je fus bien obligé de descendre de mon vélo que je poussai jusqu'à la maison en râlant comme un voleur. Devinant qu'elle s'apprêtait à me passer un savon, je la fis fondre par un sourire rayonnant.

— C'est bon, dit-elle en m'entourant de ses bras. Allez, rentre. Ne t'inquiète pas, tu pourras recommencer demain dès que tu auras fini tes corvées. Et même aller au parc à vélo.

— Hourra ! exultai-je.

Au saut du lit le lendemain matin, je m'aperçus que je pouvais à peine plier les jambes. Un grand sourire aux lèvres, je me suis regardé dans la glace.

— Hourra !

5.

À la dérive

Après cette première initiation à la liberté, je fis du vélo aussi souvent que possible. Dès mon réveil, je me précipitais à la fenêtre dont je ne tirais jamais les stores pour voir la couleur du ciel. Puis j'avalais mon petit déjeuner à toute vitesse, expédiais mes tâches ménagères et dévalais l'escalier en prévenant Mme Catanze de mon départ.

D'ordinaire, celle-ci me suivait des yeux depuis la cuisine. Ne ratant jamais une occasion de la ramener, je la saluais de dos. Il m'arrivait de descendre la rue à une telle allure que j'avais l'impression de planer. Sans compter le nombre de fois où, les pieds sur la barre, je me laissais rouler sur la pelouse fraîchement tondue du parc où je garais mon vélo. Puis je grimpais à l'aide de cordes dans une énorme cabane en bois – un fort de trois étages doté d'un pont-levis que j'enjambais. Et là, éreinté, je reprenais haleine, allongé sur le sol du dernier étage en profitant des rayons du soleil qui éclairait petit à petit le parc.

Des rires fusaient. Aussitôt, je me penchais pour observer, fasciné, d'autres enfants – en général plus petits que moi – qui jouaient avec leurs copains ou leurs parents. Malgré mon envie de les rejoindre, je me dégonflais systématiquement à la dernière minute, sûr d'être trop différent d'eux.

Il fallait que la faim me rappelle à l'ordre pour que je me décide à quitter le parc. Et enfourchant mon vélo, je rentrais sans me presser à la maison. À mon arrivée, je reprenais mon souffle pour crier à tue-tête : « C'est moi ! » Lilian me répondait toujours. Un jour, ne l'entendant pas, je montai quatre à quatre et me précipitai dans la cuisine.

Une voix s'éleva dans mon dos, je fis volte-face.

— Elle n'est pas là, morveux.

C'était Larry junior, aussi désagréable qu'à l'ordinaire.

Au lieu de lui rabattre son caquet, je fixai craintivement le sol en me mordillant les lèvres. Comme je passais devant lui pour filer dans ma chambre, il me barra le chemin et, sans crier gare, m'attrapa le bras.

— Où il va, le petit chéri à sa maman ? susurra-t-il.

Le fusillant du regard, je cherchai à me dégager et fulminai :

— Fiche-moi la paix !

Au même moment, Chris bégaya :

— Allez, Larr... Larry, lai... laisse-le tr... tran... tranquille.

Stupéfait, j'ai levé les yeux vers cet autre pensionnaire de Lilian qui ne sortait jamais de sa chambre d'habitude.

Larry junior ne relâcha pas sa poigne, mais, à son air sournois, je compris qu'il allait s'en prendre à Chris. De fait, il me repoussa et persifla :

— Bêe... bêe... qu'est-ce qu'il veut le demeuré ? Il devrait pas rester barricadé dans sa piaule, le demeuré ?

Avant Chris, je n'avais jamais rencontré de personne atteinte de paralysie cérébrale. La douleur se lisait dans ses yeux. Ayant l'expérience d'être ridiculisé, ça m'était insupportable d'autant que Larry prenait manifestement plaisir à le torturer. Lorsque Chris s'approcha de lui, à le frôler, Larry haussa les sourcils tout en levant le bras droit. L'imaginant prêt à frapper Chris, à lui casser les dents, j'ai hurlé :

— Non, arrête ça ! Arrête !

Larry balança le bras vers Chris. À la dernière minute, il se borna à lui passer la main dans les cheveux.

— Pfuit... Ben, c'est qu'il en faut pas beaucoup pour flanquer la trouille à deux couillons, hein ?

Mon sang ne fit qu'un tour.

— Va te faire pendre !

— Ma parole, le petit chéri à sa maman a une langue ? Qu'est-ce que j'ai peur ! Dis-moi, le morveux...

Les yeux écarquillés, Larry m'accula au comptoir de la cuisine :

— Qu'est-ce que t'attends pour me frapper ?

Vu sa taille, il m'écraserait comme une mouche. Tant pis.

— Bas les pattes, criai-je. J'en ai marre de toi. Ce n'est pas parce que t'es plus grand, plus costaud que t'as le droit de nous traiter comme de la merde. Ça te plairait, toi, qu'on soit sans arrêt sur ton dos ?

L'air troublé, Larry se reprit immédiatement :

— À ta place, je me mêlerais de ce qui me regarde et me contenterais de faire du vélo, assena-t-il, un sourire railleur aux lèvres. Sinon, tu vas en prendre plein ta petite gueule.

Hors de moi, mourant d'envie de grimper sur lui pour le gifler, je me jetai sur lui :

— J'en ai ras le bol de tes conneries, Larry ! Espèce de... d'enfoiré ! Tu te crois fort alors que t'es qu'un fumier, une brute ! Tu te figures que t'es un balèze, hein ? Parce que tu t'imagines qu'il faut l'être pour emmerder un type comme Chris. Tu veux la bagarre ? D'accord ! Montre-moi c'que t'as dans le ventre. Allez, le balèze, qu'est-ce que t'attends ?

Mes poings se serraient. Évidemment, j'avais tort, mais j'en avais marre de me laisser écraser par des fiers-à-bras, imbus de leur supériorité et la manière dont Larry traitait Chris m'enrageait. Il fallait réagir.

On aurait dit que ma fureur faisait de l'effet à Larry dont le visage se crispait alors que je le harcelais. Pour une fois, j'étais du bon côté – sensation exquise. Après plusieurs grimaces, Larry me coinça contre le plan de travail. Ma tête heurta quelque chose de dur, mais je ne sentis rien – je bouillais de colère.

Au bout du compte, Larry sortit en coup de vent de la cuisine non sans avoir menacé Chris du poing.

— J'te conseille de faire gaffe, sinon tu vas dégringoler dans l'escalier un de ces quatre et rompre ton cou de demeuré. Et c'est pas cette mauviette qui pourra te défendre !

» Quant à toi ! (Larry s'interrompit pour me toiser de la tête aux pieds.) Tu ferais mieux de tenir ta langue, parce que si j'voulais, je t'abîmerais le portrait en deux coups de cuillère à pot ! Alors, ne vous fourrez pas dans mes pattes, connards !

Jusqu'à ce que la porte de Larry claque – si fort que les carreaux des fenêtres vibrèrent –, j'ai serré le comptoir de toutes mes forces. Puis, je l'ai lâché, respirant de grandes goulées d'air. Il me fallut un temps fou pour retrouver mon souffle.

Je cherchai Chris du regard : il avait disparu. Me précipitant dans le salon, j'entendis sa porte claquer, elle aussi à toute volée. Je dévalai l'escalier et me ruai dans sa chambre après avoir rapidement frappé. Assis au pied de son lit, le visage ruisselant de larmes, il fixait le plancher. Je penchai la tête.

— Larry t'a cogné ?

— N... Non ! Je pe... peux m'oc... m'occuper de moi, tu sais ! J'ai pas b... be... besoin d'un morveux co... comme toi pour..., bégaya Chris.

— De quoi tu parles ? Larry est une ordure et j'en ai marre qu'il passe son temps à nous faire chier.

Chris releva brusquement la tête.

— B... ben, vau... vaudrait mieux que tu t... te mêles d... de tes oi... oignons. Si maman en... entendait les gros m... mots que t'as s... sor... sortis tout à l'heure, t'... t'aurais d... des ennuis.

Du revers de la main, je balayai la remarque de Chris tandis qu'il se levait pour allumer sa chaîne stéréo. La cassette qu'il mit dans le magnétoscope avait huit pistes, je n'en avais jamais vu de pareille auparavant. Après quelques parasites, un groupe baptisé Three Dog Night se mit à brailler : *Joy to the world.* Les vieux haut-parleurs vibraient. Je m'assis à côté de Chris sur le lit, regrettant ma conduite.

— Écoute, je suis désolé pour tout à l'heure, mais j'étais furibard.

D'un grand sourire, il m'indiqua qu'il me pardonnait. Une question me brûlait les lèvres.

— Qu'est-ce que Larry voulait dire quand il m'a menacé de « m'abîmer le portrait » ?

Chris rigola. Du coup, un filet de salive coula sur son menton.

— T... te ca... casser la gu... gueule.

— Pourquoi il arrête pas de t'embêter alors que tu lui fais jamais rien ? Je pige pas.

Une lueur étincela dans les yeux de Chris.

— T'... es marrant ! Pa... par... parce que tu cr... crois qu'il a b... be... besoin d'une raison. Des mecs comme Larry s'en pr... prennent à moi par... parce que je suis di... différent. Toi aussi tu l'es. T'es maigrichon, m... mais t'as une grande gu... gueule.

Adossé au montant du lit de Chris, je l'ai ensuite écouté me raconter des bribes de sa vie. Il était tout petit quand ses parents l'avaient abandonné et il avait toujours vécu dans des familles d'accueil – une douzaine avant d'atterrir chez Rudy et Lilian dont la maison représentait ce qui se rapprochait le plus d'un vrai foyer pour lui. J'étais très attentif. Son bégaiement me rappelait, d'une certaine façon, celui que j'étais quelques mois auparavant. L'air inquiet, une expression d'angoisse dans les yeux, Chris finit par m'expliquer que c'était la dernière année qu'il passait dans une famille d'accueil.

— Comment ça se fait ? demandai-je.

La cassette changea de piste, et, déglutissant, Chris se concentra avant de répondre.

— Euh... quand on... a dix-huit ans, ben, il f... faut partir et se pr... prendre en ch... charge.

— Et toi, t'as dix-sept ans ?

Chris hocha la tête.

— Alors qui va s'occuper de toi ?

Il se tordit les mains. Je crus qu'il ne m'avait pas entendu.

Puis, à son regard affolé, je compris et le lui ai indiqué d'un signe.

Après ma bagarre avec Larry, j'adoptai un profil bas, m'efforçant de l'éviter le plus possible. Il n'empêche que, lorsque je tombais sur lui et qu'il n'y avait personne dans les parages, je l'abreuvais d'injures. C'était plus fort que moi. Tantôt il me sortait un chapelet de gros mots, tantôt il me poursuivait dans toute la maison. Bien entendu, il me rattrapait toujours et me plaquait au sol. Un jour, il me bourra le bras de coups de poing puis cria :

— Appelle-moi oncle !

Sans comprendre, je me tordis dans tous les sens pour lui échapper.

En vain. Assis sur mon torse, il continua de me frapper.

— Pas question ! hurlai-je.

Au bout de quelques minutes, le front couvert de sueur, il répétait hors d'haleine :

— Appelle-moi oncle ! Allez, renonce, morveux !

Épuisé à force de me débattre, je sentais qu'il n'en menait pas large non plus.

— Jamais ! T'es pas mon oncle ! Taille-toi.

Larry se releva en laissant échapper un rire auquel je me joignis, spontanément. Et il me donna des petites tapes dans le dos.

— Ça va, mioche ?

Je fis signe que oui.

— Je dois reconnaître que t'as du cran, morveux. Tu renonces jamais, lâcha-t-il, encore hors d'haleine. N'empêche que t'es le plus cinglé des fils de...

D'un bond, je me précipitai sur Larry que je clouai par terre de toutes mes forces. Sidéré, il me vit le menacer du doigt.

— J'suis pas fou ! Ne redis jamais ça, tu m'entends ! Jamais, jamais, jamais ! braillai-je en fondant en larmes.

À ce moment précis, Mme Catanze ferma la porte d'entrée. J'ai fixé Larry aussi longtemps que possible avant de foncer dans ma chambre.

— Allons, bon, qu'est-ce qui se passe ici ! fulmina Lilian. Vous êtes encore en train de vous bagarrer, c'est ça ? Je vous préviens que j'en ai plus qu'assez de vous deux.

— C'est pas moi, m'dame, c'est le morveux, protesta Larry à voix basse. Y tourne pas rond. Il est complètement maboul, quoi ! Je m'amusais avec lui quand, tout à coup, il s'est jeté sur moi.

En larmes, je me suis écarté de la porte où j'avais collé l'oreille.

Pourquoi étais-je si bouché à la fin ? Ce n'était pas faute d'avoir essayé de piger ce que m'avaient seriné les autres pensionnaires des familles d'accueil pour me faire accepter par les grands. Peine perdue. À croire que j'étais vraiment crétin, cinglé.

On frappa des petits coups, je sursautai. Je me suis vite essuyé le nez avec la manche de ma chemise avant d'aller ouvrir.

— Je peux entrer ? demanda Mme Catanze avec un grand sourire.

J'ai fait signe que oui.

— Alors, Larry et toi vous êtes disputés, une fois de plus ?

Lentement, j'ai hoché la tête.

— Eh bien, qu'est-ce qu'on devrait faire à ton avis ?

Éclatant en sanglots, je me suis écrié :

— J'sais vraiment pas pourquoi je suis si malheureux.

Mme Catanze m'entoura les épaules de son bras.

— Ne t'inquiète pas. On va trouver une solution.

Quelques jours plus tard, on me conduisit chez un médecin. Rudy resta dans la Chrysler bleue tandis que Lilian entrait avec moi dans le cabinet. Au bout de quelques minutes, une dame d'un certain âge vint chercher Mme Catanze, qui réapparut peu après. Et elle me chuchota que j'allais voir un docteur qui m'aiderait à me sentir mieux, « là », précisa-t-elle en montrant ma tête du doigt.

À mon tour, je suivis la dame. Elle ouvrit une grande porte et m'invita à entrer. Je le fis sur la pointe des pieds. Lorsqu'elle partit, je me retrouvai seul dans une pièce plongée dans la pénombre. Cherchant des yeux une fenêtre, je vis que tous les stores étaient baissés. L'atmosphère était sinistre. Comme je restais planté, une voix masculine rompit le silence et me fit sursauter. L'homme alluma une lampe sur son bureau.

— Viens t'asseoir, dit-il.

Docile, je me suis affalé dans un énorme fauteuil. Les yeux fixés sur l'homme, j'attendis qu'il ajoute quelque chose, n'importe quoi. *Est-ce que je suis dans la pièce qu'il faut, le bon bureau ? C'est un docteur, ce mec ? En tout cas, c'est pas possible qu'il soit psychiatre !*

Des secondes, puis des minutes s'écoulèrent. Malgré mes efforts, je distinguais à peine les traits de l'homme qui m'observait en se frottant les mains. Parcourant la pièce du regard, j'aperçus un canapé derrière moi, le long d'un mur tandis que les autres étaient tapissés d'étagères croulant sous les livres.

L'homme ne me quittait pas des yeux. Moi, je me tordais les mains. Puis, n'y tenant plus, je lui ai demandé d'une voix tremblante :

— M'sieu, excusez-moi, vous êtes psychiatre ? Vous voulez que je m'allonge sur le canapé ou est-ce que je peux rester assis comme ça ?

Mes paroles me firent l'effet de se perdre dans le vide. En guise de réponse, il s'enquit d'un ton monocorde :

— Pourquoi as-tu posé cette question ?

— Pardon ? fis-je, la tête penchée pour l'entendre.

— Je t'ai demandé pourquoi tu m'avais posé cette question, répéta-t-il en détachant chaque syllabe.

Avec l'impression de rapetisser à vue d'œil, je mis un temps fou à trouver quoi dire :

— J'sais pas.

Tout à coup, il commença à griffonner sur une feuille. La seconde suivante, son crayon avait joué les filles de l'air. Il sourit. Je lui rendis son sourire. Conscient de la bêtise de ma dernière phrase, je me creusais la cervelle pour ajouter quelque chose d'intelligent. N'ayant aucune envie qu'il me prenne pour un imbécile, je pris un air sûr de moi pour constater :

— Fait plutôt sombre ici, non ?

— Vraiment ?

Sur ce, il se remit à écrire à toute vitesse. Du coup, je compris que l'homme – enfin, le docteur – allait consigner la moindre de mes paroles.

— Et cette question, pourquoi l'as-tu posée ?

Je pris soin de peser chacun de mes mots :

— Parce qu'il fait... sombre, dis-je quémandant son approbation.

— Et tu as peur du noir, n'est-ce pas ? précisa-t-il comme si c'était la réponse pour lui.

Cinglé, il me croit cinglé, pensai-je. M'agitant dans mon fauteuil, je me tordis les mains. Si seulement Mme Catanze pouvait faire irruption et m'emmener !

Le silence s'éternisa. Mieux valait ne pas m'enferrer, je me perdis dans la contemplation de mes doigts. Le docteur toussota.

— Alors, tu t'appelles Daniel ?

— Non m'sieu, David, le corrigeai-je avec une certaine fierté. Tout de même, je connaissais mon prénom !

— Et on t'a placé dans une famille d'accueil, n'est-ce pas ?

— Oui... monsieur, répondis-je lentement, cherchant à deviner où il voulait en venir.

— Pourquoi, à ton avis ? demanda le docteur qui, les mains croisées sur la nuque, leva les yeux au plafond.

N'étant pas sûr de l'avoir compris, je lâchai bêtement :

— Pardon ?

L'air excédé, il se pencha vers moi.

— Dis-moi, comment se fait-il que tu sois en famille d'accueil ?

La question me fit l'effet d'une gifle en pleine figure, j'en eus la chair de poule. Évidemment, je n'avais pas envie de l'énerver mais je ne le comprenais pas.

— Euh... j'en sais rien, m'sieu.

Il tapota la table du bout de son crayon où il y avait une gomme.

— Tu prétends ignorer pourquoi on t'a placé dans une famille ou est-ce que je me trompe ? assena-t-il en reprenant des notes.

Affolé, je me creusais les méninges. Incapable de trouver la bonne réponse, je lançai :

— Qu'est-ce que vous écrivez, m'sieu ?

L'air fâché, le médecin cacha brusquement ses feuilles de ses bras. Je me raidis dans mon fauteuil. Il plongea ses yeux dans les miens.

— Il faudrait peut-être que je t'explique la procédure. Celui qui pose les questions, c'est moi, le psychiatre. Et toi, tu es le patient, fit-il, pointant son crayon sur moi. Est-ce que c'est clair ?

Hochant la tête comme pour m'indiquer que je devais acquiescer, il sourit lorsque je me suis exécuté.

— Bien, ajouta-t-il plus gentiment. Alors, parle-moi de ta mère.

Je me concentrai, bouche ouverte – du moins en avais-je l'impression.

Mais aucun son ne franchit mes lèvres. J'avais beau ne pas avoir inventé la poudre, je ne méritais pas d'être traité de la sorte. Le docteur enregistrait la moindre de mes expressions tout en continuant d'écrire.

— Eh bien..., commençai-je, cherchant mes mots. Ma mère... je ne crois pas qu'elle était...

D'un geste, il me coupa la parole.

— Mais non ! C'est moi qui interprète, toi tu te contentes de répondre aux questions. Bon, alors, pourquoi est-ce que ta mère te maltraitait ?

Un profond soupir m'échappa tandis que je promenais le regard derrière son bureau, cherchant à imaginer ce qu'il y avait au-delà des stores. Les bruits des voitures qui passaient devant l'immeuble me firent penser à Rudy écoutant sûrement des vieux succès à la radio, dans sa grosse bagnole.

— Daniel, aurais-tu l'amabilité de redescendre sur terre ? beugla le docteur.

Humilié d'être pris en flagrant délit de rêvasserie par cet homme, je me suis tassé dans mon siège. Au fond, je me conduisais comme un mioche.

— Alors, pourquoi est-ce que ta mère te maltraitait ?

Du tac au tac, j'ai répliqué :

— Comment vous voulez que je le sache ! C'est vous le médecin, c'est à vous de me le dire. J'y pige que dalle, moi, à vos questions... et quand j'essaie d'y répondre, vous me coupez la parole. Et d'abord, pourquoi je devrais vous parler alors que vous savez même pas comment je m'appelle ?

Comme je m'interrompais pour reprendre mon souffle, une sonnerie retentit. Le docteur appuya sur un bouton, prit son téléphone, hocha la tête, raccrocha. Il agita la main tout en rajoutant un mot sur sa feuille avant de conclure :

— Garde ça en tête jusqu'à la prochaine fois, d'accord ? C'est tout pour aujourd'hui. On se revoit... voyons, laisse-moi vérifier... dans une semaine. Ça te va ? C'est un bon début, tu ne trouves pas, Daniel ? À la semaine prochaine, au revoir, fit-il sans relever la tête.

Je l'ai regardé, stupéfait. *Alors c'est comme ça que se passe une séance chez le psychiatre ?* Quelque chose ne tournait pas rond – moi, sûrement. Au bout d'un moment, je réussis à me déloger de mon fauteuil et à gagner la porte.

— Bonne journée, marmonna le docteur quand j'ouvris celle-ci.

— Merci, monsieur, lançai-je d'une voix gaie, avec un sourire.

Mme Catanze me demanda sur-le-champ :

— Alors, comment ça s'est passé ?

— Bof ! À mon avis, je m'en suis pas très bien tiré. Je crois qu'il m'a trouvé idiot. En tout cas, il veut me revoir la semaine prochaine.

— Donc, tu lui as fait une bonne impression. Détends-toi, tu es trop anxieux. Allez, viens, on rentre à la maison.

Dans la voiture, plus mal en point que jamais, j'ai regardé les panneaux qui défilaient. De peur de tout raconter de travers et de me couvrir de ridicule, je n'arrivais pas à me confier à Lilian. Pourtant, j'en mourais d'envie.

Celle-ci interrompit le fil de mes pensées.

— Alors, comment te sens-tu ?

— Couci-couça, répondis-je d'un ton ferme en croisant les bras.

— Eh bien... (Elle chercha les mots propres à me remonter le moral.) Il faut du temps.

La séance suivante fut tout aussi bizarre.

— Aujourd'hui, Daniel, j'aimerais que tu me parles de ce que tu ressentais quand ta mère te maltraitait. Si je me souviens bien... (Le médecin feuilleta mon dossier étalé sur son bureau.) Oui, c'est ça..., marmonna-t-il dans sa barbe. Quand tu avais huit ans, ta mère... (Il chaussa ses lunettes pour lire la page...) t'a pris le bras – le bras droit – et l'a tenu au-dessus d'une cuisinière. C'est exact ?

Une bombe explosa dans mon ventre. Les mains tremblantes, j'eus la sensation d'être en caoutchouc.

J'ai épié les moindres mouvements de son visage lorsqu'il a reposé, d'un geste négligent, la feuille sur laquelle figurait la description des horribles supplices que j'avais endurés. *Ma vie est griffonnée sur ce bout de papier, et elle est entre les mains de cet éminent toubib qui n'est même pas fichu de se rappeler mon nom. C'est complètement dingue !*

— À ton avis, pourquoi ta mère a-t-elle voulu te brûler ce jour-là ? Tu n'as pas oublié l'incident, n'est-ce pas... Daniel ?

Envahi par le passé, je me suis frotté le bras.

— Dis-moi, ajouta-t-il. Qu'est-ce que tu éprouves pour ta mère ?

— David, le repris-je, froidement. Je m'appelle David. C'est une malade mentale et vous aussi d'ailleurs.

Le médecin ne cilla pas.

— Tu la détestes, hein ? C'est très compréhensible. Laisse-toi aller. Exprime-toi. Il faut bien commencer quelque part si l'on veut tenter de résoudre tes problèmes...

La voix du docteur devint indistincte ; mon bras me démangeait.

Comme je le grattais, les yeux baissés, je m'aperçus qu'il s'embrasait. Je faillis sauter de mon fauteuil tandis que je le secouais pour éteindre le feu. Les poings serrés, je soufflai dessus. *Mon Dieu, ce n'est pas possible ! Aidez-moi ! Je vous en supplie, aidez-moi !* essayai-je de crier au psychiatre sans qu'un son franchisse mes lèvres. Les joues inondées de larmes, j'étais sûr que des flammes teintées d'orange et de bleu dansaient sur mon bras...

— Oui ! C'est ça, lança le médecin. C'est parfait, laisse-toi aller ! Et maintenant, Daniel, dis-moi ce que tu ressens en ce moment précis ? Es-tu... bouleversé ou te sens-tu agressif ? As-tu envie de te défouler sur quelqu'un ou sur quelque chose ?

Lorsque je regardai de nouveau, le feu avait disparu. Je n'en tremblais pas moins – malgré moi – de tous mes membres. Dans l'espoir de me réconforter, je soufflai sur mon bras replié sur ma poitrine. Sans le lâcher, je me suis mis debout en m'essuyant le visage tant bien que mal avant d'ouvrir la porte.

Le médecin se leva précipitamment.

— D'accord, tu peux partir plus tôt. Nous avons fait des progrès aujourd'hui. Il ne faut pas que ça te perturbe, je te donne rendez-vous...

Bang, je claquai la porte de toutes mes forces.

Dans le bureau de réception, la secrétaire sursauta sur sa chaise.

Comme je m'arrêtais à sa hauteur, elle eut l'air de vouloir me gronder. À la vue de mon expression toutefois, elle renonça et se détourna pour décrocher son téléphone. Le patient qui attendait me dévisagea, lui aussi, alors que je sortais du cabinet.

Sans faire exprès, je fermai à toute volée la portière de la voiture de Lilian. Son livre lui échappa des mains.

— David ! Qu'est-ce... Tu es en avance. Tout va bien ?

— Non, non et non ! criai-je, les mains entrecroisées. (Et,

montrant l'immeuble du doigt, je continuai.) Ce mec est braque ! Aujourd'hui, il a voulu savoir ce que j'avais ressenti quand...

— Ma foi, c'est son boulot, David. C'est lui le docteur. Je suis persuadée qu'il ne cherche qu'à t'aider.

— C'est pas vrai ! Il pose pas le même genre de questions que vous ou que Mme Gold. Les siennes, elles sont tordues. « Quel effet ça fait de brûler vif sur une cuisinière ? Oh, mais c'est parfaitement compréhensible que tu détestes ta mère », fis-je en le parodiant. Avec lui, je sais pas quoi dire ni comment me comporter. Il est bizarre. Je crois que c'est lui le malade qui a besoin d'aide, pas moi.

— C'est pour ça que tu étais chamboulé la semaine dernière ? Il t'avait traité de la même manière ? demanda Lilian.

— Oui. Moi, je suis paumé. Si vous saviez comme je me sens idiot – un *Moins que rien*. Bon, ce qui est arrivé avec La Mère, je m'en souviens très bien et c'était peut-être de ma faute. En tout cas, j'essaie de l'oublier. L'alcool, ça rend sans doute, enfin sûrement, maman malade, mais je dois savoir si je le suis moi aussi, si je vais finir comme elle. Tout ce qui compte, c'est que je comprenne ce qui est arrivé alors qu'on était une famille idéale.

Ça y est, j'avais tout sorti ! Du coup, je m'étirai sur le siège du passager. Lilian se pencha vers moi.

— Tu te sens mieux ?

— Et comment, m'dame !

Elle démarra. Mourant de sommeil, je me tenais le bras, juste au-dessus du poignet. Luttant pour garder les yeux ouverts, je lançai avant de m'endormir :

— Je ne veux plus jamais y retourner.

Les jours suivants, je suis resté enfermé dans ma chambre jusqu'à ce que le grand Larry me propose de venir le regarder jouer au bowling. Ravi, j'acceptai. Et nous voilà partis sur nos vélos, mon presque grand frère et moi, pour une nouvelle aventure. Après avoir roulé dans les rues de Daly City, on finit par s'engager dans celle qui menait au parking de l'école primaire

Thomas Edison. Je ralentis pour observer les enfants qui s'amusaient sur les balançoires et finis par m'arrêter complètement, humant l'odeur d'écorce qui flottait dans l'air. On aurait dit qu'une éternité s'était écoulée depuis l'époque où je jouais dans cette cour de récréation.

Une nappe de brume épaisse plana au-dessus de l'école avant de l'envelopper. Les silhouettes des enfants s'évanouirent comme si elle les avait engloutis et seuls leurs rires m'indiquèrent leur présence.

M'arrachant à ce flot de réminiscences, je grimpai une autre côte en appuyant sur les pédales. Au bout de dix minutes, Larry et moi freinions devant l'épicerie où j'allais piquer des trucs pendant la récréation. Du coup, persuadé qu'on allait me reconnaître, je me suis accroché aux basques de Larry.

— Ça va ? demanda celui-ci tandis qu'on arpentait les allées.

— Ouais, chuchotai-je.

Aux aguets, j'avançais lentement. N'y tenant plus, j'ai attrapé Larry par la ceinture pour lui dire de ralentir. C'est que j'étais dans le domaine de La Mère.

— Hé, mec, c'est quoi ton problème ?

— Chut ! J'habitais dans le coin avant.

— Vraiment ? C'est marrant, fit Larry, la bouche pleine, alors qu'on sortait du magasin. C'est pour ça que t'avais l'air tout chose devant l'école tout à l'heure.

— Sans doute...

Une fois que Larry eut englouti deux choux à la crème, des Mars, deux boissons gazeuses, on mit le cap vers le bowling. La pente de Eastgate Avenue étant trop raide, je descendis de vélo pour continuer à pied. Mais quand j'ai croisé Cresline Avenue, j'ai braillé :

— Arrête !

Derrière moi, Larry haletait comme un chien.

— Qu'est-ce qu'il y a ?

— Tu veux bien qu'on fasse un détour par cette rue ?

De la buée s'échappa de sa bouche tandis qu'il me répondait :

— D'accord. Qu'est-ce que tu me donnes en échange ?
— Tu me promets de pas cafter ?
— Oui. Alors, c'est quoi ton idée ?
— N'en parle à personne... mais j'habitais cette rue.
Larry tourna la tête pour regarder son nom.
— Génial ! Quelle maison ?
— La verte sur la gauche, à peu près au milieu, dis-je en la lui montrant du doigt.
— Hum, je suis pas certain que ce soit une bonne idée, déclara-t-il en secouant la tête. Maman te l'interdirait sûrement. Non, décidément, c'est pas une bonne idée ! Et si ta mère ou tes frères étaient dehors ?
Mon vélo planqué derrière des buissons, j'épiais la rue tandis que Larry trébuchait derrière moi. Mon cœur battait à grands coups, non seulement je désobéissais mais je me mettais en danger.
— Si tu décides d'accepter cette mission, souffla Larry comme si on on nous confiait un boulot dans *Mission Impossible.*
— Viens, la voie est libre, affirmai-je en lui faisant signe.
— Je suis pas d'accord.
— S'il te plaît, le suppliai-je. Je ne t'ai jamais rien demandé et Mme Catanze n'en saura rien. En échange... j'me taperai tes corvées pendant une semaine, ça te va ?
— D'accord. Après tout, c'est ta peau.
Sautant sur mon vélo, je descendis la pente en freinant à moitié. Il n'y avait personne et la porte du garage était fermée. Comme je roulais devant la maison verte et noire, j'ai poussé un cri de joie : *Qu'est-ce que c'est chouette !* C'est alors que deux têtes apparurent à la fenêtre de la chambre de mes frères.
— Merde !
— Qu'est-ce qu'il y a ? demanda Larry.
— Fonce, grognai-je.
— Quoi ?
— Y faut se grouiller, j'te dis.
— C'est quoi le problème ?

— Pas maintenant. Allez, fonce ! Vite, vite !

Penché sur mon guidon, je pédalais de toutes mes forces au point que je crus que ma chaîne allait sauter. Au bout de la rue, je m'arrêtai en dérapant, le cœur battant la chamade. Nul doute que la porte du garage allait s'ouvrir, La Mère en sortir pour me poursuivre dans son break, ou mes frères à bicyclette. J'avais déjà plusieurs issues en tête pour leur échapper.

— T'as vu ça ?

— Quoi ? Hé, t'as la berlue, mec ! répondit Larry.

— La fenêtre ! m'exclamai-je, hors d'haleine, en pointant le doigt vers la maison. Mes frères m'ont vu, j'en suis sûr.

À l'affût du moindre bruit ou mouvement provenant de la maison, je ne la quittais pas des yeux.

Rien.

— Ma parole, t'as la tête farcie d'images de James Bond... T'as des visions, mon pote. Allez, on met les bouts et n'oublie pas notre marché, lança Larry.

— Oui, à condition que Mme Catanze ne découvre rien, ai-je claironné en essayant de le rattraper.

À notre retour, un frisson me parcourut l'échine.

— Qu'est-ce qu'on fait ? chuchotai-je à Larry qui, l'air désarçonné, me répondit :

— Écoute, je vais monter manger un morceau et voir ce qu'il en est, d'accord ?

J'acquiesçai, le regardant du pied de l'escalier. L'instant d'après, Mme Catanze surgit. Instinctivement, je battis en retraite.

— Larry, cria-t-elle. Amène-toi par ici. Et plus vite que ça ! Quant à toi, poursuivit-elle, le doigt tendu vers moi, je vois très bien où tu es. File dans ta chambre, tu ne perds rien pour attendre. Allez, obéissez tous les deux !

Les yeux écarquillés, j'affichai un grand sourire.

— Moi ?

Comme elle mettait les mains sur les hanches, je compris que j'étais vraiment dans le pétrin. Réfugié dans ma chambre, je me suis creusé la cervelle à chercher les bêtises que j'avais pu faire. Ces derniers temps, je n'avais pas piqué de bonbons et j'évitais Larry junior comme la peste. Alors ?

En tout cas, je n'avais pas besoin de tendre l'oreille.

— ... tu es censé être responsable de David quand il est avec toi. Ce n'est qu'un gamin. Tu t'en es rendu compte, non ?

— Voyons, maman. À douze ans, il est bien assez grand pour se prendre en charge. En plus, on n'a rien fait de mal, répliqua Larry du tac au tac.

Voilà qui n'éclairait pas ma lanterne.

— Ah non ? Dans ce cas, pourquoi est-ce que sa mère – la reine mère en personne – m'a tenu le crachoir tout l'après-midi au téléphone ?

Patatras ! me dis-je, la gorge nouée. Une portière de voiture claqua dehors. Je bondis à la fenêtre et distinguai Rudy qui me fit signe de la main. Puis, vautré sur mon lit, j'attendis mon tour.

— Monsieur Pelzer, vous êtes prié de venir immédiatement, cria Lilian.

En deux temps trois mouvements, je fus dans la cuisine. Pour difficile que soit ma situation, elle n'était pas inextricable. Mme Catanze ne me flanquerait sûrement pas une raclée. Tout de même, je me demandais le sort qu'elle me réservait. C'était la première fois que je me retrouvais dans ce que le grand Larry baptisait « œil du cyclone ».

— Ose me dire, m'apostropha Lilian, les mains sur les hanches, ose me dire que ce n'est pas toi qui as convaincu ce protozoaire ambulant de t'emmener près de chez ta mère !

Anxieux, j'essayai de l'avoir au charme en lui décochant mon plus beau sourire.

— Proto ?

— Un insecte sans cervelle ! Et c'est le sort qui t'attend si tu ne me fournis pas d'explication satisfaisante !

Rudy fit irruption et s'écria :

— Nom d'un chien, qu'est-ce qui se passe ici ?

— Ne bougez pas ! Pas un geste ! ordonna Lilian en se tournant vers son mari.

À son insu, j'étouffai un gloussement tant sa remarque sur Larry était tordante. L'image de celui-ci pourvu d'yeux globuleux, d'ailes immenses, voletant partout en quête de miettes s'imposa à moi. C'était la première fois que je voyais Lilian dans cet état. Ma foi, je n'avais qu'à me mettre à l'abri en attendant la fin de l'orage. *Mais enfin, qu'est-ce que j'ai fait de si grave ?*

Il n'empêche que Larry avait l'air d'avoir essuyé une tempête en pleine mer.

Lilian s'approcha de Rudy qui nous fusillait alternativement du regard, Larry et moi.

— Figure-toi que nos deux oisillons n'ont rien trouvé de mieux que de faire un tour du côté de chez la mère de David.

— Bon sang ! s'exclama Rudy.

Planté devant eux, je ne mesurais toujours pas les conséquences de mon acte.

— Je suis désolé, balbutiai-je. Tout est de ma faute. C'est moi qui ai entraîné Larry. Mais on a simplement descendu la rue à vélo, qu'est-ce qu'il y a de si grave ? demandai-je innocemment.

— Eh bien, ta mère est restée pendue au téléphone à déblatérer sur ton compte. Il paraît que tu semais la terreur dans la rue.

— C'est pas vrai, elle ment ! On s'y est baladé, rien de plus ! On n'a rien fait de mal, je vous le jure.

— David, me morigéna Lilian en poussant un gros soupir. Tu n'as pas le droit de t'approcher de sa maison, d'elle ou de ses enfants.

— Une minute ! m'écriai-je en levant les bras. Ça veut dire quoi que je n'ai pas le droit ?

Mais je ne réussis pas à attirer l'attention de Lilian qui poursuivit, intarissable.

— Et ce n'est pas tout. Ta mère – ma parole, elle se prend pour mère Teresa – m'a menacé de trouver quelqu'un d'autre pour s'occuper du garçon si je n'arrivais pas à m'en sortir avec toi.

Les mots – « avoir le droit », « s'occuper » – se bousculaient dans ma tête.

Lilian se pencha vers moi.

— Je t'interdis de jamais recommencer ça ! Jamais. Tu es puni !

— Puni ?

— Parfaitement, jusqu'à ce que je décide de te permettre de sortir, acheva-t-elle sans reprendre son souffle.

Incrédule, Larry s'adressa à moi :

— Je t'avais prévenu que c'était une mauvaise idée.

— Alors, c'est tout ? demandai-je.

J'avais beau réaliser que Lilian était folle de rage, je ne m'attendais pas à... à dire vrai, je ne savais pas à quoi m'attendre. *En tout cas, ça c'est supportable*, pensai-je.

Comme le grand Larry s'épongeait le front, Lilian se dirigea vers la cuisine.

— Fais-moi le plaisir de cesser d'avoir ce sourire narquois, me lança-t-elle. Ah ! j'oubliais – ton père vient te voir demain matin à 7 heures. Il faudra te lever tôt, c'est possible ?

— Oui, m'dame, rétorquai-je, penaud.

— Quant à toi, hurla-t-elle à l'intention de Larry. File dans ta chambre.

— J'y suis vraiment obligé ? demanda ce dernier en haussant les épaules.

— Et que ça saute, aboya Lilian.

Dès que Larry fut sorti de la cuisine, elle s'essuya les yeux avant de s'adresser à moi :

— Viens t'asseoir et ouvre bien tes oreilles. Ta mère... (Elle s'interrompit pour s'éclaircir la voix.) Vois-tu, David, ça fait une éternité que je m'occupe de gosses, d'enfants comme toi, mais je n'ai jamais rencontré une femme aussi froide que ta mère.

— À qui le dites-vous !

— David, ce n'est pas le moment de faire des bêtises. Tu es un enfant placé en famille d'accueil, c'est important que tu le comprennes parce ça te désavantage. Tu dois faire attention à ce que tu dis, à ce que tu fais. Au moindre problème, on... on pourrait perdre ta garde.

C'était sérieux, je le saisis à son ton grave. Il n'empêche que ça me passait au-dessus de la tête.

Lilian, qui s'en aperçut, enfonça le clou.

— David, si tu t'attires des ennuis, tu vas te retrouver dans un centre... de détention. C'est là qu'on expédie des enfants placés qui posent des problèmes, et je te garantis que l'endroit ne te plairait pas. J'ignore ce que mijote ta mère, mais tu as intérêt à filer doux, mon bonhomme, sinon tu risques d'être aux arrêts pendant un an.

Lilian me tapota les genoux avant de sortir de la cuisine.

À l'évidence, La Mère lui servait de croque-mitaine. Mais celle-ci ne pouvait plus me récupérer à présent que j'étais sous la tutelle d'une famille d'accueil... n'est-ce pas ?

— Hé, madame Catanze, qu'est-ce que ça veut dire « aux arrêts » ? criai-je.

— Ne t'en fais pas, tu le découvriras bien assez tôt, lança-t-elle en riant du couloir. Tu le supporteras.

Les paroles de Lilian me trottèrent dans la tête toute la soirée. Elle sortit dîner dehors avec son mari. Dès son départ, j'eus envie d'appeler La Mère, pour lui parler, entendre sa voix – si étrange que ça paraisse. J'eus beau décrocher le téléphone un nombre incalculable de fois, je fus incapable de composer le numéro.

Connie se pointa dans la cuisine alors que j'essuyais mes larmes.

— Hé, qu'est-ce que tu as ?

Je lui ai raconté mon dilemme, en sanglotant. Sans mot dire, Connie prit le combiné. L'instant d'après, je faillis m'étrangler en entendant un disque enregistré annoncer que le numéro de La Mère n'était plus en service. Obstinée, Connie téléphona aux renseignements où on le lui confirma.

Abasourdi, je restai planté devant la jeune fille sans savoir comment réagir. Quoi qu'il en soit, c'était un tour de La Mère pour m'empêcher d'avoir son numéro.

Le petit ami de Connie vint la chercher. Après leur départ, je m'installai devant la télé. C'était la première fois que je me retrouvais seul dans la maison. Comptant les heures qui me séparaient de la visite de papa le lendemain matin, je m'endormis devant l'écran qui se brouillait.

À mon réveil, je m'extirpai de mon lit en me frottant les yeux, incapable de me souvenir comment je m'étais couché. Je me mis sur mon trente et un, me débarbouillai deux fois avant de filer au salon où, droit comme un piquet dans l'embrasure de la fenêtre, je me mis à guetter papa.

Malgré les contractions de mes épaules, je gardai la même posture tandis que l'horloge du salon affichait 7 heures. À 7 h 35, le vrombissement familier de la Volkswagen empruntée de papa se fit entendre. Sourire aux lèvres, je me passai la main dans les cheveux. Par la fenêtre, je vis une Volkswagen marron clair grimper difficilement la pente, puis continuer sans s'arrêter. *Peut-être qu'il n'a pas la bonne adresse, il va rebrousser chemin dans une minute.*

À 7 h 55, une autre coccinelle roula devant la maison de Lilian.

Dès lors, je n'eus de cesse de me convaincre que je m'étais trompé d'heure. Papa devait venir me prendre à 8 heures, non à 7. *Quel imbécile t'es,* m'injuriai-je.

Il fut bientôt 8 heures. Et le temps passa de même qu'une douzaine de voitures. Dès que j'en apercevais une, je ne doutais pas que c'était celle de papa.

Vers 9 heures, Lilian se dirigea vers la cuisine en bâillant.

— David, tu es encore là ? lança-t-elle.

Je n'eus même pas la force de répondre.

— Attends que je vérifie. Je suis pourtant sûre que ton père a dit 7 heures, je l'ai noté sur mon calepin.

— Je sais, m'dame, fis-je, essayant de ne pas montrer ma déception. Il va arriver d'un moment à...

Une Volskwagen pétarada dans la rue, je tournai brusquement la tête.

— ... Regardez, le voilà ! m'égosillai-je, le doigt tendu vers la fenêtre.

Voulant absolument que Lilian soit à côté de moi à l'arrivée de papa, je m'emparai de sa main.

Le conducteur de la voiture ne ralentit que pour rétrograder avant d'accélérer. Je lâchai la main de Lilian qui me regarda comme si elle voulait me consoler.

Une boule dans la gorge, le cœur en charpie, j'ai hurlé :

— Ne dites rien ! Il va arriver ! J'en suis certain ! Dans une minute, il sera là ! Vous allez voir. Il m'aime, mon papa, et on va vivre ensemble... être heureux pour toujours. La Mère ne m'aime pas, ça c'est sûr, mais mon papa si. C'est elle qui a besoin d'un psychiatre, pas moi. C'est elle qui est malade...

La poitrine comme dans un étau, je continuai de déblatérer de la sorte jusqu'à ce qu'une main me saisisse l'épaule. Le poing droit serré, je fis volte-face et balançai mon bras. À peine eus-je distingué ma cible que je voulus le retenir. En vain. Mon poing s'abattit sur l'avant-bras de Rudy.

Je le fixai de mes yeux noyés de larmes. Rudy ne m'avait jamais vu dans cet état. Sur le coup, je voulus m'excuser mais j'en fus incapable. J'en avais marre de me justifier à tout bout de champ. De ne pas comprendre ce qu'on me disait. De me sentir humilié par Larry junior, par ce cinglé de psychiatre. De rouler en vélo dans une rue. D'avoir envie d'entendre la voix de ma mère. Et voilà que je me croyais coupable d'avoir mal compris l'heure de la visite de mon père.

Depuis le début, je savais qu'il ne viendrait pas. Sans doute s'était-il égaré dans un bar ; de toute façon, il ne m'avait encore jamais rendu visite. Cela ne m'empêchait pas d'espérer – chaque fois – que ça allait changer, que papa apparaîtrait et que nous passerions un bon moment tous les deux.

À dire vrai, j'étais incapable de supporter la réalité. *Au nom du ciel, comment en suis-je arrivé là ?* Comme je posais cette question toujours planté dans l'embrasure de la fenêtre, je réalisai que j'allais passer une fois de plus la journée sous mes couvertures – mon seul refuge.

Mon regard navigua de Rudy à Lilian. Malgré mon envie de leur expliquer que j'étais désolé et à quel point j'étais malheureux, je ne réussis pas à ouvrir la bouche. Et, me dirigeant vers ma chambre, j'entendis Rudy chuchoter à Lilian :

— Ma foi, nous avons là un gros problème.

6.

Le dur à cuire

Quelques semaines avant mon entrée en sixième, je m'étais endurci. De toute façon, au bout du rouleau, j'en avais marre des hauts et bas de ma nouvelle vie. Si, d'un côté, j'étais aux anges de jouer au soleil, de l'autre j'avais peur des autres enfants qui m'asticotaient. Sans compter les heures passées à attendre – comme un chien bien dressé – les éventuelles visites de papa qui ne se concrétisaient jamais. Conscient de ma métamorphose, je m'en fichais. Il fallait bien survivre et, pour ce faire, je devais me blinder pour ne plus être blessé par qui que ce soit.

Plus souvent qu'à mon tour, boudant le parc, j'allais en vélo à l'épicerie du coin où je piquais autant de bonbons que possible. Non pas tant pour le plaisir de les manger – il y en avait beaucoup trop –, mais pour celui de ne pas me faire prendre. C'était exaltant de calculer tous mes mouvements, et un frisson me parcourait l'échine quand je sortais du magasin sans être pris. Il m'arrivait de dévaliser la même boutique deux ou trois fois dans la même journée. Les confiseries que je ne ramenais pas chez Mme Catanze, je les donnais aux gosses dans le parc à moins que je ne les laisse en petits tas devant la boutique.

Quand ça ne m'amusa plus, je jetai mon dévolu sur des articles plus importants, comme les modèles réduits. Je finis par devenir tellement sûr de moi que j'entrais en roulant des mécaniques dans les magasins où j'en piquais d'énormes et dont je ressortais tranquillement – le tout en un rien de temps. Des gosses du voisinage qui avaient entendu parler de mes distributions de bonbons m'accompagnaient pour m'observer. J'adorais être le centre de leur attention. Tant et si bien qu'ils en vinrent à me mettre au défi de voler pour eux. La chose qui comptait pour moi, c'était d'être accepté – comme chez tante Mary, lorsque je jouais avec les petits et que j'étais si content de les entendre m'appeler par mon nom ou me dire bonjour dans le parc.

Si je décidais de voler quelque chose de valeur, je me concentrais. Avant de me lancer, je passais en revue dans mon esprit les allées du magasin retenu et la disposition des rayons de jouets. Naturellement, je prévoyais aussi ma fuite. Dans l'éventualité où je me ferais surprendre, il y avait la possibilité d'un mensonge au pied levé, ou celle de prendre mes jambes à mon cou.

Une fois, une bande de gamins se posta devant le magasin. Quant à moi, robot – à mi-chemin entre un être humain et une machine –, j'avais pour mission de voler, puis de décamper. Johnny Jones avait envie d'un modèle réduit de Forteresse volante B-17. Il ne me restait qu'à relever le défi. Après trois grandes respirations, j'ouvris la porte vitrée sous les encouragements des gosses que je fis taire d'un geste. Voulant assister à mon exploit, Johnny se trouvait quelque part à l'intérieur – ça m'était égal, je n'avais en tête que mon objectif.

Pour éviter de me faire remarquer par les caissiers, je m'engageai dans l'allée qui menait au fond du magasin. Ensuite, je tournai à droite et ralentis l'allure. Mes oreilles, tels des radars, s'efforçaient de distinguer les clients des employés. D'un pas encore plus lent, je bifurquai une fois de plus à droite en m'assurant d'un coup d'œil qu'il n'y avait personne derrière moi. La voie était libre. Le cœur battant, j'aperçus l'objet convoité sur la dernière étagère de la rangée. L'espace d'une fraction de seconde, j'eus l'impression que quelque chose clochait. Je faillis renoncer. *Pas question.* Comme je levais les mains vers l'étagère, un bruit de pas résonna. Refusant de me laisser distraire, je me dressai sur la pointe des pieds. L'instant d'après, j'attrapai le trophée. Lorsque je remontai l'allée, impassible, je croisai Johnny dont le visage était barré d'un grand sourire.

Mon cœur battait la chamade. *Et maintenant, le plus difficile.* La porte s'ouvrant sur la victoire se trouvait devant moi. Avec un mouvement imperceptible de la tête, je m'efforçai de discerner si l'on me suivait ou m'ordonnait de m'arrêter. Le moment épineux était arrivé. Crispé, j'allongeai le bras pour entrebâiller la porte – juste assez pour m'y faufiler. Ainsi, un éventuel poursuivant perdrait du temps à l'ouvrir en grand et les secondes gagnées me permettraient de filer. Content de moi, je me félicitai d'avoir prévu les moindres détails.

Dehors, la bande de gosses applaudissait en m'appelant à cor et à cri. Et Johnny, les yeux comme des soucoupes, l'avait rejointe. Ma concentration se relâcha un instant – une fraction de seconde – tandis que je me demandais si ce dernier exploit me ferait davantage accepter par la bande. À plusieurs reprises, les gamins m'avaient cherché noise, joué des tours dont je n'étais pas dupe. N'empêche, c'était mieux que rien.

La tête haute, sourire aux lèvres, je lâchai la porte. Les gamins, qui riaient à présent à gorge déployée, attiraient l'attention. Je crus entendre la porte s'ouvrir derrière moi. Les éclats de rire redoublèrent quand je me suis préparé à balancer le trophée à Johnny qui en avait les larmes aux yeux. Je me mis à rire avec eux.

— David, beugla alors Johnny. J'aimerais... Oh, c'est la meilleure. Bon, j'aimerais te présenter mon père.

On aurait dit que mes pieds étaient des blocs de glace quand je me retournai, apercevant un homme en veston rouge qui portait un badge : *M. Jones, gérant.*

Celui-ci m'arracha la boîte des mains avant de m'attraper par la chemise. Il me fit entrer dans le magasin devant lui. Comme la porte vitrée se refermait, j'ai tourné la tête. Appuyés sur leur vélo, les garçons criaient à tue-tête : « T'es foutu ! »

— Ça fait un bout de temps qu'on t'a à l'œil, David. Mon fils m'a tout raconté à ton sujet...

Je n'en revenais pas de ma bêtise. Ce n'était pas mes chapardages – commis en connaissance de cause et avec la certitude qu'un jour ou l'autre ça tournerait mal – que je regrettais, mais d'être tombé tête baissée dans le piège. D'autant que Johnny ne se privait pas de piquer des bonbons dans le magasin contigu à celui de son père. *J'aurais dû me méfier, me douter qu'ils ne pouvaient pas me considérer comme un des leurs.*

Une heure après, je suis rentré à la maison. À peine à l'intérieur, j'entendis Lilian se lever précipitamment du canapé. Les mains sur les hanches, écarlate, elle m'attendit en haut de l'escalier que je montai d'un pas lourd.

Dans la cuisine, Lilian me bombarda de questions, m'abreuva de considérations sur mes perpétuels écarts de conduite. Le regard posé sur son visage que je ne voyais pas, je hochais la tête quand je sentais qu'une réaction s'imposait. Après quoi, je voulus la convaincre que je regrettais mon geste, mais ça ne sonna pas juste. Le cœur n'y était pas. Enfin, je me suis traîné jusqu'à ma chambre. Et allongé sur mon lit, j'ai fixé le plafond. J'étais privé de sorties pendant une semaine. *La belle affaire.*

Au retour de Rudy, je dus subir ses foudres. Laissant échapper un soupir, je pensai : *En avant pour le deuxième round.*

— Vraiment, je ne comprends pas ce que tu as, fulmina-t-il. En tout cas, je te préviens, je ne veux pas de voleur chez moi ! J'ai fermé les yeux sur des petits trucs, et Lilian a un faible pour toi. Ça, je l'accepte. En plus, je sais que tu en as vu des vertes et des pas mûres... mais tu dépasses les bornes. J'en ai marre des insanités, des bagarres, des hurlements, des coups de fil de ta mère, des portes qui claquent. D'ailleurs, est-ce que t'as une idée du prix d'une porte ?

Je fis signe que non.

— Eh bien, ça coûte beaucoup plus d'argent que tu n'en gagneras jamais. Je trime. Je vous aime, vous les gosses. Mais les conneries, ça suffit. Tu m'entends ? hurla-t-il.

Je fis signe que oui tout en sachant que Rudy se rendait compte que je m'en fichais.

— À propos, c'est toi qui piques mes cigarettes ?

— Non, m'sieu !

— Et tu t'imagines que je te crois ! Si j'apprends encore une fois que tu as causé des problèmes, je t'expédie au foyer à coups de pied aux fesses.

Je m'animai.

— C'est quoi le foyer ?

— Tiens, on dirait que ça t'intéresse ! Tu n'as qu'à demander aux autres, lança Rudy en pivotant sur ses talons. Par exemple, à Larry junior que j'y ai emmené une ou deux fois. Pas vrai, Larry ?

Une expression craintive s'afficha sur le visage de celui-ci qui gloussait dans le dos de Rudy.

— Si, papa, confirma-t-il d'un ton peureux, baissant la tête.

— Non que j'en aie envie – je te trouve encore un peu jeune pour ça – mais je te garantis que, s'il le faut, je te botterai le cul et t'y traînerai en bagnole. S'il y a une chose que je ne tolère pas chez moi, c'est un menteur doublé d'un voleur.

Lilian s'approcha de Rudy qui soufflait comme un bœuf.

— C'est ce qui va se passer, quitte à briser le cœur de Lilian, reprit-il. Est-ce que je me fais bien comprendre ?

J'acquiesçai.

— Tu as perdu ta langue ?

— Oui, m'sieu, répondis-je, d'un air de défi.

— Dans ce cas, file dans ta chambre. Tu es privé de sorties.

J'obéis. Et ressassant ma rancœur, je me répétais : *Privé de sorties, la belle affaire.* En fait, je n'en voulais pas à Rudy ni à Lilian de leurs engueulades, ni à Johnny ni aux autres gamins du piège qu'ils m'avaient tendu. J'étais furieux d'avoir baissé la garde. *Comment as-tu pu être aussi bête ?* Puis, sautant de mon lit, j'ai fait les cent pas, exaspéré par la tournure que prenait ma vie.

Ce samedi, je ne me suis pas appliqué aux travaux ménagers. Après un coup d'aspirateur dans le salon, un vague coup de chiffon sur les meubles, je m'estimai quitte. Quand Rudy emmena Lilian faire des courses, je m'assis dans son fauteuil à dossier réglable, sautant d'une chaîne de télé à l'autre. Bon, les dessins animés du matin étaient terminés.

Du coup, je suis allé regarder dehors par la fenêtre du salon. La pensée que papa viendrait peut-être demain me traversa l'esprit. Comme je me fichais de ma gueule – *Ça tu peux toujours courir* –, la silhouette d'un enfant qui, perché sur son vélo, dévalait la pente à toute berzingue, capta mon attention.

Je fonçai dans ma chambre, vidai ma tirelire, attrapai mon blouson avant de redescendre quatre à quatre. Après quoi, fier comme Artaban, je sortis ma bicyclette et fis exprès de claquer la porte à toute volée. J'avais décidé de faire une fugue.

Électrisé par le vent qui me fouettait le visage, j'ai monté et descendu les rues en pente jusqu'au cinéma de Daly City. Ma bicyclette garée, je m'engouffrai dans la salle où je vis trois fois de suite un film de James Bond. L'employé finit par me vider à la fermeture. C'est alors que je pris conscience des conséquences de ma décision. Un brouillard froid et humide me transperça tandis que j'ouvrais le cadenas de mon vélo. D'autant plus que j'étais affamé. Je comptai ma monnaie : deux dollars et trente cents. Il valait mieux oublier ma faim et me préoccuper d'un endroit où dormir. Pour me réchauffer, je fis plein de tours à bicyclette, ne m'apercevant qu'il était plus de minuit qu'en passant devant des maisons plongées dans l'obscurité.

À un moment, j'ai roulé devant la cour de récréation de mon ancienne école, où le vent faisait grincer les balançoires. Ensuite, marchant à côté de mon vélo, j'ai grimpé la côte, interminable, de Eastgate Avenue. Une fois au sommet de Crestline Avenue, je me suis caché derrière les buissons – exactement comme quelques semaines auparavant –, pour observer la rue noyée de brume.

Ce fut plus fort que moi, je m'y engageai, m'arrêtant quelques maisons avant celle de La Mère. Une lumière jaune filtrait à travers les rideaux de sa fenêtre. Est-ce qu'elle pensait autant à moi que moi à elle ? Une rafale souffla, je remontai le col de ma veste en songeant que cette maison que j'épiais n'avait rien à voir avec celle que fréquentait la troupe de scouts du temps où La Mère en était l'animatrice, pas plus qu'avec celle qui était la mieux décorée pour Noël. La lumière de sa chambre s'éteignit. Je fis une prière avant de repartir vers le quartier du cinéma. Cette nuit-là, je m'endormis en grelottant sous un appareil à air conditionné.

La journée du lendemain, je l'ai passée au cinéma à somnoler devant un film de Bruce Lee. À la fermeture, je suis allé dans un restaurant du coin, dévorant des yeux les plats qu'on glissait sur le comptoir. Le propriétaire qui m'avait à l'œil depuis deux jours m'aborda. Il n'eut pas besoin de beaucoup insister pour que je lui donne le numéro des Catanze. J'eus tout de même le temps d'engloutir un hamburger avant l'arrivée de Rudy dans sa Chrysler bleue.

— Écoute, David, commença celui-ci. Je veux bien passer l'éponge. Mais tu ne peux plus continuer comme ça. Ce n'est pas une vie – ni pour toi, ni pour nous. Il faut te reprendre.

Dès mon retour à la maison, je pris un bain rapide avant de me coucher tandis que Rudy et Lilian discutaient de mon cas.

Mme Gold passa le lendemain. Ses visites étaient rares. En tout cas, elle n'avait pas son enthousiasme habituel et elle oublia de me serrer dans ses bras.

— Alors, qu'est-ce qui ne va pas, David ? demanda-t-elle sévèrement.

J'ai évité son regard en me tripotant les mains.

— Pourquoi vous venez jamais me voir ?

— Voyons, tu sais bien qu'il y a plein d'autres enfants qui ont autant besoin de mon aide que toi. Tu comprends ça, n'est-ce pas ?

— Oui, m'dame.

J'avais beau me sentir coupable de l'accaparer ainsi, j'étais malheureux de ne plus la voir aussi souvent qu'avant le procès.

— David, Mme Catanze m'a dit que tu avais du mal à t'adapter. Tu te déplais dans cette maison ? Qu'est-ce qui te turlupine ? Où est passé mon adorable petit garçon ?

Très gêné, j'ai fixé mes mains.

Après un petit silence, elle a ajouté :

— À propos, je suis au courant pour le psychiatre. Ce n'est pas de ta faute. Ne t'inquiète pas, nous allons en trouver un qui a l'habitude des enfants.

— Je n'en suis plus un, j'ai douze ans. Et j'en ai marre qu'on soit sans arrêt sur mon dos !

Bon, il fallait absolument me reprendre avant de trahir cet aspect de ma personnalité qui n'existait pas jusqu'à récemment.

— Pourquoi es-tu si contrarié, David ?

— J'sais pas, m'dame. Quelquefois, je...

Mme Gold, qui était assise à l'extrémité du canapé, s'approcha et me releva le menton du bout des doigts. J'essuyai mon nez qui coulait.

— Est-ce que tu dors bien, au moins ? Tu as mauvaise mine. Tu te déplais ici ?

— Pas du tout, m'dame. Au contraire. Mme Catanze est très gentille. C'est simplement que j'ai peur... parfois. Et je n'arrive pas à le lui dire. Il y a tellement de choses qui me passent au-dessus de la tête que j'aimerais comprendre.

— Écoute, ce n'est sûrement pas facile à saisir pour toi, mais ce que tu ressens en ce moment est tout à fait normal. Si tu n'étais pas perturbé ou anxieux, là je me ferais du souci. Rassure-toi.

» En revanche, ton comportement, lui, m'inquiète. Ta conduite de ces derniers temps ne te ressemble pas. Tu vaux bien mieux que ça, n'est-ce pas ? Et M. Catanze a une dent contre toi en ce moment, hein ?

— Alors, je suis normal ?

— Dans l'ensemble, absolument, sourit Mme Gold. Enfin, il reste quelques faux plis à faire disparaître et, pour peu que tu évites les écarts de conduite, tout ira bien. Bon, tu as des questions à me poser ?

— Oui, m'dame... Vous avez des nouvelles de mon père ?

— Comment, il n'est pas venu te voir ? s'étonna

Mme Gold, les sourcils levés. Il était censé le faire depuis longtemps, précisa-t-elle en feuilletant son calepin.

Je fis signe que non.

— Je lui ai écrit plusieurs lettres. Je ne dois pas avoir la bonne adresse parce qu'il n'a pas répondu... en plus, je n'ai pas son numéro de téléphone. Comment il va ?

— Ma foi, je n'en sais rien, fit-elle, l'air mal à l'aise. Ton père a déménagé... il travaille dans une autre caserne.

Les larmes ruisselèrent sur mes joues.

— Je peux l'appeler ? J'ai envie d'entendre sa voix.

— Mais je n'ai pas son numéro, mon chéri. Écoute, je te promets de le trouver et de lui téléphoner le plus vite possible. Aujourd'hui même. C'est pour ça que tu as rôdé devant chez ta mère et que tu as essayé de l'appeler ?

— J'en sais rien, répondis-je, sans oser lui avouer que j'y étais retourné le samedi de ma fugue. Pourquoi est-ce que je n'en ai pas le droit ?

— David, qu'espères-tu ? Que cherches-tu ? me demanda-t-elle avec douceur comme si elle essayait, elle aussi, des réponses.

— Je pige pas pourquoi on m'interdit de voir ma mère et mes frères ou de leur parler. Qu'est-ce que j'ai fait ? Il faut simplement que je sache pourquoi ça a fini comme ça. J'ai pas envie de ressembler à ma mère. Le psychiatre prétend que je devrais la détester, et vous ?

— Je ne suis pas de son avis. Ni elle, ni personne d'ailleurs. Voyons, comment t'expliquer... (Un doigt sur ses lèvres, Mme Gold leva les yeux au plafond.) Vois-tu, David, ta mère est comme un animal blessé. Son comportement, le fait qu'elle ait changé de numéro de téléphone n'ont rien de rationnel.

» David, tu es un petit garçon – pardon, un grand garçon de douze ans un peu perdu – qui réfléchit trop à certaines choses, pas assez à d'autres. Nul doute que tu aies dû anticiper pour t'en sortir, mais il est temps d'oublier ton passé. Il ne faut pas qu'il t'obsède ni que tu t'obstines à trouver des réponses à toutes tes questions. Même moi, je ne comprends pas pourquoi il arrive de telles choses aux enfants. Ce dont je suis sûre en revanche, c'est que tu dois surveiller tes faits et gestes en ce moment. Je t'aiderai le plus possible, mais corrige-toi, fais un effort.

— Je vous promets d'être sage, dis-je, anxieux de rassurer mon ange gardien.

Cette visite de Mme Gold me donna un coup de fouet. Ayant retrouvé ma bonne humeur, j'oubliais le psychiatre de malheur, ne cherchais plus noise à Larry junior et faisais ce qu'on me demandait sans rechigner. Ça m'était même égal d'être privé de sorties. Du coup, je passais mon temps au rez-de-chaussée à astiquer mon vélo de fond en comble. Et je rangeais ma chambre tous les jours, attendant avec impatience le changement qu'apporterait la rentrée des classes.

À l'école, je restais dans mon coin tandis que les élèves de ma classe roulaient des mécaniques dans leurs vêtements neufs, exhibant leurs nouveaux crayons de couleur. Un jour que je regardais des garçons jouer au foot sur la pelouse pendant la récré, je tournai la tête une fraction de seconde. Le ballon m'arriva en pleine poire. Comme je me frottais la joue, des éclats de rire fusèrent.

— Hé, mec, renvoie-nous le ballon, s'écria le plus grand de la bande.

Nerveux, je l'ai ramassé. N'ayant encore jamais touché à un ballon de foot, j'étais sûr de ne pas le lancer correctement. Je retins mon souffle et voulus imiter les autres, mais il tournoya sur lui-même avant de s'écraser à quelques mètres de moi.

— Dis donc, t'as jamais lancé de ballon de ta vie ou quoi ? fit le gamin qui le ramassa.

Je n'eus pas le temps de répondre, un garçon de ma classe s'approcha :

— Ouais... c'est le type dont je vous ai parlé. Visez-moi sa dégaine. Et ses godasses. Ma parole, on dirait que c'est sa mère qui l'habille !

Machinalement, j'écartai les bras pour examiner ma tenue. J'étais vachement fier de ma chemise bleue. Bien sûr, il y avait des pièces aux genoux de mon pantalon et mes baskets étaient un peu éraflées, mais ils étaient neufs pour moi. Après m'être passé ainsi en revue, j'ai regardé les élèves – incontestablement mieux habillés, mieux chaussés que moi, certains portaient même des cols roulés noirs –, et j'eus honte.

En classe, il suffisait qu'un prof me pose une question pour que je perde mes moyens, au point d'en bégayer. Du coup, l'équipe de foot s'amusait à m'imiter et je me tassais sur mon siège pour échapper à leurs quolibets. Pendant le cours d'anglais, s'il y avait une rédaction à faire, j'écrivais systématiquement sur la séparation entre mes frères et moi, sur nos efforts pour nous retrouver. Mes dessins nous représentaient toujours de part et d'autre d'une masse d'eau sombre ou de falaises, noires et déchiquetées. Et je ne manquais jamais d'emprunter des crayons de couleur au professeur pour dessiner de grands sourires sur chaque visage ainsi qu'un énorme soleil dans le ciel au-dessus de nous.

Un jour, après l'école, deux garçons de l'équipe de foot se payèrent ma tête parce que je coloriais mes dessins. Au lieu de leur rabattre le caquet comme j'en mourais d'envie, je me suis sauvé, de crainte de me couvrir de ridicule. Et je suis tombé sur un autre élève de ma classe, John – toujours dans son coin, lui aussi. Les cheveux en broussaille, il portait des vêtements usés et avait une démarche bizarre. Pourtant, personne ne se fichait de lui.

— C'est toi le nouveau ? me lança John qui tenait une cigarette à la main.

— Ouais, répondis-je, plutôt content de marcher à côté de lui.

— T'en fais pas pour ces mecs. Moi, je sais ce que c'est d'avoir quelqu'un sur le dos. Mon père nous battait, ma mère et moi. Il ne vit plus avec nous.

À l'évidence, John n'était pas du genre à se laisser marcher sur les pieds. Il m'expliqua que ses parents venaient de divorcer, que sa mère travaillait à plein temps pour subvenir aux besoins de la famille. Ça me fit de la peine. Au coin de la rue, on se quitta. Et je rentrai chez Lilian, frissonnant au souvenir de la terreur que j'éprouvais lorsque c'était chez La Mère que je revenais après l'école.

Le lendemain, je retrouvai John dans la cour pendant la récréation. Furieux d'avoir été engueulé devant toute la classe par un prof parce qu'il n'avait pas rendu un devoir, il se targuait de prendre sa revanche. Deux de ses copains l'écoutaient. Comme je m'approchais, il hésita :

— Dis donc, j'espère que tu vas pas moucharder.

— Bien sûr que non, protestai-je.

— D'accord. Mais tu dois faire partie de ma bande si tu veux rester avec moi. Tu sais quoi, on n'a qu'à se retrouver au parking après les cours, et je t'en parlerai.

C'était un piège, mais j'acceptai. John – dur à cuire que même les gosses de riches de l'équipe de foot évitaient – me mettait au pied du mur. Toute la journée, je me creusai les méninges pour trouver un moyen de me défiler. Au bout du compte, je résolus de quitter la classe en dernier pour poser un lapin à John à qui je prétendrais avoir oublié le rendez-vous.

Dès que la sonnerie retentit, j'ouvris mon pupitre que je fis semblant de fouiller fébrilement. Le bruit des pas des élèves qui sortaient s'atténua peu à peu. Lorsque je crus avoir le champ libre, je refermai mon pupitre... John était planté devant moi. Avec un soupir, je me résignai à l'accompagner. Il remonta le col de son blouson en vinyle noir. L'air faussement crâne, ses deux copains arpentaient le parking.

— Bon, voilà, annonça John. J'ai décidé que ce p'tit gars était digne d'entrer dans la bande. Mais d'abord, il faut qu'il crève les pneus de M. Smith – pas qu'un, deux, voire plus, assena-t-il, les yeux plantés dans les miens. Comme ça, la roue de secours lui servira à rien à cet enfoiré. Pas idiot mon plan, hein ?

Aussitôt, je lui ai tourné le dos. Un vol de bonbons ou de jouets, c'était mal, mais pas du vandalisme. Ça, je ne m'y étais jamais risqué et je n'avais aucune envie de commencer. Toujours est-il qu'ils me fixaient du regard, alors, la gorge serrée, j'ai balbutié :

— Nom d'un chien, John ! Je crois pas que ce soit une bonne idée...

Cramoisi, John me donna un coup de poing sur le bras.

— Hé, pt'it mec, t'aurais pas dit que tu voulais être mon pote et faire partie de ma bande ?

Et il m'encercla avec ses copains qui opinaient du bonnet.

— C'est bon, t'énerve pas ! Je vais le faire. À condition que vous m'acceptiez après et que je ne sois plus jamais obligé de recommencer ce genre de trucs, d'accord ? déclarai-je d'une voix tremblante de peur, malgré mes efforts pour avoir l'air dur.

John me donna une bourrade.

— Qu'est-ce que je vous avais dit, il est réglo !

Les yeux plissés, glacé, je serrai les mâchoires et lançai d'un ton soi-disant viril :

— Bon, on y va !

Après m'avoir montré la berline jaune, flambant neuve de M. Smith, John s'éloigna du lieu du crime, suivi par ses acolytes qui gloussaient.

Effondré d'en être réduit à ça, je me mis à genoux en soupirant. Mon cœur battait la chamade et je résistais à l'envie de décamper en me houspillant : *Allez, grouille-toi ! Au boulot !*

Ayant jeté des coups d'œil furtifs autour de moi, j'entrepris de dévisser le capuchon d'une valve. En vain. Mes doigts tremblaient. Des claquements de portières résonnaient autour de moi. J'avais l'impression d'être le point de mire de tous les regards.

Enfin, le capuchon tomba par terre. Aussitôt, je sortis un crayon de ma poche. Et je me retournai, croisant le regard de John qui, le visage crispé, me montra sa déception d'un froncement de sourcils. *Grouille-toi,* ai-je lu sur ses lèvres.

Je repris ma respiration avant d'enfoncer le bout du crayon dans le pneu. L'air fit un tel boucan en s'échappant de l'ouverture que je fus certain que tout le monde l'entendit. Hésitant, je cherchai John des yeux qui me fit signe de continuer. On aurait dit que la peur m'enveloppait de part en part. *Non, c'est très mal !* Délibérément, je cassai la mine de mon crayon, me relevai et m'avançai vers John qui me mit au défi de terminer ce que j'avais commencé. Le bousculant, je sortis du parking. John et sa bande m'emboîtèrent le pas en se payant ma tête jusqu'au moment où ils me faussèrent compagnie.

John revint à la charge dès le lendemain. Il se jeta sur moi et me plaqua au le sol. À peine debout, je vis qu'un cercle d'élèves s'était formé autour de nous. Et ils beuglaient : *Une bagarre, une bagarre !* Tête basse, je me suis éloigné sous une avalanche d'insultes.

Il n'avait pas fallu beaucoup de temps pour que tout le monde soit au courant de ma trahison. Même dans mon ancienne école, je ne m'étais jamais senti exclu de la sorte.

Du coup, j'ai inventé une maladie pour sécher les cours un jour, mais sans souffler mot à Lilian et à Rudy de mes problèmes, de crainte de les mettre en colère.

Après avoir battu froid à John pendant quelques semaines, je fis amende honorable en lui offrant une cartouche de Marlboro volée la veille – gage de ma bonne volonté.

— D'accord, on te pardonne, sourit John. N'empêche que t'as toujours l'examen à passer...

On colportait des histoires sur les raclées que John avait flanquées aux deux autres membres de sa bande, et je me vis le visage en sang – lunettes et dents cassées. Affichant mon expression de dur à cuire, les yeux dans les siens, je lançai d'un ton décontracté :

— Aucun problème, je me débrouillerai.

— Non, j'ai autre chose pour toi, reprit John brandissant la cigarette qu'il venait d'allumer. Écoute-moi bien. M. Smith me pompe l'air. Sous prétexte qu'il est prof, il se croit le plus fort. Ma mère est sur mon dos toute la sainte journée à cause d'une lettre qu'il lui a envoyée. Alors mon idée... c'est de mettre le feu à sa classe !

Les bras m'en sont tombés.

— Hé mec, c'est pas possible ! C'est une blague !

— Tout doux, j'te demande pas de le faire. J'ai besoin de toi pour monter la garde, c'est tout. J'ai pas confiance en ces deux trouillards, ils ont pas de couilles alors que toi... t'en as. Mais si tu caftes, j'te réduis en bouillie, assena-t-il sèchement avant de conclure d'un ton plus doux. Et pas de panique, vieux, c'est pas pour aujourd'hui. Mais je compte sur toi, d'accord ?

— Tope là, fis-je. J'taiderai. C'est génial.

Persuadé que c'était un coup monté pour m'impressionner, je suis parti. *C'est pas possible de mettre le feu à une école*, me rassurai-je. Mais le doute planait. *S'il est sérieux, que faire ?* Il n'était pas plus question d'en parler à Mme Catanze ou aux profs que de dénoncer John – non par grandeur d'âme mais parce que j'avais la trouille qu'il me tabasse et me fasse mordre la poussière.

Les jours suivants, j'avais peur de tomber sur John qui ne manquait pas de jurer, chaque fois, de donner une bonne leçon à notre professeur. Au fil des semaines au demeurant, je décidai qu'il ne cherchait qu'à crâner auprès de ceux qui voulaient bien l'écouter. Le plus fort, c'est que je ne tardais pas à l'imiter, à vanter le plan mis au point – par John et moi – pour montrer à la terre entière ce qu'on avait dans le ventre. Plus j'en rajoutais, plus l'attroupement s'étoffait. Et je n'en revenais pas que ces élèves, qui se fichaient de moi il y a si peu de temps, soient suspendus à mes lèvres. Tant et si bien que j'en vins à escamoter le rôle de John dans l'histoire, à m'attribuer toute l'opération.

Au bout d'un certain temps, tout ça me sortit de l'esprit. Seulement voilà qu'un jour John m'accosta à la sortie de l'école et me somma, avec un regard glacial, d'y revenir dans une heure. Une boule dans la gorge, incapable de trouver un moyen de me défiler, je ne pus qu'acquiescer :

— D'accord, vieux.

À mon arrivée à l'école une heure plus tard, une odeur de papier brûlé flottait dans le vestibule. Au pas de course, je suivis la fumée et me retrouvai dans le secteur des salles de classe. L'instant d'après, je vis John penché sur une bouche d'aération d'où s'échappait une épaisse fumée noire. Sidéré, je restai cloué sur place. Jamais, je n'aurais imaginé qu'il passerait à l'acte.

— John ! hurlai-je.

Il leva la tête.

— Bordel, où est-ce que t'étais, mec ? Allez, donne-moi un coup de main !

Hésitant, je me suis planté derrière son dos. De nouveau, il cria :

— Allez, vieux, il faut que tu m'aides à éteindre le feu.

Pétrifié, j'avais le plus grand mal à sortir de mon hébétude tandis que la fumée s'intensifiait. Le visage convulsé de terreur, John tomba à la renverse :

— Trop tard ! Ça flambe, impossible de l'arrêter. Moi, j'me taille et vite fait ! Viens, on fonce.

Je fus pris d'une quinte de toux quand je me suis penché. Une petite flamme orange prenait forme. D'un geste vif, j'ai attrapé le petit bidon d'essence que John avait laissé devant la bouche d'aération. Et je l'ai serré, mais trop fort, si bien que du liquide gicla sur moi tout en s'embrasant. Je crus que tout allait exploser – y compris ma main droite.

Ayant balancé le bidon, je cherchai de l'aide. Au bout d'une éternité, j'entendis des sautillements dans le couloir et une petite fille s'arrêta à quelques pas de moi, bouche bée.

— Appelle au secours ! beuglai-je. Tire la sonnette d'alarme !

La petite fille se couvrit la bouche.

— Allez, grouille-toi !

Clignant des yeux, elle bredouilla :

— Oui, j'y vais... je vais aller le dire.

Elle prit ses jambes à son cou. Au bout de quelques minutes, une sonnerie métallique a retenti. Moi, j'ai jeté des gravillons sur le feu pour l'étouffer en le privant d'oxygène.

Je réussis. Du coup, je reculai pour regarder s'élever des volutes de fumée grise, m'essuyant le visage en sueur de mes mains noircies. Une voix me fit alors sursauter : « Par ici ! Le feu est par ici ! » Un frisson glacé de terreur me parcourut. Et je déguerpis sans demander mon reste tandis que le hurlement des sirènes me transperçait les oreilles. Une escadre de voitures de pompier passa devant moi. Par habitude, j'agitai la main. Un pompier arrimé derrière l'une d'elles me répondit en souriant.

Le lendemain matin, j'ai retrouvé John au coin de sa rue. On tomba d'accord pour nier tout ce qui avait à voir avec l'incendie. Naturellement, il me menaça avant d'ajouter, rayonnant :

— En tout cas, tu fais partie de la bande maintenant. T'en es même le vice-président.

Inutile de préciser que je flottais sur un nuage – du moins jusqu'à mon entrée en classe où toutes les têtes se tournèrent vers moi. Quant à M. Smith, il se leva brusquement de son bureau, m'attrapa par le bras pour m'emmener chez le directeur. En chemin, il m'apostropha :

— Comment as-tu pu faire une chose pareille ? Je ne t'en aurais jamais cru capable.

Le directeur pour sa part m'accueillit sévèrement et m'avertit qu'il allait appeler la police, les pompiers, mes parents nourriciers. À l'évocation de ces derniers, je tressaillis, pensant à la tête que ferait Rudy.

— Avant que tu ne dises quoi que ce soit, je préfère te prévenir qu'on t'a identifié comme le pyromane.

— Non, c'est pas moi, balbutiai-je. Je vous jure, m'sieu.

— Ah vraiment ? lança le directeur, sourire aux lèvres. Très bien, je te crois. Bon, montre-moi tes mains.

Sans comprendre les intentions du directeur, je les tendis. Il s'en empara et frotta les poils noircis de mes bras.

— Voilà qui me suffit, déclara-t-il en les lâchant.

— Mais c'est pas moi, m'sieur, répétai-je, en larmes.

— Voyons, regarde-toi ! Tu sens encore la fumée, sans compter que des professeurs affirment t'avoir entendu le crier sur les toits. Pour l'amour du ciel, ton père est pompier ! Inutile d'ajouter un mot. Tu n'auras qu'à raconter ton histoire à la police qui ne va pas tarder. Et maintenant, va attendre à côté, j'ai des coups de fil à passer, conclut-t-il en me congédiant d'un geste.

Je fermai la porte, me retrouvant dans le bureau de la secrétaire – femme d'un certain âge, plutôt hostile – à qui je fis un signe de tête avant de m'asseoir. Me fusillant du regard, elle se détourna et marmonna :

— On n'en a rien à faire de gamins dans ton genre, placés en famille d'accueil !

Les mains agrippées aux bras du fauteuil, je bondis.

— C'que vous pensez de moi, tous autant que vous êtes, j'm'en doute ! N'empêche que c'est pas moi qui l'ai fait ! hurlai-je, avant de filer en claquant la porte.

L'instant d'après, j'aperçus le directeur qui brandissait les poings devant son bureau. Ça ne m'empêcha pas de sortir de l'école à toute allure ni de courir comme un dératé jusqu'au pied de la côte, en face de chez John. Et là, je sautai par-dessus la clôture pour me cacher dans sa cabane.

Au bout d'une heure, je finis par aller frapper à la porte de service de sa maison.

— Ça alors, t'as réussi à mettre les bouts, c'est super ! s'exclama John à ma vue.

— Quoi ?

— Mon vieux, tout le monde à l'école croit que tu as filé entre les doigts des policiers venus t'arrêter. C'est formidable ! s'écria-t-il, surexcité. Tout le monde te trouve génial !

— Arrête ton char ! Boucle-la, tu veux, beuglai-je en lui coupant la parole. Le directeur est persuadé que c'est moi le coupable et qu'on m'a identifié. Faut que tu m'aides, vieux. Tu dois leur dire la vérité !

— Pas question, fit John, les mains en l'air. T'as qu'à te dépatouiller.

Refoulant les larmes qui me montaient aux yeux, je secouai violemment la tête.

— Hé, j'suis dans la merde ! Faut que tu m'aides. Qu'est-ce que je vais faire ?

— D'accord. De toute façon, tu peux pas rentrer chez toi... T'as qu'à te cacher ici le temps qu'on trouve une solution.

— Bon. Et maintenant, raconte-moi ce qui s'est vraiment passé, dis-je plus calme.

Les lèvres tremblantes, John marmotta trois mots. Du coup, je l'attrapai par la chemise.

— Ta gueule ! Et ouvre tes oreilles ! Le coupable, c'est toi, pas moi. En fait, je t'ai sorti de la merde en éteignant le feu. Alors, tu dois leur dire la vérité, j'plaisante pas !

La suffisance de John fondit comme neige au soleil.

— Ouais... Demain, d'accord. T'énerve pas, vieux.

Cette nuit-là, je dormis en grelottant sur un lit de fortune que John avait installé dans sa cabane. J'avais appelé Lilian pour raccrocher après que Rudy eut fulminé d'une voix sévère :

— Je sais que c'est toi, David. Écoute, si tu as un minimum de bon sens...

Les heures s'étirèrent le lendemain à attendre John. Lorsqu'il revint enfin, il ouvrit en grand la porte de la maison où je me précipitai pour me réchauffer.

— Alors, tout va bien, demandai-je en me frictionnant le bras. Tout est réglé, hein ? Tu leur as dit la vérité.

Soulagé, je ne pensais plus qu'à rentrer chez les Catanze.

Les épaules voûtées, John baissa les yeux. Avant même qu'il n'ouvre la bouche, je compris que j'étais fichu.

— T'avais promis...

— Euh... le directeur m'a fait venir dans son bureau, chuchota-t-il, sans me regarder.

Comme il n'ajoutait rien, je crus qu'il allait se justifier. C'est alors qu'il planta ses yeux dans les miens et sourit.

— J'lui ai dit que c'était toi le coupable, que c'était ton idée.

— Quoi ? Mais qu'est-ce qui t'a pris ? balbutiai-je les mains tremblantes.

— Rien. Absolument rien. Bon, faut que tu te tailles, vieux. Tu peux pas rester ici, assena-t-il sèchement.

J'en restai sans voix avant de reprendre :

— Pour aller où ? Qu'est-ce que je fais moi, maintenant ?

— T'aurais dû y penser avant de foutre le feu à l'école.

Ne sachant plus à quel saint me vouer, je le suppliai :

— Je croyais qu'on était des copains.

Peine perdue, il me tourna le dos. Alors je sortis de chez lui pour aller au centre commercial, comptant y piquer de quoi manger. En cours de route, au moindre bruit de voiture, je courais me cacher derrière des buissons. *C'est idiot. Je ne peux pas continuer comme ça,* fulminai-je. Et, tournant les talons, je pris la direction de chez les Catanze. Devant la porte, je respirai profondément avant de l'ouvrir et de monter l'escalier sur la pointe des pieds tandis que la télévision tonitruait au-dessus de ma tête. Ce fut Larry junior qui m'accueillit au salon, un sourire carnassier aux lèvres.

— Le voilà !

Lilian laissa tomber la couverture qu'elle tricotait au crochet.

— Mon Dieu, où étais-tu, David ? Tu vas bien ?

Je n'eus pas le temps d'ouvrir la bouche, le plancher vibra sous les pas lourds de Rudy qui fonçait dans le couloir.

J'avais préparé un petit discours. C'était un malentendu. Le feu, je l'avais éteint, pas allumé. Rudy ne manquerait évidemment pas de m'engueuler ni de me priver de sorties pendant une semaine pour avoir découché, mais j'étais certain que tout reprendrait son cours normal une fois qu'il aurait appris la vérité. Rudy soufflait comme un bœuf, je n'en commençai pas moins :

— Écoute, tu ne vas pas me croire...

— Là, t'as raison sur toute la ligne ! beugla-t-il. Je ne crois plus un mot de ce que tu racontes. Ces deux derniers jours, l'école, la police, les services sociaux, ton père, ta foutue mère m'ont bombardé de coups de fil... (Il regarda Lilian avant de poursuivre.) Depuis qu'il a mis les pieds dans cette maison... (Puis, il s'adressa de nouveau à moi.) Je t'avais prévenu de faire gaffe. Non, t'as rien trouvé de mieux que d'allumer un incendie. Mais enfin qu'est-ce qui t'est passé par la tête ? Je n'arrive pas à le croire. Ça ne te suffisait plus de voler, il fallait que tu en rajoutes, hein ? Toi qui n'arrêtes pas de clamer que tu es paumé, exclu – eh bien, j'ai compris maintenant ce que tu es : un pyromane ! Voilà tout. C'est pas toi par hasard qui as mis le feu aux broussailles du coin...

Lilian s'en mêla :

— Voyons, Rudy, du calme. Il n'habitait même pas ici.

— De toute façon, j'en ai assez vu, assez entendu. La coupe est pleine. Dehors ! rugit Rudy.

Et il poussa un profond soupir pour signaler qu'il avait terminé.

Un silence, interminable, s'installa. Pétrifiée, Lilian resta à côté de Rudy hors d'haleine. L'instant d'avant, j'étais encore sûr d'arriver à dissiper ses doutes avec mes explications. À présent, je compris qu'à cause de mes écarts précédents il me tenait pour coupable – rien ne le ferait changer d'avis. Comme pour convaincre Rudy de ma bonne foi, j'ai levé vers lui mes yeux mouillés.

— Tes larmes de crocodile font peut-être de l'effet à Lilian, mais elles me laissent de marbre, assena-t-il.

Je m'éclaircis la voix avant de demander en geignant :

— Papa m'a appelé ?

Lilian fit signe que oui. Ensuite, elle tira Rudy par la manche.

— Restons-en là pour le moment, tu veux bien ?

Furieux, il retourna sa colère contre sa femme :

— Pour l'amour du ciel, Lilian, ouvre les yeux ! Il ne s'agit pas d'un énième vol de bonbons mais de l'incendie d'une école...

— C'est faux ! Le directeur est sûr qu'un autre gosse était dans le coup.

Des cernes noirs ourlaient les yeux de Rudy qui avait l'air épuisé.

— Comme si ça comptait, ma pauvre chérie. C'est un gosse placé en famille d'accueil qui a un casier pour vol à l'étalage sans compter les plaintes inventées que sa mère a déposées contre lui à la police. À ton avis, qui va-t-on croire ? Toute la question est là.

Lilian éclata en sanglots.

— Rudy, je sais – vraiment – que ce n'est pas un sale gamin. Il est simplement...

J'aurais voulu la prendre dans mes bras et la consoler des tourments dont j'étais la cause.

— Écoute, reprit Rudy, plus calmement. Je ne doute pas que tu aies en partie raison. Le problème, c'est qu'il a un pied dans la tombe et l'autre sur une pente savonneuse. Cette fois, il s'est mis dans une merde pas possible... enfin..., fit-il en se frottant le front.

Et il me prit par les épaules pour m'expliquer d'un ton qui se voulait rassurant :

— David, tu me prends peut-être pour un monstre parce que je n'arrête pas de t'engueuler. Mais c'est parce que je tiens à toi, sinon je t'aurais flanqué à la porte depuis belle lurette. N'empêche que t'es dans de très sales draps, et je ne peux rien faire. C'est pour ça que je suis furieux. En tout cas, quoi qu'il arrive, je veux que tu saches qu'on tient à toi.

Rudy s'interrompit pour se frotter les yeux, puis il me scruta en me massant les épaules.

— Fiston, je suis désolé, mais ce n'est plus de mon ressort. Demain, il va falloir que je t'emmène au centre de Hillcrest.

Il avait les joues ruisselantes de larmes.

7.

Un amour de mère

Dans la voiture, en route vers le centre de San Mateo, je faillis m'évanouir tant je respirais vite. On aurait dit qu'un corset en caoutchouc me comprimait la poitrine. Quant aux conseils de dernière minute que me prodiguait Rudy, je ne les écoutais pas, terrifié par ce qui m'attendait à en croire le tableau que m'avait brossé Larry junior, la veille au soir, sur le traitement réservé par les grands de ce centre à la viande fraîche – en d'autres termes aux faibles sans défense. Toujours est-il que je fus humilié dès mon arrivée, car je fus forcé de me déshabiller devant le surveillant, d'écarter les fesses avant de me doucher et, enfin, d'enfiler un uniforme puant.

Lorsque la lourde porte de ma cellule claqua derrière moi, un frisson me parcourut. En un clin d'œil, je fis le tour de mon nouvel environnement. Le béton blanc, crasseux, des murs se conjuguait au lugubre revêtement en ciment du sol. Il n'y avait qu'une minuscule étagère où je rangeai ma serviette mouillée, mes caleçons et mes chaussettes de rechange. Puis, assis au pied du lit mural, je m'aperçus de l'absence de cabinet alors que j'avais un besoin urgent d'y aller. Du coup, je m'enfouis la tête sous la couverture en laine noire où l'invisible corset me comprimant la poitrine se desserra tandis que je sombrais dans le sommeil.

La première fois que la porte s'ouvrit pour la récréation de l'après-midi, je sortis dans le couloir, marchant sur des œufs. Il faut dire que les autres me donnaient plus l'impression d'être des géants ou plutôt des espèces de souches d'arbres juchées sur deux pattes que des adolescents. Au bout de quelques jours, je décidai que pour survivre il me faudrait me fondre dans le décor et, pour une fois, fermer ma grande gueule. C'était dans mon intérêt, vu la fréquence des bagarres – il y en eut pas moins de six lors de la première semaine de mon séjour dont trois à propos du billard, que je fuyais comme la peste. À force de marcher tête baissée pour éviter de croiser le regard de quiconque, je me cognais aux murs.

Je fus soulagé d'être transféré de la section A, réservée aux nouveaux, à la C – située à l'étage, destinée aux plus petits. D'une part la discipline y était moins sévère, d'autre part je n'avais plus besoin de me précipiter dans ma cellule dès que les surveillants avaient le dos tourné. Le personnel de l'aile C était plus ouvert, plus chaleureux avec les enfants. J'avais le sentiment d'être en sécurité.

Un après-midi, on vint me chercher dans la salle commune : j'avais un visiteur. Le surveillant m'expliqua le règlement. Moi, j'avais du mal à refréner mon excitation d'autant que je ne savais pas qu'on avait droit à des visites, je me demandais qui se donnait la peine de venir à Hillcrest.

Sûr qu'il s'agissait de Mme Gold ou de Lilian, je franchis la porte. À la vue de papa installé sur une chaise appuyée au mur, derrière un petit bureau, mes jambes se dérobèrent sous moi. À part La Mère, c'était la dernière personne que j'avais envie de voir pendant mon séjour au centre.

Les mains tremblantes, je m'assis.

— Alors, David, demanda papa d'un ton impassible. Comment vas-tu ?

— Très bien, fis-je, fuyant son regard.

— Dis donc, tu as poussé. Ça fait combien de temps ?

— Un an à peu près.

Petit à petit, je levai les yeux vers lui en essayant de me

rappeler quand je l'avais regardé pour la dernière fois. *Est-ce que j'habitais encore à la maison ?* En tout cas, il me parut bien maigre ainsi penché sur la petite table devant moi. La peau de son visage et de son cou, écarlates, était parcheminée. Et il avait des cheveux gris, très gras, lui qui se coiffait avec tant de soin jadis. En outre, il n'arrêtait pas de tousser. D'ailleurs, il ne tarda pas à plonger la main dans sa poche en quête d'un paquet de cigarettes. Il en sortit une qu'il tapota sur la table avant de l'allumer.

La honte m'empêcha de le regarder dans les yeux.

— Euh... papa, je voudrais que tu saches...

— La ferme ! tonna-t-il sans crier gare. Épargne-moi tes bobards ! (Il inspira une bouffée de sa cigarette, l'écrasa, en ralluma une autre.) Pour l'amour de Dieu, as-tu une idée du tort que ça me ferait si on apprenait ça à la caserne ? Comme si je n'avais pas déjà assez de problèmes là-bas !

La tête basse, j'aurais donné n'importe quoi pour rentrer sous terre.

— Eh bien ? gronda-t-il. Par-dessus le marché, tu donnes à ta dingue de mère plus d'armes qu'il ne lui en faut. Bon sang de bonsoir, tu avais tout pour que ça marche ! En plus, cette assistante sociale n'arrête pas de me relancer au téléphone...

— Mme Gold ? marmottai-je.

— Et quand j'arrive enfin à l'appeler, elle m'annonce que tu fais des fugues, que tu voles, que tu es dans une merde noire...

— Mais papa, je n'ai vraiment...

— Tu ferais mieux de la boucler avant que je ne me charge de te rabattre le caquet ! rugit papa qui se tut pour exhaler une volute de fumée. C'est plus fort que toi, hein ? Ça ne t'a pas suffi d'alerter la police qui t'a retiré de l'école, de traîner ta mère et tes frères au tribunal ! Bon Dieu, t'es vraiment un phénomène ! Tu avais tout : un nouveau départ, une nouvelle vie. Il suffisait que tu te tiennes à carreau, mais c'était au-dessus de tes forces, hein ?

» Est-ce que tu sais au moins ce que ta mère veut faire de

toi ? fulmina papa. Elle ne cesse de me harceler pour que je signe des documents depuis... combien de temps, à ton avis ? (On aurait dit qu'il se posait la question qu'il me lança pourtant de nouveau au visage.) Depuis combien de temps est-ce qu'elle me bassine avec ça, bordel de merde, t'en as une idée ?

Les yeux pleins de larmes, je secouai la tête.

— Des années ! En fait, depuis le jour où elle t'a fichu à la porte. Merde, elle avait peut-être raison après tout. C'est possible que t'aies besoin... Et qu'est-ce que tu crois, que ça me fait plaisir de voir mon fils dans un endroit pareil ? (Papa me transperça d'un regard glacial.) On t'accuse d'être un pyromane ! Sais-tu combien de pompiers meurent à cause des pyromanes ? Décidément, ta mère a peut-être raison de dire que tu es irrécupérable !

Le bout orange de la cigarette de papa s'approchait de ses doigts, je le suivis des yeux.

— Eh bien..., reprit-il après un bref silence. Je dois rendre la voiture. Je vais... euh...

Sans terminer sa phrase, papa s'écarta de la table.

Comme je le scrutais attentivement, je fus frappé par son regard – vide, éteint.

— Merci de ta visite, fis-je, d'un ton qui se voulait gai.

— Pour l'amour du ciel, fiston, tiens-toi à carreau ! répondit sèchement papa.

Sur le point de partir, il s'arrêta et plongea ses yeux dans les miens.

— Dieu sait que j'ai fait des sacrifices pour toi, que je me suis donné du mal et qu'il y a un tas de choses que je regrette dans ma vie. Je peux te pardonner beaucoup – notamment les problèmes que tu as causés à notre famille –, mais ça jamais. Tu m'entends, jamais !

La porte se referma ; papa n'était plus là.

— Papa, je t'aime, criai-je, les yeux fixés sur son siège vide.

Au dîner, j'ai grignoté dans mon coin alors que la meute se disputait chaque morceau. La détresse et un sentiment de vide me taraudaient. À l'évidence, tout était de ma faute. Le divorce de mes parents. Leur alcoolisme. Et si mon père – un homme qui avait sauvé tant de vies – vivait à présent dans un taudis, j'en étais aussi responsable. Sciemment, délibérément, j'avais divulgué des secrets de famille. Mon père avait raison. Et ce depuis le début.

Comme je lavais le sol de la salle à manger après le repas – corvée qu'on m'avait assignée –, un surveillant m'appela :

— Pelzer, un visiteur pour toi à la réception !

Avant d'ouvrir de nouveau la porte du parloir, j'aspirai une goulée d'air en priant pour que ce ne soit pas La Mère.

Il me fallut cligner plusieurs fois les yeux pour réaliser que Lilian se trouvait en face de moi, non La Mère.

Sautant sur ses pieds, elle tendit les bras au-dessus de la table pour m'enlacer.

— Comment vas-tu ? me demanda-t-elle sur-le-champ.

— Très bien, vraiment ! Si vous saviez comme je suis content de vous voir ! m'exclamai-je.

Lilian prit mes mains entre les siennes.

— Bon, assieds-toi maintenant. Il faut que tu m'écoutes très attentivement. D'abord, est-ce que ton père est venu te voir ?

— Oui, m'dame.

— Je ne veux pas être indiscrète, mais de quoi avez-vous parlé ?

Calé sur mon siège, je me remémorai la scène en détail afin de la raconter mot pour mot à Lilian.

— Ton père t'a-t-il mentionné certains documents... ? Enfin, des trucs à signer ?

— Euh... non. Non, m'dame. Je m'en souviens pas en tout cas, lâchai-je en me grattant la tête.

Lilian me serra si fort la main qu'elle me fit mal.

— Je t'en prie, David. C'est très important, supplia-t-elle.

En un éclair, la réaction de papa à propos de documents que La Mère voulait à tout prix qu'il signe me revint en tête et je m'efforçai de répéter fidèlement ses paroles.

— Il a dit que ma mère avait raison et qu'il n'était pas

impossible qu'il signe des papiers où il est écrit que je suis irré-cupé-rable.

— Il l'a fait ?

— Je... je sais pas, balbutiai-je.

— Merde ! explosa Lilian.

Je baissai la tête m'imaginant avoir – une fois de plus – mal agi. Le regard de Lilian se perdit au loin avant de revenir se poser sur moi.

— Mais non, David ! Tu n'y es pour rien. Simplement... as-tu eu des nouvelles de ta mère récemment ? Est-ce qu'elle est venue ici ?

— Non, m'dame !

— Alors, ouvre tes oreilles, mon bonhomme. Tu n'es pas obligé de voir quelqu'un si tu n'en as pas envie. C'est très important, tu comprends ça ? Quand on t'annonce que tu as une visite, demande qui c'est.

Au bord des larmes, Lilian se ressaisit avant de continuer.

— Bon, je n'ai pas le droit de te le dire, mais il faut que tu refuses de voir ta mère, mon chéri. Elle remue ciel et terre pour qu'on te transfère, contre l'avis des services sociaux.

— Pour que j'aille dans un établissement comme ici, c'est ça ? Oh, je suis au courant. Je suis d'accord.

Lilian devint pâle comme un linge.

— Qui t'en a parlé ?

— Une psychologue. Elle a dit qu'elle travaillait avec des enfants qui finissent ici, à Hillcrest. En plus, elle n'arrête pas de me réclamer mon consentement... Voilà, je m'en souviens, hurlai-je. Elle a dit que ça irait beaucoup mieux pour moi si je consentais à aller dans un établissement. (À l'expression de Lilian, je compris que ça n'allait pas du tout.) Moi, je croyais qu'en le signant je prenais l'engagement – enfin, je consentais – à bien me conduire pendant mon séjour ici. C'est pas ça, madame ?

— David, c'est un piège où elle essaie de te faire tomber, rétorqua Lilian, affolée. Il faut que je t'explique : ta mère prétend que ton comportement l'autorisait à te punir aussi sévèrement, que tu étais incorrigible. Elle cherche à te faire enfermer dans un hôpital psychiatrique.

Je m'affalai sur la chaise métallique en fixant Lilian.

— Vous... euh... voulez dire... un asile de fous, hein ? bégayai-je, le souffle court.

Lilian sortit un mouchoir en papier de son sac.

— Nous risquons de ne plus avoir le droit d'être une famille d'accueil. Tant pis. Ne répète jamais ça à personne, mais avec Mme Gold nous sommes persuadées que ta mère a manigancé cette histoire d'hôpital psychiatrique pour justifier tout ce qu'elle t'a fait endurer. Tu comprends ?

Je hochai la tête.

— David, ta mère a pris contact avec cette dame de l'hôpital psychiatrique pour lui raconter un tissu d'insanités. Bon, je veux que tu répondes la vérité à la question que je vais te poser maintenant, d'accord ? Est-ce que tu as jamais mis le feu au garage de ta mère ?

— Non ! protestai-je violemment en me frottant les mains. Un jour...

Lilian serra les dents tandis que je continuais :

— ... je devais avoir cinq ou six ans et, en mettant la table, j'ai posé les serviettes en papier trop près des bougies. Elles ont pris feu ! Mais je l'ai pas fait exprès, je vous jure, madame. C'était un accident !

Lilian me fit signe de me calmer.

— C'est bon, je te crois. Seulement, ta mère sait tout, David. Absolument tout. Du magasin où on t'a pris en flagrant délit de vol, à ta fugue, à tes problèmes avec le psychiatre. Mme Gold se reproche de lui en avoir trop dit, mais elle est obligée de la tenir au courant de ton évolution. Bon sang, je n'ai jamais vu quelqu'un s'acharner autant contre la chair de sa chair...

— Quels problèmes avec le psychiatre, j'ai rien fait de mal, m'indignai-je comme sous le coup d'une poussée de fièvre.

— Je le tiens de Mme Gold...

— Et pourquoi j'ai plus le droit de voir Mme Gold ? l'interrompis-je.

— Parce qu'à présent c'est Gordon Hutchenson, un éducateur spécialisé, qui est responsable de toi, expliqua sommairement Lilian, soucieuse de ne pas perdre le fil. Écoute-moi, je t'en prie. Même si je ne suis pas censée le savoir, j'ai appris que le psychiatre t'a décrit dans son rapport comme enclin à la violence. À l'en croire, tu aurais sauté de ton fauteuil en gesticulant et l'aurais presque agressé. C'est vrai ?

Son expression était plus troublée que le ton de sa question.

Je secouai violemment la tête.

— Pas du tout. Il m'a affirmé que c'était normal que je déteste ma mère, vous vous rappelez ? Je comprends pas ! Moi, j'ai rien fait de mal, rien !

— Écoute-moi, écoute-moi, s'écria Lilian. D'après Mme Gold, ta mère n'attendait que ça : une grosse bêtise de ta part. Maintenant, elle te tient.

— C'est pas possible puisque je vis avec vous ! fis-je, implorant.

Mon univers s'écroulait brusquement sans que j'arrive à comprendre pourquoi.

— Nous ne sommes que tes tuteurs, David. C'est tout. Il est écrit sur un bout de papier que nous devons veiller sur toi, nous occuper de toi, mais ta mère a malgré tout une bonne marge de manœuvre. Elle se venge. D'ailleurs, elle doit remuer ciel et terre pour te faire enfermer depuis que tu es en famille d'accueil. Et l'esclandre à l'école apporte de l'eau à son moulin.

— Qu'est-ce qui va se passer ? pleurnichai-je.

— Comprends-moi bien. Tu en es au stade où il s'agit de sauver ta peau. Pour peu que ta mère réussisse à convaincre les autorités que c'est leur intérêt, on t'enfermera dans un hôpital psychiatrique. Si ça arrive... (Lilian éclata en sanglots.) En tout cas, je veux que tu saches une chose et je me contrefiche de ce que les autres – quels qu'ils soient – te diront, c'est que Rudy et moi nous battons pour toi. Nous ferons tout ce que nous pourrons, quitte à faire appel à un avocat si nécessaire, et nous sommes prêts à subir toutes les avanies pour lutter à tes côtés. Voilà à quoi sert une famille d'accueil !

Lilian s'interrompit pour rassembler ses idées, puis continua à mi-voix :

— David, j'ignore pourquoi, mais beaucoup de gens méprisent les parents nourriciers et estiment que les enfants placés sont de la mauvaise graine, sinon ils n'en seraient pas là. Est-ce que tu comprends ça ?

Je fis signe que non.

Cherchant le mot juste, Lilian posa un doigt sur ses lèvres.

— Un préjugé, tu sais ce que ça veut dire, non ?

— Oui, m'dame.

— Eh bien, c'est pareil. Vois-tu, pour ces gens, reconnaître – admettre – l'utilité des familles d'accueil revient à admettre l'existence de problèmes graves tels que l'alcoolisme, les mauvais traitements infligés à des enfants, les fugues, la toxicomanie... Malgré les progrès de ces dernières années, la société préfère encore fermer les yeux. Beaucoup d'adultes ont grandi avec l'idée qu'il fallait à tout prix garder le silence pour que personne ne découvre leurs secrets de famille. Du coup, ils ont des préjugés et dès qu'un gosse placé en famille d'accueil dérape...

Ses paroles me firent un choc. Ça y est, j'avais compris ! L'énorme corset me comprima de nouveau la poitrine, m'empêchant de respirer.

— Euh... avant... quand je suis arrivé chez vous et que j'ai fait des bêtises... ?

— Oui ? murmura Lilian.

— Je me rappelle ce que vous avez dit, mais je ne vous ai pas écoutée.

Lilian me prit les mains.

— Bon, tout ça c'est du passé. C'est sûrement très pénible, surtout pour toi, d'être ici, mais ta conduite doit être irréprochable. J'insiste là-dessus. Les surveillants rédigent des rapports sur toi qu'ils remettent à ton éducateur, Gordon Hutchenson, tu l'as rencontré ?

— Oui.

— Bon, ces rapports auront de grosses répercussions sur ce que mijote ta mère dont la seule arme, pour l'instant, est le tissu de bobards dont elle abreuve la terre entière. Ta mère te présente comme un cinglé – d'ailleurs elle n'a pas tort, plaisanta Lilian. Alors si on arrive à prouver que tu n'as pas mis le feu au garage, que tu étais un enfant modèle, ça fichera son plan en l'air.

— Et moi, qu'est-ce je fais ?

— Contente-toi d'être toi-même, sourit Lilian. C'est tout. N'essaie surtout pas de prétendre être autrement. Le personnel s'en rendrait immédiatement compte. Redeviens celui que tu étais à ton arrivée chez nous… avant de te mettre dans le pétrin. Mais attention ! Ne perds surtout pas les pédales quand la moutarde te monte au nez et n'oublie pas de fermer ton clapet.

J'ai opiné du bonnet.

— Tu t'es jeté dans la gueule du loup ; une incartade de plus et tu es foutu. Tu as douze ans et tu as subi plus d'atrocités que la plupart des gens au cours de toute leur vie. Si tu as été capable de les endurer, tu dois pouvoir supporter ce qui t'arrive maintenant. Mais ta bataille doit être menée dans les règles ! Obéis à ton éducateur et au personnel du centre, même s'ils te demandent des trucs bizarres. Ça fait des années que je connais Gordon, c'est le meilleur. Et n'oublie pas de réfléchir longuement avant de prendre une initiative que tu pourrais regretter. D'accord ?

La main toujours dans celle de Mme Catanze, je mourais d'envie de lui dire combien j'étais désolé d'être un tel trouble-fête. Mais je le lui avais tellement répété au moment où, en fait, je m'en fichais éperdument que je renonçai : *Pourquoi me croirait-elle maintenant ?* Conscient d'être la cause de ses nuits d'insomnie, de toutes ses inquiétudes, je regardai attentivement ses yeux si doux.

Lilian s'efforça de garder un visage souriant.

— Ah, avant que je n'oublie, j'ai quelque chose pour toi.

Elle fouilla dans son sac dont elle sortit une boîte de chocolats aux cerises qu'elle me tendit, rayonnante.

— Des chocolats ? demandai-je.

— Regarde.

Avec précaution, j'ouvris le minuscule couvercle et poussai un cri de joie en découvrant ma petite tortue. Aussitôt, elle tourna la tête vers moi. Comme je la posais très doucement au creux de ma main, elle se réfugia sur-le-champ dans sa carapace.

— Comment va-t-elle ? Elle mange bien ?

— Oui, oui, répondit Lilian d'un ton maternel. Ne t'en fais pas, je m'en occupe, change son eau...

— Tous les deux jours ? lançai-je, soucieux de la santé de ma bestiole.

— Absolument. Je sais, je sais. Enfin, je n'aurais jamais imaginé avoir un jour à prendre soin d'une vieille tortue.

— Elle est pas vieille, c'est qu'un bébé..., regarde, roucoulai-je.

— En tout cas, elle t'aime, fit Lilian.

Lorsqu'elle me vit approcher la tortue de mon visage, ma mère nourricière prit une mine faussement sévère et me caressa les cheveux avec tendresse.

— Oh, David... si seulement on te voyait avec ta tortue...

Je remis ma bestiole dans la boîte à chocolats, puis m'emparai des mains de Lilian.

— Je mérite d'être puni pour ce que j'ai fait – c'était mal. Mais je vous jure – si je mens, je vais en enfer – que je serai sage. Très sage. Je vous le promets... maman.

Ce soir-là, je contemplai le ciel par la fenêtre de ma cellule dans un état proche de la sérénité. Et je me fis un serment : *Je vais y arriver. Je vais prouver à Mme Catanze, à M. Hutchenson, à La Mère, que je suis un garçon bien !* La date de ma comparution devant le tribunal n'étant que dans quelques semaines, il me faudrait redoubler d'efforts. Délivré de toute crainte, je m'endormis.

Au bout de quelques jours, j'eus des notes de conduite bien meilleures. Je croyais m'en tirer correctement depuis mon arrivée, mais lorsque Carl Miguel, le directeur de la section C, me félicita devant tout le monde, je décidai de me surpasser. Du coup, à la fin de la semaine, on me décerna la plus haute distinction qui soit : l'or. À en croire M. Hutchenson, les enfants exemplaires ne l'obtenaient qu'au bout de trois ou quatre semaines, alors je fus fier comme Artaban d'y être arrivé en quinze jours. Cela étant, il m'apprit dans la foulée que la date du procès était avancée.

— C'est quand ? demandai-je.

— Après-demain. Tu es prêt ?

— Oui, m'sieu, répliquai-je d'une voix assurée alors que j'étais terrifié.

— David, je ne vais pas te brouiller les idées sur ce qui peut se passer au tribunal. L'expérience m'a appris que l'issue est imprévisible pour certains cas – dont le tien fait partie. Le seul conseil que je te donne, c'est de garder ton calme et de prier, si tu crois en Dieu.

De retour dans ma cellule, j'eus le vertige. Puis, chassant mon appréhension, je me suis mis à prier.

Deux jours – interminables – plus tard, je me retrouvai assis raide comme un piquet dans la salle d'audience, m'efforçant de me rappeler les directives de Gordon et de Lilian. Je fis signe en souriant à celle-ci qui était derrière moi. En me retournant, j'aperçus La Mère au premier rang, à ma droite. Après avoir fermé une seconde les yeux pour m'assurer que je n'avais pas la berlue, je les ouvris. Nul doute : elle était bel et bien là, avec Kevin dans ses bras.

Ma confiance évaporée, j'ai chuchoté à Gordon :

— Elle est ici !

— Oui ! N'oublie surtout pas de prendre sur toi.

L'instant d'après, on annonça l'affaire Pelzer. Je jetai un coup d'œil furtif à La Mère en me tortillant sur mon siège. Mon avocat, dont je venais de faire la connaissance avant d'entrer, se leva et débita une liste de dates, de numéros, de déclarations apparemment officielles, si vite que je ne savais plus s'il s'agissait de moi ou d'un autre.

Le juge remercia mon avocat qui retourna s'asseoir. Après quoi, ce fut au tour d'un autre homme en costume sombre de prendre la parole. Gordon se pencha vers moi et me tapota le genou :

— Quoi qu'il dise, ne t'énerve pas. Ne souris pas. Ne bouge pas. N'exprime aucune émotion.

— Votre Honneur, aux environs du 10 janvier, le mineur David a – sciemment et avec préméditation – tenté d'allumer un incendie criminel dans sa classe à l'école Monte Cristo...

Un sentiment de panique s'empara de moi.

— Ce mineur, votre Honneur, a d'importants antécédents de troubles du comportement. Vous avez sous les yeux le rapport du psychiatre ainsi que les dépositions de son professeur, de membres du personnel de l'école. Et j'ai également une déclaration de son assistante sociale qui affirme : « ... David a beau être d'une innocence émouvante, c'est un enfant qui a besoin, à l'occasion, d'être étroitement surveillé. En dépit de la largesse d'esprit de la famille d'accueil où on l'a placé, David s'est montré agressif à l'égard des autres et a eu parfois une attitude violente, voire perturbante. »

Je me tassai sur mon siège. Dans ce bâtiment où l'on m'avait accordé la liberté, on s'apprêtait à présent à me condamner. La diatribe de l'avocat s'éternisa. Enfin, il s'inclina devant le juge et retourna à sa place en faisant signe à La Mère.

— Vous avez entendu ça ? lançai-je à Gordon à qui je donnai un coup de coude.

— Chut ! Ne gâche pas tout !

— Quelque chose à ajouter ? demanda d'un air maussade le juge en lorgnant dans ma direction.

— Votre Honneur, dit mon avocat qui se leva avec un petit rire. La déclaration de Mme Gold est citée hors de son contexte, j'invite donc la cour à la lire en entier. En ce qui concerne l'accusation d'incendie criminel, elle ne repose que sur des preuves aléatoires. Si David a d'abord été considéré comme le principal suspect, je dispose de déclarations attestant qu'il a empêché un incendie déjà allumé de se propager. Enfin, sa conduite au centre de Hillcrest a été, je cite : « Exemplaire ». Quant aux Catanze – sa famille d'accueil –, ils attendent son retour avec impatience. Merci, votre Honneur.

Après avoir griffonné quelques notes, le juge fit signe à l'autre avocat qui sauta sur ses pieds.

— Votre Honneur, bien que rien ne vienne encore le corroborer, le mineur présente des troubles fonctionnels aigus. En outre, je possède une déclaration sous serment de sa mère biologique signalant qu'il a mis le feu à plusieurs reprises dans le sous-sol de son ancienne maison. Du reste, Mme Pelzer a avoué qu'à son grand regret elle n'a jamais réussi à exercer une autorité sur le mineur qui est extrêmement manipulateur et a tendance à la violence. Par conséquent, je vous serais reconnaissant de réexaminer l'ordre de transfert de garde légale datée de mars dernier.

» Votre Honneur, il paraît, hélas, évident que ni ses parents ni une famille d'accueil ne peuvent s'occuper du mineur. Le ministère public estime qu'il est un fardeau pour la société et recommande qu'il subisse un examen psychiatrique dans les plus brefs délais en vue de son admission dans un établissement apte à répondre à ses besoins.

— Qu'est-ce que ça veut dire ce baratin ? demandai-je quand l'avocat eut terminé.

Avant même que Gordon ne m'impose silence, le juge s'adressa à lui en se frottant les tempes :

— Quel est l'avis de l'éducateur affecté auprès du mineur ?

— Je recommande qu'il soit suivi par une deuxième psychiatre. Rien ne me porte à croire que David soit un danger pour lui-même ou pour autrui, je recommande donc également qu'il retourne dans sa famille d'accueil.

— Voilà des gens qui aiment manifestement les problèmes, plaisanta le juge. Des antécédents judiciaires ?

— Aucun, votre Honneur, affirma l'avocat en s'inclinant.

Le juge se cala dans son fauteuil. Un frisson me parcourut la nuque quand il posa les yeux sur moi. Je me grattai le bras et attendis son verdict en retenant mon souffle. Le juge tripota sa moustache, puis, brusquement, il se tourna vers le greffier :

— Faute de preuves suffisantes, la cour ne retient pas l'accusation d'incendie criminel et condamne le mineur à une peine de cent jours au centre de détention, déduction faite du séjour qu'il y a déjà effectué.

» Entre vous et moi, jeune homme, ajouta-t-il, c'est une accusation très grave que celle d'incendie criminel, et si je ne vous condamne pas pour ça c'est uniquement à cause de l'absence de pièces à conviction. Il se peut, tout l'indique, que vous n'ayez pas commis ce forfait, mais vous êtes sur une pente glissante depuis un certain temps. Pourtant, vous ne semblez pas dépourvu de qualités et vous êtes entre de bonnes mains, fit-il en indiquant Mme Catanze. Alors, faites-en bon usage.

Sitôt que le juge eut abaissé son marteau, Gordon murmura :

— Dans trente, trente-quatre jours plus exactement, tu seras sorti.

— Mais je n'ai rien fait, pleurnichai-je.

— Aucune importance. La question n'est pas là, crois-moi mon bonhomme, fit Gordon en tendant le doigt vers le juge. C'est le père Noël, cet homme-là. Si l'accusation avait eu des preuves solides, je serais en train de t'enfiler la camisole de force. En plus, le vieux a un faible pour les mauviettes dans ton genre. Allez, ouste ! À la niche et que ça saute ! blagua-t-il tandis qu'on se levait.

C'est alors que La Mère nous accosta.

— Vous avez tort ! Vous vous trompez tous autant que vous êtes ! Vous allez voir ! J'avais prévenu cette garce d'assistante sociale, maintenant c'est vous que je mets en garde ! fulmina-t-elle d'une voix stridente. C'est une pomme pourrie, un démon ! Vous verrez ! La prochaine fois, il blessera quelqu'un. Plus vite on s'en occupera, plus vite on se rendra compte que j'ai raison et que je n'ai rien fait de mal. Vous ne perdez rien pour attendre ! Il n'y a qu'un seul endroit pour ce garnement.

Sur ce, elle sortit en trombe, traînant Kevin.

Je m'approchai de Gordon qui était blême.

— Dis donc, où habite ta mère ?

— À la maison, répondis-je.

— Tiens, tiens, celle dont tu as incendié le sous-sol. Dans ce cas, comment se fait-il que tu n'aies pas réduit la maison en cendres.

— N'est-ce pas ! rigolai-je.

Trente-quatre jours plus tard, je rangeai mes bricolages et mes cahiers dans une boîte en carton en pleurant. En un sens, je n'avais pas envie de partir. Il y avait tant d'occasions de déraper pour moi dans le monde extérieur tandis que je m'étais habitué à Hillcrest où je savais ce qu'on attendait de moi et me sentais à l'abri. En m'accompagnant à la sortie, Carl Miguel me le confirma et m'expliqua que ce serait le véritable test.

— Eh bien, Pelzer, me dit-il. Je compte bien ne jamais te revoir.

Je lui serrai la main avant de me tourner, rayonnant, vers Mme Catanze qui eut l'air sidéré que mon pantalon soit si court pour moi.

— Alors, ça va ? me demanda-t-elle.

— Et ma tortue ?

— À mon avis, elle mijote dans la soupe en ce moment.

— Maman, pas ça ! fis-je, d'un ton geignard, sachant qu'elle me taquinait. Allez, on rentre chez nous.

Le visage de Lilian s'illumina : c'était la première fois que je qualifiais sa maison de « chez nous. » Elle m'entraîna en me prenant par la main.

— Chez nous, absolument !

8.

Séparation

Après mon séjour à Hillcrest, rien ne fut plus jamais pareil chez les Catanze. Les autres pensionnaires me couvaient d'un regard soupçonneux, et il suffisait que j'entre dans une pièce pour qu'ils s'arrêtent de parler, un sourire contraint aux lèvres. C'était inutile de chercher à me joindre à leur conversation, ils me faisaient lanterner si bien qu'au bout d'un long silence je finissais par m'en aller, sentant leurs regards me transpercer le dos. Même le grand Larry que je considérais comme un frère aîné me bouscula avant son départ. Du coup, au bout d'un certain nombre d'incidents de ce type, j'en vins à m'isoler dans ma chambre. Et ça m'était bien égal que la rouille ronge mon vélo.

En juillet 1974, Gordon passa me voir un vendredi après-midi. En l'entendant monter l'escalier, j'étais excité comme une puce d'avoir enfin l'occasion de parler à quelqu'un. À son air sombre toutefois, je compris qu'il avait de mauvaises nouvelles.

— Qu'est-ce qu'il y a ? soufflai-je.

Gordon posa la main sur mon épaule.

— Désolé, mais tu dois plier bagage.

Je repoussai sa main tandis que des images de Hillcrest défilaient dans ma tête.

— Pourquoi ? Qu'est-ce que j'ai fait ?

Gordon m'expliqua gentiment que je n'y étais pour rien. Au courant des difficultés que je rencontrais chez les Catanze depuis mon retour, il avait entrepris des démarches pour me placer dans une famille qui hébergeait moins d'enfants.

— En fait, précisa-t-il, je suis coincé. Lundi prochain, un gamin plus grand que toi sort de Hillcrest et il est censé habiter ici. Allez, dépêche-toi, rassemble tes affaires.

Refoulant mes larmes, je me précipitai dans ma chambre. Par nervosité, peur de l'inconnu, mon cœur battait à tout rompre. À toute vitesse, j'ai vidé tiroirs et placards, fourrant le tout dans un sac en papier. L'instant d'après, je jetai un dernier regard à cette chambre où j'avais dormi, pleuré, joué, réfléchi pendant un an – mon refuge quand tout semblait s'écrouler autour de moi. Minute d'attendrissement que je me reprochai en fermant la porte. Dieu sait pourtant si j'avais appris chez tante Mary qu'un enfant en famille d'accueil ne devait s'attacher à personne et ne jamais se considérer comme chez lui dans la maison de celle-ci. Voilà que j'avais enfreint ces règles fondamentales, naïvement persuadé du côté permanent de mon installation chez Rudy et Lilian.

Gordon téléphona à une autre famille. Après quoi, il dut m'arracher aux bras de Lilian – l'un comme l'autre, nous sanglotions. Je fis la promesse à cette dernière d'être sage, de lui donner des nouvelles. On sortit. Gordon balança mon sac en papier sur la banquette arrière avant de me faire monter dans sa Chevy Nova marron. Lorsqu'il recula dans l'allée, je regardai Lilian dont les joues étaient maculées de traces de rimmel. Elle se tenait dans l'embrasure de la fenêtre du salon, à l'endroit précis où j'avais guetté – des heures durant – mon père jamais au rendez-vous. Je lui fis un dernier signe de main. Non seulement Lilian et son mari m'avaient bien traité, mais ils s'étaient occupés de moi, ce que mes parents n'avaient jamais fait.

Au bout d'un long silence, Gordon se décida à ouvrir la bouche.

— Bon, ce départ t'est tombé sur la tête...

— Mais pourquoi ?

Son visage se crispa.

— Écoute ! C'est très rare qu'un enfant reste aussi longtemps dans une famille. Tu le sais, non ? Voyons, combien de temps as-tu habité chez les Catanze ? Plus d'un an, hein ? Eh bien, c'est un record !

Il avait raison. Voilà une vérité que j'avais refusé d'admettre pendant trop longtemps. Vautré sur mon siège, je regardais défiler ces quartiers que je connaissais si bien à présent.

Gordon me sortit de ma rêverie.

— David, je suis désolé de m'en prendre à toi comme ça, il m'arrive d'oublier ce que c'est que d'être un môme dans ta situation. En fait, je t'avais dégoté une autre famille, mais j'ai été retardé au tribunal et n'ai pas pu passer te prendre à temps. Du coup, un autre gosse a pris ta place... merde, je ne sais pas quoi faire de toi.

— Tu pourrais me ramener chez les Catanze.

— Impossible. J'ai signé hier les formulaires de ton départ : ils ne sont donc plus tes tuteurs légaux. Enfin, c'est compliqué à expliquer. Bon, je dois te trouver une famille, c'est ça l'essentiel.

Gordon s'emmêlait les pédales dans son discours. Quant à moi, effondré, je m'aperçus que j'avais oublié mon vélo et, surtout, ma tortue. Je le prévins tout de suite. Il en rigola. Du coup, moi aussi. Bien sûr que Gordon savait à quel point j'y tenais, mais ce qui primait pour l'heure, c'était de me trouver un endroit où crécher.

Gordon s'arrêta chez lui. Et, sans perdre une seconde, il fit le tour de familles d'accueils possibles. Le combiné plaqué à l'oreille, il réclamait, suppliait ceux qu'il avait au bout du fil de me prendre – ne serait-ce que quelques jours. En vain. Au bout de je ne sais combien d'appels, il raccrocha brutalement :

— Merde ! On manque de familles d'accueil ! Et il n'y a plus de place dans celles qu'on a sous la main.

— Il n'en reprit pas moins le téléphone. Cette fois il me tourna le dos pour demander calmement :

— Il y a combien de personnes dans l'aile A ? Dans ce cas, réserve un lit pour Pelzer. Non, il n'a pas fait de connerie, simplement je n'arrive pas à lui trouver une place dans une famille. D'accord. Merci. J'appelle pour te prévenir de notre arrivée.

Quand Gordon fit volte face, il réalisa sur-le-champ que j'avais tout compris.

— Pardonne-moi, David. Pour l'instant, je n'ai pas d'autre solution.

À dire vrai, je m'en fichais éperdument tant j'étais épuisé mentalement. Si étrange que cela paraisse, je me réjouissais plutôt de retrouver le train-train de Hillcrest, de revoir des éducateurs tels que Carl Miguel. Mais, avant que je n'aie le temps de lui dire que j'étais d'accord, Gordon claqua les doigts et, s'emparant de sa veste, il se précipita vers la porte en me sommant de l'accompagner à la voiture. Une fois installé au volant, il me lança un sourire complice.

— J'aurais dû y penser plus tôt. Certains parents nourriciers sont incapables de refuser d'héberger un gosse après l'avoir vu. Ce n'est pas très honnête, mais la fin justifie parfois les moyens.

J'eus beau essayer, je ne compris pas où il voulait en venir. De toute façon, je n'eus pas le loisir d'approfondir la question car il s'arrêtait déjà devant une maison.

— Voilà, c'est ici, annonça-t-il fièrement. Prépare ton plus beau sourire.

Rayonnant, il frappa à la porte grillagée et pénétra à l'intérieur sans attendre.

Comme je le suivais, marchant sur la pointe des pieds avec l'impression d'être un voleur entrant par effraction dans une maison, deux têtes surgirent de la cuisine.

— Reste tranquille et va t'asseoir, me dit Gordon en m'indiquant un canapé.

Il me fit un clin d'œil avant de se retourner, les bras grands ouverts.

— Harold, Alice, quel plaisir de vous voir ! Comment va ? lança-t-il en s'avançant vers la cuisine.

Quel comédien ce Gordon ! J'en rigolais tout seul. Pour peu qu'il s'en donne la peine, il était capable de convaincre n'importe qui de n'importe quoi. On aurait dit un de ces mecs qui, à la télé, s'ingénient à rouler des gens pour leur fourguer des bagnoles.

Cela étant, la partie n'était pas gagnée. Loin de là. Je le compris avant même que Gordon ne se soit installé à la table de la cuisine. Immédiatement, Harold secoua sa tête coiffée d'un chapeau de paille.

— Pas question ! On n'a plus de place, grommela-t-il en tirant une bouffée de sa cigarette, très fine.

Prêt à partir, j'ai serré mon sac complètement froissé. C'est alors qu'Alice intervint :

— Pas si vite, Leo. Ça m'a tout l'air d'un bon petit gars.

Elle se pencha vers moi avec un sourire que je lui rendis.

— N'oublie pas qu'on n'a pas le permis pour héberger des garçons, lui rappela Leo.

Gordon s'en mêla.

— Ce n'est que pour quelques jours, le temps de me retourner pour lui trouver une nouvelle famille. Donnez-moi jusqu'à lundi... bon, mercredi au plus tard. Vraiment vous rendriez un immense service – à David comme à moi.

— Et les papiers ? demanda Alice.

— Hum... je ne les ai pas sur moi, mais je les apporterai sans faute la semaine prochaine et... on n'aura qu'à les antidater. Oh là là ! Vous avez vu l'heure qu'il est ! Il faut que je file ! Merci encore, à la semaine prochaine.

Il sortit en coup de vent sans laisser à Harold et Alice le temps de changer d'avis.

Cloué sur le canapé, la tête basse, je m'accrochai à mon sac. Harold et Alice m'observèrent d'un œil circonspect. Ensuite, ils allèrent au salon.

— Eh bien, où va-t-il dormir ? lança Harold d'un ton maussade.

Ils se chamaillèrent un petit moment avant qu'Alice ne décide de me mettre dans la chambre de Michelle – jeune fille de dix-sept ans qui travaillait la nuit. Harold protesta que ce n'était pas convenable. Cherchant à faire bonne impression, je m'approchai de lui et le regardai droit dans les yeux.

— Pas de problème, ça ne me gêne pas.

À peine avais-je proféré cela que je compris que j'aurais mieux fait de tenir ma langue. Résultat des courses, je dormis quatre nuits sur le canapé, enroulé dans des couvertures. Peut-être que je ne plaisais pas à Harold, mais au moins j'avais un toit au-dessus de ma tête – de quoi éprouver de la reconnaissance à leur égard.

Une semaine après, je fis mes adieux à Alice, vérifiai mon piteux ballot et m'engouffrai dans la voiture de Gordon. À l'en croire, il avait trouvé la famille idéale, même si mes nouveaux parents nourriciers n'avaient encore jamais accueilli d'enfant chez eux. En proie à une vive émotion, il me suffit de l'entendre aligner les arguments en faveur de mon nouveau foyer pour sentir à quel point il cherchait à me caser.

Un kilomètre et demi plus loin, Gordon se gara devant une petite maison marron. Avec un gros soupir, je sortis de la voiture et lançai un sourire contraint à la femme qui nous attendait sur le seuil. Gordon n'eut pas le temps de nous présenter car elle dévala l'escalier et me serra de toutes ses forces dans ses bras. De ses mains rêches, elle me palpa le visage tandis que, ne sachant quelle attitude adopter, je restais les bras ballants. Il me sembla même qu'elle me prenait pour un autre enfant. Toujours est-il qu'elle continua de me pincer les joues, puis m'étreignit derechef – à me défoncer les côtes – avant de reculer et de s'exclamer :

— Oh, mais quel beau petit garçon !

Après quoi, elle me secoua si vigoureusement par les épaules que ma tête bringuebala.

— C'est que je le mangerais tout cru ! Vraiment, il est adorable, Gordon ! s'écria-t-elle, m'entraînant dans la maison. David, ça fait une éternité que j'attends un garçon comme toi !

Je trébuchai en entrant dans le salon. Quand je retombai sur mes pieds, cette femme – manifestement cinglée – me poussa sur le canapé. Gordon s'efforça de la calmer en lui mettant les formulaires concernant ma garde sous le nez. Il finit par la faire asseoir et se lança dans une description par le menu de ma personnalité, insistant pour qu'elle l'appelle si elle avait des questions.

— Oh, ne vous mettez pas martel en tête, un petit garçon comme lui ne posera sûrement aucun problème, décréta-t-elle en me prenant la main.

Gordon et moi, on échangea un coup d'œil, puis avec un petit rire, il s'excusa :

— Dans ce cas, je file. Comme ça, vous allez faire connaissance.

Tandis que je le raccompagnais, il se pencha vers moi pour me murmurer, à l'insu de la dame :

— Je compte sur toi pour être sage comme une image... un petit garçon modèle.

Taquinerie qui me fit évidemment ruer dans les brancards.

Après son départ, la dame se jeta sur le canapé et secoua la tête en battant des cils. Je crus qu'elle allait fondre en larmes, mais elle se borna à répéter :

— Quel beau petit garçon tu es !

Machinalement, je me présentai :

— Je m'appelle David Pelzer.

Du coup, elle porta la main à sa bouche.

— Bien sûr, quelle idiote je suis ! Eh bien moi, c'est Joanne Nulls, mais tu peux m'appeler madame Nulls, ça te va ?

J'acquiesçai. Il était clair que cette dame me considérait comme un môme, non comme un grand de treize ans. Qu'à cela ne tienne !

— C'est très gentil à vous..., madame Nulls.

D'un bond elle se leva du canapé et me montra une photo encadrée de son mari :

— Voici Michael, enfin M. Nulls. Il travaille à la poste, m'expliqua-t-elle, serrant le cadre contre son cœur comme si c'était un bébé.

Lorsque je rencontrai M. Nulls peu après, je fus soulagé de son insistance pour que je l'appelle Michael. À en juger par l'expression de Joanne, la cordialité de son mari lui déplaisait ; elle n'aimait manifestement pas qu'on remette en question ses consignes.

Si elle rongeait son frein en présence de son mari, elle se rattrapait dès qu'il avait le dos tourné – me traitant derechef comme une poupée. Joanne insistait pour me laver les cheveux, m'interdisait d'aller plus loin qu'au coin de la rue en vélo, et, au lieu des deux dollars cinquante d'argent de poche auxquels j'avais droit chez les Catanze, elle me donna royalement deux pièces de vingt-cinq cents en me recommandant :

— Et ne t'avise pas de les dépenser en une fois !

— Oh, ne vous inquiétez pas, la rassurai-je, me demandant qu'en faire.

Vu les restrictions qu'imposait Joanne, je passais le plus clair de mon temps à errer dans la maison. Le salon débordait de bibelots qu'on aurait dit sortis tout droit du catalogue Avon. Je les examinais sous tous les angles, puis, mourant d'ennui, je m'installais devant la télé en début d'après-midi pour regarder les dessins animés. Quand j'en avais assez, je me traînais dans ma chambre où je coloriais l'album qu'elle m'avait donné.

Avec la même acuité qu'à l'époque où je vivais chez La Mère, je sentais que quelque chose clochait. La porte fermée de ma chambre ne m'empêchait pas d'entendre les disputes, qui, commencées à voix basse, ne tardaient pas à dégénérer. À plusieurs reprises, Michael cria que ma présence chez lui l'emmerdait. À dire vrai, c'était une idée de Joanne qui m'avait confié ne pas pouvoir avoir d'enfants. En tout cas, leurs querelles réveillaient le souvenir de celles de mes parents ; même si j'étais sûr de ne courir aucun danger, je restais terré dans ma chambre, la tête sous une couverture. Du reste, quelques jours avant la rentrée des classes, leurs hurlements furent d'une telle intensité que les fenêtres vibrèrent.

Le lendemain, j'essayai de parler à Joanne manifestement au bord de l'effondrement. Assis à côté d'elle sur le canapé, je la regardai se balancer d'avant en arrière en serrant sa photo de mariage sur sa poitrine. De guerre lasse, je sortis et allai mettre mes affaires dans le vieux sac en papier. À l'évidence, mes jours dans cette maison étaient comptés.

Cela étant, mes problèmes avec les Nulls se dissipèrent – pour un temps – lorsque j'entrai à l'école secondaire de Parkside. Fièrement installé autour de la table ronde de ma classe, je me trouvai d'emblée sur la même longueur d'onde que les autres garçons avec qui je n'eus aucun mal à blaguer. L'un d'eux, Stephen, me donna un coup de coude, prétendant qu'une fille assise à l'autre table me dévorait des yeux.

— Et alors, fis-je. C'est quoi le problème ?

— Bon, quand une fille nous plaît, on l'appelle « traînée ». C'est la règle ici, m'expliqua Stephan.

Les autres opinèrent du bonnet tandis que j'enregistrais ce mot inconnu. Fortement encouragé par mes nouveaux amis et voulant à tout prix jouer le décontracté, je me penchai vers la fille en question à qui je chuchotai :

— T'es la plus jolie traînée que j'ai vue de ma vie.

La classe qui bourdonnait comme une ruche se tut, toutes les têtes se tournèrent vers moi. Quant aux filles, elles se couvrirent la bouche. À l'évidence, j'avais gaffé – une fois de plus.

À la fin des cours, les élèves se bousculèrent à la porte. Quand je sortis à mon tour, j'eus l'impression que le soleil disparaissait alors qu'un gigantesque élève de cinquième me dominait de toute sa taille.

— Dis donc, t'as traité ma sœur de quoi ? demanda-t-il avec un immense mépris.

La gorge serrée, je me creusai la cervelle pour trouver quelque chose d'intelligent à répondre. En vain, je ne fus capable que de balbutier : « De traînée. » L'instant d'après, un jet de sang chaud gicla de mon nez. Il avait été si rapide que je n'avais rien vu venir.

— T'as traité ma sœur de quoi ? répéta-t-il.

Les yeux fermés, je répondis la même chose.

Vlan !

Au sixième coup, je compris – tout de même – que ce mot de traînée devait être une insulte. Et je présentai mes plus plates excuses à l'élève à carrure de gorille qui m'assena une ultime beigne en beuglant :

— T'avise plus de traiter ma sœur de pute !

L'après-midi, réfugié dans ma chambre, j'ai essayé de rafistoler mes lunettes sans remarquer que Joanne était enfermée dans la sienne. Au fil des jours, malgré mon envie de connaître le sens du mot « pute », je n'osais le demander tant la tension entre Michael et Joanne était perceptible.

À mon retour de l'école quelques semaines plus tard, je trouvai Joanne la tête enfouie dans les mains. Je me précipitai vers elle. Avec force gémissements, elle m'annonça son divorce. Assis à ses pieds, je l'ai écoutée me raconter, en larmes, que Michael avait une liaison avec une autre femme. Encore un mot mystérieux dont je me suis toutefois bien gardé de demander la signification.

Je restai avec Joanne jusqu'à ce qu'elle s'endorme, épuisée. Et je n'étais pas peu fier d'avoir aidé quelqu'un, cela ne m'était encore jamais arrivé. Après avoir jeté une couverture sur elle, j'éteignis la lumière du salon et allai vérifier – pour la énième fois – mon sac d'affaires. Ensuite, je me suis allongé sur mon lit, persuadé d'être l'une des causes du divorce des Nulls. Deux jours plus tard, je me détournai de Joanne en larmes sur son perron tandis que Gordon engageait sa voiture dans la rue.

Fouillant dans mes poches, je sortis un bout de papier chiffonné où figuraient les adresses et numéros de téléphone de mes anciennes familles d'accueil. Et j'empruntai un crayon à Gordon pour rayer, sans l'ombre d'un regret, ceux de Joanne et Michael Nulls. De toute façon, il ne fallait surtout pas m'appesantir sur ce que j'éprouvais pour Joanne Nulls, Alice Turnbough ou Lilian Catanze, car je me serais effondré. L'essentiel, c'était d'afficher l'indifférence. Repliant soigneusement la feuille, je la remis dans ma poche.

Quand, l'esprit libre, je jetai un coup d'œil par la fenêtre, je crus avoir la berlue – on aurait dit que Gordon m'emmenait à Daly City.

— Tu es sûr de ne pas t'être trompé de route ? glapis-je.

— Hum... David, on manque de familles d'accueil, soupira Gordon. La seule possible est à une maison à côté de celle de ta mère.

Une boule se forma dans ma gorge.

— À quelle distance ?

— Environ un kilomètre, précisa sèchement Gordon.

Il y avait – d'après mes calculs – la même distance entre mon ancienne école Thomas Edison qui se profilait à l'horizon et la maison de La Mère. Un étau me comprima la poitrine tandis que mon cœur battait la chamade à la perspective de me retrouver si près d'elle. En approchant de l'école toutefois, je ne la reconnus pas :

— Qu'est-ce qui a changé ? demandai-je à Gordon.

— Oh, c'est un collège à présent. C'est là que tu vas aller.

Un soupir m'échappa. *Bon, rien n'est comme avant, hein ?* me dis-je.

La joie provoquée par l'idée de revoir les professeurs qui m'avaient sauvé retomba. Et je n'ai mieux respiré que lorsque Gordon tourna dans une rue opposée à celle de La Mère, bordée de maisons identiques à la sienne. On aurait dit que je remontais le temps si ce n'est qu'elles me paraissaient minuscules. D'une étrange façon, je me sentais en sécurité, ébloui par les palmiers dressés dans les jardins. À dire vrai, je n'arrivais pas à croire que ça faisait déjà deux ans que j'avais échappé aux griffes de La Mère.

Gordon se gara en haut d'une rue en pente. Puis je lui emboîtai le pas dans l'escalier rouge d'une maison – copie conforme de celle de La Mère. Quand la porte s'ouvrit, mes yeux faillirent sortir de leurs orbites. Gordon se pencha vers moi.

— Ça va aller ? Tu n'as pas de préjugés, hein ?

Bouche bée, je fis signe que non. C'était la première fois que j'atterrissais chez des Noirs. La femme de grande taille qui me serra la main se présenta. Elle s'appelait Vera. Automatiquement, je me suis installé dans le salon tandis qu'elle discutait avec Gordon dans la cuisine. Je fouillai du regard tous les recoins de cet endroit qui me rappelait tant celui de mon enfance. Cela étant, chez La Mère, une odeur de fumée et de pisse de chien se dégageait des murs, alors que tout reluisait de propreté chez Vera. Une fois l'inspection de mon nouveau foyer terminée, je souris – aux anges.

Gordon me rejoignit. Assis à côté de moi sur le canapé, les mains sur mes genoux, il me prévint que la maison de La Mère, dans un rayon d'un kilomètre, était un territoire strictement interdit. Je lui fis signe que je saisissais parfaitement. En revanche, j'avais peur que La Mère ne finisse par me retrouver.

— Tu vas lui dire où je suis ?

Gordon chercha ses mots avant de me répondre :

— La loi ne m'oblige qu'à lui signaler que tu résides dans les limites de la ville. Il ne me paraît pas utile de lui fournir des précisions supplémentaires. Comme tu vois, je ne la porte pas dans mon cœur, mais, pour l'amour du ciel, ne te fourre pas dans ses jambes, conclut-il, en changeant d'expression. Est-ce que c'est clair ?

— Comme de l'eau de roche, fis-je, au garde-à-vous.

Il me tapota le genou, puis se leva. Et je le raccompagnai à la porte.

Dans notre relation, le moment où Gordon me laissait dans une famille inconnue avait tendance – tout pénible qu'il soit – à devenir un rituel. Il en était conscient.

— Tu vas être bien ici. Les Jones sont très gentils. Je passerai te voir dans quelques semaines.

Vera referma doucement la porte derrière Gordon avant de me conduire dans un couloir étroit.

— Je suis désolée, mais on ne t'attendait pas, expliqua-t-elle d'une voix chaleureuse tout en me faisant entrer dans une chambre au bout du couloir.

Je découvris une pièce aux murs blancs où il y avait un matelas double d'un côté, un sommier de l'autre. L'air ennuyé, Vera me précisa que j'allais la partager avec son plus jeune fils. Comme je lui souriais, l'air contraint, elle sortit. Une fois seul, je sortis mes vêtements du sac en papier que je rangeai soigneusement sur une étagère près du sommier. Pour tuer le temps, je les pliai plusieurs fois de suite, comme pour les caser dans un tiroir de commode. Puis à l'idée que je n'habiterais plus jamais avec les Catanze, j'eus les larmes aux yeux.

En fin d'après-midi, je fis la connaissance des sept autres adolescents placés chez les Jones. Ils couchaient tous dans le garage transformé en dortoir où deux vieilles lampes diffusaient un éclairage tamisé tandis que des étagères servaient d'espace de rangement. À peine vis-je Jody, le mari de Vera, que mon anxiété se dissipa. Il m'accueillit avec un gros rire de père Noël et me souleva dans ses bras, si haut que je faillis me cogner la tête au plafond. En tout cas, à son retour, tout le monde interrompait son activité et jouait des coudes pour attirer son attention. Malgré le manque d'espace, il y avait vraiment un lien entre les membres de cette famille dont j'espérais avoir le temps de me rappeler le numéro de téléphone.

Ma première journée au collège Fernando Riviera se passa beaucoup mieux qu'à l'école Parkside de San Bruno. Gardant un profil bas, je n'ouvris pas le bec. À la récréation, je posai tout de même des questions sur mes anciens professeurs et on m'apprit qu'ils avaient été nommés dans d'autres établissements de la région. Après avoir erré comme une âme en peine pendant un certain temps, je finis par me faire un copain : Carlos, un garçon timide, d'origine espagnole. On suivait les mêmes cours ; on se tenait compagnie à la récré ; on avait beaucoup de choses en commun. Sans compter que, contrairement à mon soi-disant pote John, Carlos n'était pas méchant pour un sou. Même si on se parlait peu parce qu'il avait encore du mal à s'exprimer en anglais, on se comprenait. On ne tarda pas à être comme les deux doigts de la main. À la fin des cours, on se retrouvait au vestiaire – nos casiers étaient contigus –, pour rentrer ensemble à la maison.

Un jour, par désœuvrement, je convainquis Carlos d'aller faire un tour en face, à la nouvelle école Thomas Edison. Et on se balada dans les couloirs où les élèves qui nous bousculaient en rigolant pour aller jouer dans la cour, pour retourner chez eux, me parurent minuscules. En tournant sans regarder au bout du corridor, j'ai tamponné un grand garçon. Comme je bredouillais machinalement des excuses, je reconnus mon frère Russell. Il eut un mouvement de recul. Certain qu'il allait pousser un hurlement à vous glacer le sang, je ne l'en examinai pas moins sur toutes les coutures. Il cligna les yeux. Prêt à prendre mes jambes à mon cou, je me penchai vers lui. Il avait les lèvres agitées de tremblements convulsifs. Alors, je pris une profonde inspiration en me disant : *Prépare-toi, David, il va crier*. Au lieu de quoi, d'une voix étouffée, il s'exclama :

— Ben ça, alors ! Merde, David, où t'étais... comment tu vas ?

Un certain nombre de possibilités défilèrent dans ma tête. Est-ce que Russell était sincère ? Allait-il décamper après m'avoir frappé ou courir tout raconter à La Mère. Je me suis tourné vers Carlos qui haussa les épaules. La bouche sèche, résistant à l'envie de serrer Russell dans mes bras, j'ai balbutié :

— Euh... pas mal ? Et toi ? J'veux dire... ça va ? Comment ça se passe à la maison ? Et maman ?

Je fus frappé par l'air renfermé de Russell qui fixait ses baskets usées jusqu'à la corde. En plus, sa chemise était mince, ses bras constellés de marques violacées. Inutile de me faire un dessin, c'était clair comme de l'eau de roche. Bouleversé, j'en restai sans voix. Des années durant, La Mère ne s'en était prise qu'à moi, voilà que j'avais sa nouvelle cible – mon substitut – sous les yeux.

— T'imagines ce qu'elle me fera si elle découvre que je t'ai parlé ? Non, ça va mal. Très mal. Elle passe son temps à gueuler, elle picole plus que jamais. Tout est pire qu'avant, répondit Russell.

— Je peux t'aider, lançai-je, spontanément. Vraiment !

— Euh... je dois y aller.

Russell pivota sur les talons, puis, s'arrêtant dans son élan, il se retourna :

— Retrouve-moi ici demain, après l'école. Je suis vraiment content de te voir, vieux, ajouta-t-il tandis que son visage s'éclairait furtivement.

L'envie de me rapprocher de lui était si forte que je me suis avancé d'un pas.

— Merci, vieux. À demain.

Ensuite, j'ai expliqué à Carlos que c'était mon frère.

— *Si, hermano, si,* dit-il en hochant la tête.

La pensée de mon frère ne me quitta pas de l'après-midi. *Vivement demain ! Que puis-je faire ?* ne cessais-je de me répéter. Et s'il venait chez Jody et Vera pour que ceux-ci appellent la police et le sauvent comme je l'avais été. Au fond, peut-être Russell s'était-il fait des bleus aux bras en jouant, et La Mère n'avait rien à y voir ? À moins qu'il ne cherche à me tendre un piège comme le jour où il avait caché des bonbons sous des chiffons et couru raconter à La Mère que je les avais volés. Ce qui lui avait valu le privilège d'assister à ma punition. À l'époque c'était l'espion de La Mère qui l'avait formé à ce rôle depuis le berceau.

Ce soir-là, je me retournai sans arrêt dans mon lit et ne m'endormis qu'au petit matin. Je fis un rêve où j'attendais La Mère. Sa respiration haletante me parvenait aux oreilles, puis on se regardait dans les yeux jusqu'à ce que je m'avance vers elle. J'avais envie de lui parler, de lui poser des questions, de la supplier de m'expliquer – pourquoi moi, pourquoi Russell ? Mes lèvres avaient beau remuer, aucun son n'en sortait. En un éclair, La Mère devenait rouge comme une tomate. *Non ! Tu ne peux pas continuer ! C'est fini !* hurlai-je. Un couteau à lame effilée comme un rasoir apparaissait au-dessus de la tête de La Mère. Comme je cherchais désespérément à m'enfuir, mes jambes refusaient de m'obéir. Sûr d'être mort, je poussais un cri de terreur que je n'entendis pas.

Ma tête heurta le sol. Je me suis relevé en tâtonnant. Debout dans l'obscurité de ma chambre, ne sachant plus si je rêvais ou si j'étais réveillé, j'ai fouillé la pièce du regard. J'avais l'impression d'avoir le cœur sur le bord des lèvres. *Mon Dieu ! Et si j'étais encore là-bas avec elle ?* J'entendis le paisible ronflement de Jody, le fils de Vera. Ouf ! Attrapant un vêtement, j'ai guetté l'aube en le serrant contre moi.

À la fin de la classe le lendemain, j'ai traîné – littéralement – Carlos à l'école Thomas Edison.

— Pas bonne idée. Ta *mamasita* est *loca* ! ne cessait-il de répéter, le doigt sur la tempe.

Si je marquais mon assentiment en opinant du chef, il était exclu que je renonce. Depuis mon cauchemar, j'avais décidé de voir Russell coûte que coûte. À notre arrivée dans le même couloir que la veille, une meute de gamins vociférants nous passa entre les jambes. Quand ce fut au tour des plus grands, je tendis le cou, cherchant Russell que j'aperçus enfin au fond du couloir. Il baissait la tête.

— Russell, m'égosillai-je. Par ici.

Mon frère redressa brusquement l'échine mais il ne croisa pas mon regard.

On me tira par la manche. C'était Carlos à qui je lançai un petit sourire suffisant alors qu'il jetait des regards affolés autour de lui.

— Pas bien ! Ta mama est *loca,* martela-t-il pour la énième fois.

— Laisse-moi tranquille ! le rabrouai-je sans quitter le crâne de Russell des yeux. Mon frère… *hermano, si ?* Il a besoin d'aide. Comme moi avant, ajoutai-je, lui montrant du doigt Russell qui ralentissait le pas.

Comme je m'avançais, Carlos s'agrippa à moi en criant :

— Non ! Attends ici.

Le repoussant, je me frayai un chemin à travers la horde d'élèves et je tendis la main à Russell sans m'arrêter de marcher. Bien qu'il m'ait vu, celui-ci garda la tête obstinément baissée.

Les bras ballants, je sentis mes jambes se dérober sous moi. La catastrophe était imminente. J'en fus sûr avant même d'entendre Carlos hurler :

— Cours, David ! Cours !

Je levai les yeux : La Mère suivait Russell. L'instant d'après, je vis son visage et elle planta ses yeux glacials, diaboliques, dans les miens. Les enfants qui s'égaillaient autour d'elle donnaient l'impression de danser. À quelques pas de moi, Russell s'immobilisa pour se retourner vers La Mère qui lui sourit, plongeant la main dans son sac. Elle se rapprocha. L'espace d'une seconde, elle parut hésiter avant de brandir un objet en métal étincelant...

Perdant l'équilibre, je tombai sur le dos sans la quitter du regard. Carlos s'efforça de me tirer en arrière. J'avais beau me dire que c'était un rêve, les supplications de mon copain prouvaient le contraire. Avec son aide, je me suis relevé.

Clignant les yeux, je vis La Mère tendre sa main noueuse vers mon cou. Voilà qu'elle me frôlait ; son haleine fétide parvint à mes narines. Sans perdre une seconde, Carlos et moi, on se faufila entre les enfants. Tout en courant, je me suis retourné. La Mère, qui s'était emparée du bras de Russell, pressait le pas. Carlos me prit par la main et m'entraîna vers le parking. À cause de ma terreur, du manque d'oxygène, j'étais terriblement oppressé et je moulinais les bras dans tous les sens. Jetant un nouveau coup d'œil derrière moi, je trébuchai sur le trottoir. Projeté en avant, je voulus rejeter ma tête en arrière pour retrouver l'équilibre. En vain. Et je suis entré dans le capot d'une voiture dont la conductrice, au volant, écarquilla les yeux. Comme je tombais, j'ai essayé d'attraper les essuie-glaces de mes mains tremblantes pour éviter d'atterrir sous les roues. Sans succès. Rien n'arrêta ma chute. Je poussai un hurlement qui me transperça les oreilles.

Il y eut un crissement de pneus quand ma tête heurta le sol. Je me cachai le visage. Le cri d'un passant résonna à proximité. Les yeux fermés, j'ai expiré longuement avant de jeter un coup d'œil entre mes doigts : des rainures d'un pneu avant gauche se trouvaient à quelques centimètres de mon nez.

Carlos me tira doucement vers le trottoir en passant mon bras autour de son épaule. La jeune femme sortit de la voiture et resta plantée, tremblant de tous ses membres, au milieu du parking.

En revanche, La Mère se dirigea à toute allure vers son break.

Je n'eus pas besoin d'ouvrir la bouche pour que Carlos comprenne ma terreur. Vu que j'avais les jambes en coton, il dut me traîner au sommet de cette côte que je dévalais autrefois pour me précipiter dans les bras de maman avant notre départ en vacances à la rivière Russian. Elle me paraissait maudite à présent. Je m'écorchai les genoux sur le trottoir ; cela me fit tellement mal que je serrai les dents.

Du haut de la colline, Carlos et moi, on vit des groupes d'enfants et de grandes personnes nous montrer du doigt. J'ai cherché la voiture de La Mère dans le flot de celles qui sortaient du parking pour décider de quel côté décamper. Au bout de quelques secondes, je me suis écrié :

— Elle n'est pas là ! Elle est partie !

Carlos agrippa mon bras endolori.

— Là !

Il tendit la main vers le break de La Mère qui était déjà presque au sommet de la côte. Défigurée par la colère, elle klaxonnait frénétiquement parce qu'un bouchon l'empêchait de tourner à gauche. D'un commun accord, Carlos et moi avons traversé la rue au pas de course, puis grimpé une autre rue en pente pour aller chez lui. Galvanisé, je courais comme un dératé tandis que la vieille bagnole de La Mère pétaradait.

Quatre à quatre, on monta l'escalier de la maison de Carlos. Il chercha la clé dans sa poche.

— Grouille-toi ! le suppliai-je.

Les clés lui échappèrent des mains et roulèrent sur les marches. Leur reflet argenté me fascina, malgré la persistance du vrombissement de la voiture de La Mère. *Des clés ! Ce n'était pas un couteau qu'elle sortait de son sac, mais des clés !*

Les cris de Carlos me sortirent de ma torpeur. Et je me précipitai dans l'escalier pour les rattraper, les lançant à mon copain. La porte s'ouvrit. À quatre pattes, je remontai l'escalier et me ruai dans la maison. Il n'y avait personne. On rampa jusqu'à la fenêtre dont on écarta les rideaux avec le plus de précaution possible, au moment où le break passait en trombe devant la maison. Un rire nerveux nous secoua. La Mère faisait reculer sa voiture et freinait sans arrêt.

— Pas de doute, elle nous cherche, chuchotai-je à Carlos.

— *Si*. Ta mama est *loca* !

On resta cachés plus d'une heure. Carlos me raccompagna la moitié du chemin. Les yeux pétillants, il me lança :

— Nous, c'était comme *James Bondo* !

— Ouais, exactement, fis-je en éclatant de rire.

On se dit à demain. Puis je le suivis des yeux jusqu'à ce qu'il disparaisse au coin de la rue. C'était la dernière fois que je le voyais.

Je courus jusqu'à chez Jody, ne m'arrêtant qu'une fois la porte fermée. Je m'y suis adossé pour reprendre mon souffle. Des éclats de voix me parvinrent de la cuisine. Certain que Jody et Vera se disputaient à cause de moi – à la suite de l'inévitable coup de fil de La Mère –, j'ai foncé à pas de loup dans ma chambre. À l'évidence, Jody allait m'appeler d'un instant à l'autre. En boule sur mon sommier, je m'en voulais à mort d'avoir enfreint la plus importante des règles martelées par Gordon : « Évite à tout prix ta mère. » D'ici à ce qu'il me ramène au foyer, il n'y avait pas loin.

Au bout de quelques minutes, je suis allé coller l'oreille à la porte pour capter de quoi il s'agissait précisément. En fait, Jody et Vera se chamaillaient au sujet d'une fille, pas de moi. Du coup, je me suis faufilé dans l'escalier menant à la chambre des grands. Toutes les têtes se braquèrent vers moi. L'air maussade, renfrogné, ils s'activaient à ranger leurs affaires dans des sacs en papier ou des taies d'oreiller. À l'évidence, ils pliaient bagage. Je ne pus m'empêcher de leur demander :

— C'est quoi le problème ? Qu'est-ce qui se passe ?

Bobby, le plus âgé, rétorqua :

— Ils ferment la baraque. À ta place, je ferais aussi mes ballots parce qu'on s'en va tous demain.

Bouche bée, je le dévisageai :

— Mais enfin pourquoi ?

Personne ne répondit. Je dévalai les marches et tirai Bobby par la manche. Il me regarda ; il avait pleuré. Alors, ça arrivait aussi aux grands ! Je ne l'aurais jamais imaginé.

— Jody a été accusé de viol et de détournement de mineure.

— De quoi ?

— Hé, le nabot, t'as les portugaises ensablées ou quoi ! Les Jones ont hébergé une nana il y a quelques mois. Maintenant la garce accuse Jody de l'avoir violée alors qu'il n'a jamais été en tête à tête avec elle. Moi, je suis sûr que c'est un tas de bobards, que la fille est cinglée, expliqua Bobby. Bon, file ramasser tes affaires et n'oublie pas de vérifier dans le panier à linge. Allez, ouste !

Cela me prit une minute de fourrer mes vêtements dans le sac en papier. Bien décidé à ne pas souffrir, je me blindai. J'avais beau avoir de la peine pour les Jones – des gens bien –, mes petites affaires passaient avant tout. C'était une question de survie.

Le lendemain matin, plusieurs voitures se pointèrent. Les uns après les autres, on fit nos adieux aux Jones. J'ai donné un baiser à Vera, une accolade à Jody, puis je me suis installé à côté de l'éducateur qui était au volant. Au bout d'un moment, j'ai sorti ma feuille pour rayer leur nom de ma liste. Mon séjour chez les Jones avait duré à peine deux mois. En six mois, c'était ma troisième famille d'accueil.

D'après l'éducateur, certains pensionnaires des Jones allaient échouer dans un centre faute de place ailleurs. En plus, il m'apprit qu'il était venu me chercher parce que Gordon était malade, mais que celui-ci lui avait donné le nom d'une famille susceptible de m'accueillir quelques jours.

Vautré sur mon siège, j'opinais du chef en me disant : *Cause toujours. C'est pas la première fois que j'entends ça.*

Deux heures plus tard, je bondis hors de la voiture, me précipitai dans le salon d'Alice Turnbough et dans les bras de celle-ci. L'éducateur apparut sur le pas de la porte.

— Alors comme ça vous vous connaissez ? demanda-t-il d'un ton las.

J'ai agité la tête comme un chiot.

— J'aurais aimé vous prévenir..., madame Turnbough, mais on s'est retrouvé du jour au lendemain avec un gros problème sur les bras... est-ce que vous accepteriez d'héberger David un petit moment ? supplia-t-il.

— C'est que je n'ai vraiment pas de place, et il ne peut pas partager la chambre des filles. Il n'y a pas d'autre...

Alice me brisa le cœur. Moi qui avais un tel désir de rester chez elle !

Je levai mes yeux pleins de larmes sur l'éducateur hésitant, puis les posai sur Alice. Les deux semblaient perplexes, Alice n'en ajouta pas moins :

— Je ne crois pas que ce soit bien pour David. Vous savez...

Pendant le long silence qui suivit sa remarque, j'ai fixé le tapis.

— Eh bien, d'accord, déclara Alice, vaincue. Bon, pour combien de temps ? Pouvez-vous me le préciser ou pas ? Il va coucher sur le canapé. Enfin, si ça ne t'ennuie pas trop, David ?

Les pensées se bousculaient dans ma tête. Alors là, ça m'était bien égal. Moi, un canapé ou un lit de clous, je m'en fichais, du moment que je pouvais m'installer quelque part et appeler l'endroit : *Chez moi.*

9.

Le bout du tunnel

Prévu pour quelques jours, mon séjour chez les Turnbough s'étira sur des semaines sans que je sache où j'allais atterrir. De guerre lasse, Alice m'inscrivit de nouveau au collège Parkside. Pour content que je sois de retourner à l'école, de retrouver mes professeurs, je n'en sentais pas moins un nuage noir planer au-dessus de moi. Plein d'appréhension à l'idée de tomber sur une voiture des services sociaux prête à m'emmener ailleurs, je ne cessais de harceler Alice pour avoir des nouvelles de Gordon Hutchenson. Il fallait que je sache.

Les semaines devinrent des mois tandis que je couchais toujours sur le canapé du salon. Et, pêle-mêle dans le sempiternel sac en papier, mes vêtements en piteux état ne tardèrent pas à sentir le moisi car je prenais soin de ne les laver que le samedi après-midi ou le dimanche – les seuls moments où j'étais sûr qu'on ne viendrait pas me chercher. Après l'oubli de ma tortue chez Mme Catanze, je ne voulais pas risquer de laisser quoi que ce soit derrière moi. Tous les soirs, une fois la maisonnée au lit, je m'agenouillais sur le canapé priant pour que Gordon prenne enfin une décision à mon sujet.

Un jour, à mon retour de l'école, Alice voulut me parler. La gorge nouée, je me préparai à la mauvaise nouvelle. En fait, elle ne m'annonça pas mon départ mais un rendez-vous chez un psychiatre le lendemain. Je fis signe que je refusai. Alice ajouta qu'elle comprenait les problèmes que j'avais eus avec le premier médecin. De quoi m'étonner, vu que je ne lui en avais pas touché un mot.

— Alors, vous êtes en relation avec mon éducateur qui ne se donne même pas la peine de venir me voir, protestai-je, contrarié d'être toujours le dernier au courant.

Alice m'expliqua qu'elle faisait l'impossible pour me garder chez elle, mais qu'il faudrait du temps avant qu'on ne lui donne le droit d'héberger des garçons.

— Surtout, ne t'en fais pas. Harold et moi aimerions que tu restes un bout de temps, ajouta-t-elle.

Après l'avoir embrassée spontanément, je lui ai demandé, perplexe :

— Harold aussi a envie que je reste ?

Alice éclata de rire.

— Ce n'est pas parce que Harold est taciturne qu'il ne t'aime pas. Il a simplement un peu de mal à te comprendre. Franchement, ce serait le cas de beaucoup à sa place. Crois-moi, s'il ne voulait pas de toi, tu ne serais pas ici. Le vieux lion t'aime plus que tu n'imagines, conclut-elle en couvrant mes doigts décharnés de ses mains.

La dernière phrase d'Alice était très importante pour moi tant j'avais l'impression – depuis que je lui avais sorti que ça ne me gênait pas de partager la piaule d'une fille – qu'il me trouvait bizarre. Il ne m'adressait presque jamais la parole si ce n'est pour me conseiller de lire plutôt que de regarder la télé. Tous les soirs, avec une régularité d'horloge, il se plongeait dans un vieux livre de poche en fumant ses Camel avant d'aller se coucher à 21 heures tapantes.

Menuisier, passionné par son métier, Harold m'inspirait un immense respect dont il ne se rendait sans doute pas compte. J'espérais rester suffisamment longtemps chez lui pour qu'il m'en apprenne les rudiments. D'autant que je rêvais depuis mon enfance de construire une cabane en bois à la rivière Russian, et il m'arrivait de nous imaginer travaillant ensemble sur un projet. *Peut-être que comme ça, je lui prouverais de quoi je suis capable.*

Le lendemain, Alice dut me houspiller pour que j'accepte d'aller en bus chez le nouveau psychiatre. En fait, le Dr Robertson se révéla l'antithèse de l'éminent confrère que j'avais consulté. M'ayant accueilli par une poignée de main, il me demanda de l'appeler Donald. Son cabinet était inondé de lumière, et – surtout – il me traita comme une personne.

On tomba d'accord sur une séance hebdomadaire. Lors de ces dernières, je ne me sentais jamais obligé de parler – ça venait naturellement. Évidemment, le premier sujet abordé fut mon passé, mais je l'interrogeais sur tout, lui avouant ma hantise de devenir comme La Mère. Il avait beau essayer de m'orienter sur autre chose, je n'en démordais pas, obsédé par le besoin de trouver des réponses. J'appris à lui faire confiance à mesure qu'il m'aidait, avec doigté, à explorer mon douloureux dédale intérieur.

J'avais une telle volonté de comprendre que le psychiatre me conseilla quelques livres de psychologie. Résultat, Harold et moi nous disputions la place du canapé, sous la lampe. Et je me plongeai dans des ouvrages sur l'estime de soi de Norman Vincent Peale, ou celui intitulé *Vos zones erronées,* ou d'autres tel celui du Dr Abraham Maslow et sa théorie de la survie. Ce dernier m'intéressa au plus haut point. En dépit des mots compliqués, j'en vins à la conclusion que j'avais une sacrée endurance pour m'en être sorti. À dire vrai, malgré mon sentiment de vide ou d'être à côté de la plaque sur bien des points, je pris conscience que j'étais plus fort que la plupart des élèves du collège habitués à une vie douillette.

En outre, je parlais à cœur ouvert avec Alice. Au cours de nos discussions qui duraient parfois jusqu'au petit matin, je ne faisais attention ni à mon ton ni aux choses que je disais. S'il m'arrivait de bégayer par nervosité excessive, Alice m'apprenait à ne pas me laisser déborder par mes idées, à réfléchir avant d'ouvrir la bouche. Tant et si bien que ce problème d'élocution disparut en quelques semaines.

Chaque samedi après-midi, après qu'Alice eut regardé *American Bandstand* à la télé – non sans trémoussements –, on partait tous les deux pour le centre commercial où Mme Catanze m'avait emmené acheter des vêtements. C'était l'occasion d'aller au cinéma – seule façon pour Alice de me faire tenir tranquille un moment. Assis sagement à côté d'elle, j'étais systématiquement subjugué par le film. Si je n'avais pas de problème à anticiper les intrigues idiotes, les scénarios compliqués me fascinaient et je cherchais à comprendre la technique du metteur en scène. À la fin de chaque film, Alice et moi ne manquions pas de nous lancer dans un débat acharné.

Parfois – sans raison, pour le plaisir – Alice m'offrait des jouets. D'abord, j'en fus mal à l'aise. Non seulement je ne méritais pas ces cadeaux, en plus je n'avais pas l'habitude de recevoir, mais aussi parce que Harold trimait dur et économisait sur tout. Ce ne fut pas facile d'apprendre à les accepter.

À dire vrai, le plus beau cadeau des Turnbough fut de me permettre d'être enfin un enfant, tout en m'aidant à m'armer pour la vie d'adulte. Un après-midi, je voulus leur prouver à quel point ils comptaient pour moi. Comme nous étions assis autour de ce qu'ils appelaient « la table de discussions » à la cuisine, je sortis un bout de papier que je déchirai en mille morceaux.

— Allons bon, qu'est-ce qui te prend ? bougonna Harold tandis que des larmes roulaient sur les joues d'Alice.

— Je n'en ai plus besoin. Votre numéro de téléphone, je le connais par cœur : 555-2647, crânai-je, les yeux plantés dans ceux d'Harold.

— Dans ce cas, il est temps d'en demander un sur liste rouge, grommela celui-ci avec un clin d'œil.

Lors des conversations avec Alice, le thème de mon avenir revenait constamment sur le tapis. Or, la simple question : « Qu'est-ce que tu veux faire plus tard, David ? » me paniquait, me rappelant la frousse de Chris – le garçon en pension chez les Catanze – à l'approche de ses dix-huit ans. Je ne m'étais jamais projeté aussi loin, car, pour tenir le coup sous la férule de La Mère, il n'y avait pas d'autre moyen que de vivre au jour le jour, une heure à la fois. Alors l'idée d'être largué, seul, dans le vaste monde, m'épouvantait au point que je me remettais à bégayer. Alice avait beau me rassurer, le soir, dans ma chambre – lorsque j'en eus enfin une –, je frissonnais de peur à la perspective de devoir gagner ma vie, trouver un logement et étais tellement angoissé que je m'endormais avec un énorme mal de crâne. En tout état de cause, le compte à rebours avait commencé : j'avais quinze ans.

À force d'y réfléchir, mon anxiété s'atténua. Décidant de gagner de l'argent, j'ai commencé par être cireur de chaussures. À la fin de la première journée, j'avais amassé vingt et un dollars en à peine six heures. Le roi n'était pas mon cousin lorsque je suis rentré à la maison, mon matériel et un sac de beignets dans une main, un bouquet pour Alice et des livres de poche pour Harold dans l'autre. Peu après, j'ai décroché un petit boulot chez un horloger à dix dollars et des poussières par semaine de vingt heures. Ce n'était pas tant l'argent qui comptait pour moi que le sentiment d'accomplir quelque chose. Pendant que les autres jouaient au foot dans la rue ou traînaient au centre commercial, moi, je me donnais les moyens d'être indépendant.

D'ailleurs, j'avais beaucoup de mal à me trouver des points communs avec les élèves du collège dont la plupart ne pensaient qu'à rouler des mécaniques. Conscient de ne pas leur ressembler, je finis par renoncer à m'intégrer au groupe. Si je faisais parfois le clown, je me fichais comme de l'an quarante de leur opinion à mon sujet. Et tandis qu'ils la ramenaient avec leur week-end de ski, je me creusais la cervelle pour trouver comment travailler une heure de plus dans la semaine.

Un vendredi, peu de temps avant la remise des diplômes de fin d'études secondaires, j'entendis cette bande de gosses de riches se gargariser de projets de voyages à Hawaii ou à Disneyland. Au lieu de m'apitoyer sur mon sort, je me ruai chez Alice avec une telle fougue que je faillis arracher le grillage de la porte.

— Qu'est-ce qui se passe ? s'affola-t-elle.

Il fallut d'abord que j'avale un verre d'eau. Après quoi, je lui expliquai que j'allais avoir seize ans et que je ne savais toujours pas faire la cuisine. Alice eut beau m'assurer qu'elle me l'apprendrait en temps utile, je n'en démordis pas. Mon air sérieux – calqué sur celui qu'affichait Mme Catanze quand elle mettait ses mains sur les hanches – eut raison des réticences d'Alice qui venait pourtant de nettoyer la maison de fond en comble en prévision de sa soirée de bridge hebdomadaire. Toutes affaires cessantes, elle décida de m'apprendre à faire des crêpes.

Mal lui en prit ! En deux temps, trois mouvements, j'avais vidé deux boîtes de farine que je mélangeai à quatre douzaines d'œufs et deux litres de lait. La cuisinière ne tarda pas à être couverte d'une couche gluante, tandis que les crêpes que j'avais essayé de faire sauter étaient collées au plafond. Quant au sol, on aurait dit qu'une rafale de vent y avait déposé un tapis de poussière dont un nuage se soulevait chaque fois qu'Alice ou moi y posions le pied. Exaspérée, celle-ci en rigola malgré tout avec moi. Je m'obstinai jusqu'à réussir une crêpe parfaite.

Chaque jour était une aventure. Tantôt je jouais au Lego dans le salon après l'école, tantôt – comme un mec – je rentrais me changer à toute berzingue avant de filer à l'un de mes boulots. Pour la première fois, j'avais une vraie vie.

En juillet 1976, les choses changèrent. À dire vrai, j'en avais marre de partir travailler dès potron-minet alors que tout le monde dormait. Pour couronner le tout, rentrant à la maison après une journée éreintante, je découvris deux nouveaux pensionnaires. L'un des deux, Bruce, me fut immédiatement antipathique. Non seulement je devais partager ma chambre avec lui, mais il roulait Alice dans la farine. Sans compter que, malgré leur âge – dix-sept ans –, c'étaient des tire-au-flanc n'ayant aucun désir de subvenir à leurs besoins. Bref, je ne les aimais pas. En plus ils se baladaient avec Alice au centre commercial pendant que j'étais au turbin. À mes yeux, ces deux gars représentaient une menace et violaient mon territoire. Mon enfance avait beau toucher à sa fin, j'avais envie de m'y accrocher, de rester encore un peu dans les jupes d'Alice avant le grand saut vers l'âge adulte.

Au fil des semaines, mon argent, des objets que je m'étais offerts, disparurent. D'abord, je crus que c'était une distraction de ma part, puis la coupe déborda et j'annonçai à Alice qu'elle devrait choisir entre eux et moi – attitude de gosse pourri gâté évidemment, mais j'en avais marre d'être obligé de cacher mes affaires ou de me racler les méninges pour trouver comment compenser le fric qui manquait. Bien sûr, j'espérais qu'Alice céderait. En vain. Il me fallut plier bagage. C'était bête de quitter les Turnbough sur un coup de tête, il en allait cependant de mon honneur – de la fidélité à ma parole.

Au bout de quelques semaines au centre, ma nouvelle éducatrice, Mme O'Ryan, me plaça chez Linda et John Walsh, un jeune couple, à la tête de trois enfants. Le visage encadré de longs cheveux noirs, John était pianiste dans un groupe de rock tandis que Linda s'occupait du rayon produits de beauté à la pharmacie du coin. Charmants l'un et l'autre, ils étaient d'une insouciance qui me stupéfia. En gros, ils me laissaient faire ce que bon me semblait. Le jour où je voulus acheter un scooter, John n'émit aucune objection, pas plus que celui où je lui ai demandé de m'emmener acheter une carabine à air comprimé. Je n'en revenais pas ; je n'aurais jamais osé adresser cette requête aux Turnbough. Sans broncher, John m'imposa comme seules conditions celle de lui laisser m'apprendre à manier le fusil, et celle de ne tirer que sur des cibles en carton. D'autre part, je renonçai pour un temps à chercher du boulot.

Quelques semaines après la rentrée des classes, John et Linda m'annoncèrent leur déménagement. Du coup, filant comme une flèche dans la chambre que je partageais avec leur fils de deux ans, je fourrai toutes mes affaires dans une taie d'oreiller. Désespéré, j'avais vraiment le sentiment que, chaque fois que je m'adaptais à un environnement, il arrivait quelque chose. Évidemment Linda et John se disputaient très souvent, mais j'en avais pris l'habitude de même que de garder leurs marmots. Mon ballot en bandoulière, je revins au salon et claironnai :

— Bon, ça y est, je suis prêt. Vous n'avez plus qu'à m'emmener à Hillcrest.

Interloqués, ils échangèrent un regard puis éclatèrent de rire.

— Tu n'y es pas du tout, mon vieux, fit John en gesticulant. Bien sûr qu'on déménage, mais tu viens avec nous. Enfin, si le cœur t'en dit...

Furieux de ma réaction, je restai planté devant eux à fulminer intérieurement avant de les apostropher avec un sourire :

— C'est bien joli tout ça, mais moi mes bagages sont prêts, et les vôtres ?

— Ma parole, il a de la jugeote, le môme ! lança Linda en donnant un coup de coude à son mari.

Le lendemain, je m'installai à l'arrière d'une énorme camionnette que John conduisit jusqu'à la lisière du comté. Lorsqu'il s'arrêta enfin, j'en sortis d'un bond et je n'en crus pas mes yeux. On se serait cru dans un décor du feuilleton *Leave it to beaver*. Parcourant du regard notre nouveau quartier, Duinsmoore Avenue, je ne vis que pelouses entretenues, maisons blanches ressemblant à des manoirs miniatures, voitures rutilantes devant les garages. En plus l'air embaumait du parfum suave des fleurs tandis qu'un gigantesque saule pleureur bruissait sous le vent.

— Eh comment que j'ai envie de vivre ici ! beuglai-je.

En un rien de temps, j'eus deux copains de mon âge qui habitaient dans le coin : Paul Brazell et Dave Howard. Manifestement fascinés par mon vieux scooter et ma carabine à air comprimé, ils paraissaient en mal d'aventure. Qu'à cela ne tienne, j'étais plus que partant ! Paul ayant aussi un scooter, on faisait la course dans la rue déserte. C'était toujours lui le vainqueur, pour trois raisons : sa bécane était plus neuve que la mienne, il était moins lourd que moi et il avait des freins lui permettant de ralentir au dernier moment.

Sur la centaine de courses qu'on fit, je n'en gagnai qu'une. Ce jour-là, mon accélérateur s'enraya. Vu qu'il y avait une manette pour couper le gaz, ça ne m'inquiéta pas jusqu'à ce que je m'aperçoive qu'elle ne marchait pas non plus. N'ayant pas de freins, je n'avais plus que mes pieds pour ralentir. Seulement je perdis une chaussure tandis qu'un pan de ma chemise se prenait dans l'engrenage. L'espace d'un instant, j'ai roulé au beau milieu de la chaussée, une main sur l'accélérateur, le reste du corps tiré vers l'arrière. Terrorisé, j'ai fini par lâcher la poignée. Et, bondissant sur le trottoir, le scooter s'est élancé au-dessus d'un buisson.

Devant moi, Dave se tordait de rire. Paul, qui nous rejoignit, avait des yeux comme des soucoupes.

— Dis donc, c'était super ! T'es capable de recommencer ?

Comme je me relevais péniblement, j'entrevis les regards offusqués de quelques adultes, apparemment plus préoccupés par l'état du buisson que par le mien. Sans m'y appesantir, pas plus que sur ma douleur, j'ai lancé un grand sourire à Paul. Dès lors, j'eus droit au surnom de « Cascadeur de Duinsmoore ».

Le soir même, on concocta notre prochaine aventure. Paul décida de tourner – avec la caméra 16 mm de ses parents – un film à la James Bond dont je serais l'acteur principal. Le point culminant devait être une scène où Dave dans le rôle du Dr Strange me traînerait dans la rue tandis que Paul filmerait sous tous les angles. La cascade ne me disait rien qui vaille. J'en ai fait part à Paul. Peine perdue, excité comme une puce, Dave mourait d'envie de voir mes genoux transformés en chair à pâté. En plus, il proposa d'interdire l'accès à la rue à tous les gosses de moins de dix ans et de se munir d'une boîte de pansements au cas où... Inutile de préciser que je fus ravi que Paul n'eût plus assez de pellicule le lendemain — jour prévu pour la scène où James Bond était censé défier la mort.

Une fois, Paul m'aida à me préparer pour un rendez-vous avec une fille du voisinage. Jusqu'alors, je n'en avais jamais abordé. Paul me prêta sa plus belle chemise tout en me conseillant sur la marche à suivre. Déjà que je me regardais à peine dans la glace, on ne peut pas dire que je débordais de confiance en moi pour adresser la parole à une nana. Mes cheveux coiffés, les ultimes recommandations assimilées, les excuses épuisées, je n'eus plus le choix, et Paul me flanqua à la porte de chez lui.

En arrivant au coin de la rue, j'avais presque l'impression d'être normal. Au fond, non seulement j'habitais un beau quartier et n'étais pas obligé de travailler, mais j'avais les meilleurs amis du monde.

L'instant d'après, je frappais chez la jeune fille. Et les mains tremblantes, en nage, éprouvant un sentiment de peur somme toute exaltant, j'attendis. La porte s'ouvrit alors que je me frottais les mains. Bouche bée, je découvris une fille ravissante. Mon trouble se dissipa quand elle me parla. Après quoi, de plus en plus à l'aise, je réussis à la faire rire avec une facilité déconcertante. Tout se passait à merveille jusqu'au moment où sa mère se dressa derrière elle.

La stupéfaction me coupa le sifflet.

— Alors, tu ne respectes pas les adultes ! Réponds quand on t'adresse la parole.

— M'dame ? fis-je, éberlué.

— Et maintenant tu vas m'écouter, fulmina-t-elle. Oh, je te connais ! Tu fiches en l'air le domaine avec ton scooter qui fait un boucan de tous les diables. Je n'en reviens pas que l'association ait consenti à ce que des gamins dans ton genre habitent le quartier. Tu n'es qu'un voyou, un vandale ! D'ailleurs il suffit de te regarder, tu as l'air d'un gosse des rues. Je ne sais pas ce qui vous vaut d'échouer dans des familles d'accueil, assena-t-elle en se couvrant la bouche comme si le mot la lui écorchait. Mais je suis sûre que c'est à cause de délits monstrueux, hein ? (Elle devint si cramoisie que je crus qu'elle allait exploser.) En tout cas, tu es prié de ne plus t'approcher de chez moi, ni de mes enfants ! Jamais.

Pétrifié, je regardais avec fascination l'ongle impeccable du doigt dont elle me menaçait.

— Et un dernier conseil, laisse tomber ! Tu n'as rien de ce qu'il faut pour y arriver. Crois-moi, je te rends service en te le disant, martela-t-elle, le sourire aux lèvres, rejetant ses cheveux en arrière. J'ai l'esprit très ouvert et une certaine expérience, mais plus tôt tu apprendras à rester à ta place, mieux ça vaudra pour toi. Reste donc avec ceux de ton espèce !

Avant que je n'aie eu le temps de réagir, la porte me claqua au nez.

À toute volée. Un courant d'air me balaya le visage. Frappé de stupeur, je restai sur le perron. *Un Moins que rien*, voilà ce que j'étais. Pourtant la chemise en flanelle rouge et noire de Paul était chouette. Évidemment, ses manches étaient trop courtes ! Évidemment, j'avais les cheveux gras ! *Un bain, ça ne serait pas du luxe...* Pour sûr, j'avais une dégaine pas possible, alors que je ne m'étais jamais senti aussi bien. Il n'empêche que je me donnais un mal de chien pour m'intégrer et faisais des choses que les autres considéraient comme un dû. Ce qui comptait pour moi, c'était d'avoir l'air d'un enfant normal.

Quand, déconfit, je croisai Paul, celui-ci me tourna autour en me bombardant de questions à propos de mon rendez-vous. Mais je lui battis froid et passai la fin de la journée terré dans ma chambre.

Le lendemain après-midi, je bricolais ma bécane lorsqu'un grand type s'approcha de moi. Une bière à la main, il poussait un landau. Avec un sourire en coin, il m'aborda :

— C'est toi la terreur du quartier ?

Les yeux rivés sur mon scooter, je bouillais de rage. Avant que je n'ouvre la bouche cependant, le type s'en alla. Le voyant réapparaître une demi-heure plus tard, j'attendis une autre rebuffade avec la ferme intention de l'envoyer paître. Mais il se contenta de claironner :

— C'est bien, fiston ! Montes-y !

Secouant la tête, je crus avoir les oreilles bouchées. *Monter où ? Au créneau ?*

Comme je me redressais en essuyant une tache d'huile sur mon T-shirt, je vis le mec se diriger vers la maison d'à côté. Et, avant de s'engouffrer dans le garage, il me fit un signe de tête. Abasourdi, je m'assis sur la pelouse pour réfléchir à ce que ce cinglé avait bien voulu dire. En tout cas, il savait jouer avec les mots.

Le lendemain, à la même heure, il se pointa de nouveau dans la même tenue que la veille : un short blanc qui ne cachait pas ses genoux cagneux, un T-shirt trop petit qui affichait une inscription incompréhensible, une casquette de base-ball ornée de plumes argentées. Sans compter le mégot fiché au coin des lèvres, la canette de bière et le landau. Il s'arrêta devant moi et me fit un clin d'œil.

— Évidemment, tu n'es pas équipé pour voler, petit crétin. Mais, à chacun son heure de gloire, ne t'inquiète pas.

Adage que j'ai ressassé pour en saisir le sens. Une demi-heure plus tard, le type – décidément réglé comme du papier à musique – se dressa de nouveau devant moi. Du coup, je tendis l'oreille pour écouter une autre sentence. Cette fois, il décréta en s'inclinant :

— Sache qu'il y a toujours quelque chose à tirer des préjugés.

— Monsieur..., l'interpellai-je sans réfléchir.

— Plaît-il ? fit-il, tournant si vite la tête qu'on aurait dit une toupie.

Bouche bée, je ne savais comment réagir et me sentais empêtré.

— Si tu consens à te laver les mains, à te changer, tu es le bienvenu dans mon humble demeure, lâcha-t-il alors.

Fonçant comme une flèche chez les Walsh, je me suis récuré les bras et les mains, salissant leur lavabo, et ai enfilé une chemise propre. Puis je me suis précipité chez le voisin – sans m'annoncer. Et je reçus une énorme claque en pleine poitrine. Le souffle coupé, j'aperçus le type qui me toisait en souriant.

— Reprenons depuis le début, veux-tu ? fit-il.

Il me poussa sur le perron et me referma la porte au nez.

Furieux, je lançai à voix haute : « Quelle grossièreté ! » Une fraction de seconde, je crus qu'il me flanquait à la porte comme la mégère de l'autre jour. Comme je m'apprêtais à partir, une voix assourdie s'éleva :

— Frappe !

Exaspéré, j'obéis. La porte s'ouvrit sur-le-champ tandis que l'homme m'invitait à entrer avec un geste ample. Puis il se présenta :

— Michael Marsh, gardien de la foi, soldat de fortune et docteur de Duinsmoore Drive.

C'est ainsi que commença la première de mes innombrables visites au « Manoir Marsh ». Je ne rencontrai Sandy, la femme de M. Marsh, que quelques jours plus tard. Comparée à son original de mari, elle était douce, effacée. Ils avaient deux fils, William et Eric, au charme desquels j'ai très vite succombé. En voyant ce dernier – un bébé d'un an – ramper, la bave au menton, dans toute la maison, je pensais toujours à Kevin au même âge.

Les Marsh me traitaient comme une personne à part entière. Vu les disputes de plus en plus violentes des Walsh, leur maison devint un havre pour moi. Quand je ne faisais pas les quatre cents coups avec Paul et Dave, je passais des heures dans un coin de ce que Michael appelait « Le temple du savoir », à lire des ouvrages sur le cinéma, les courses de bagnoles ou les avions. À l'époque où j'étais prisonnier de La Mère, l'aviation me fascinait déjà. Combien de fois n'avais-je pas rêvé, assis les mains sous les fesses dans le garage glacial, de pouvoir m'évader en volant comme Superman !

Malgré l'interdiction de M. Marsh, je lui empruntais parfois un livre en douce, passant la nuit à dévorer des récits sur les pilotes de chasse de la Seconde Guerre mondiale ou sur la construction d'appareils tels que le Lockheed SR-71 Blackbird. Grâce à la bibliothèque de Michael, j'eus accès à un univers complètement nouveau. Et j'en vins à me demander quel effet ça ferait de piloter, à me dire qu'un jour peut-être...

Le père de mon copain Paul, Dan Brazell – le Monsieur Bricolage du quartier –, m'impressionnait autant que Michael. D'abord méfiant à mon égard, il finit par accepter que je le bombarde de questions sur ce qu'il faisait. Paul, Dave et moi passions parfois des heures à le regarder – de loin et avec admiration – fabriquer quelque chose à partir de rien. Dès qu'il s'absentait de son garage, on s'y faufilait sur la pointe des pieds pour ne rien déranger. À peine la porte s'ouvrait-elle qu'on décampait. Il ne fallait surtout pas qu'il nous surprenne dans son sanctuaire où seuls des voisins triés sur le volet avaient le droit d'entrer pour une réunion quotidienne.

Au cours de celles-ci, des participants me décochaient parfois un regard mauvais. On aurait dit qu'ils craignaient que ma présence ne soit à l'origine d'une baisse de la valeur immobilière des propriétés du quartier. M. Marsh prenait toujours ma défense. Une fois, il alla jusqu'à clamer :

— Les gars, fichez la paix à mon protégé. Du reste, j'ai des projets pour lui. Je n'ai pas fini d'y réfléchir. Et je prédis que M. Pelzer, ici présent, est un futur Chuck Yeager ou Charles Manson.

Ravi du compliment, je me sentis tout bête d'avoir oublié que j'avais lu la biographie de Charles Manson, un pilote célèbre.

Ma période à Duinsmoore fut la plus heureuse de mon adolescence. Le soir, après avoir fini l'un des livres soi-disant prêtés par Michael, je m'endormais en humant le parfum des fleurs charrié dans ma chambre par la brise. Et tous les jours, c'était une nouvelle aventure qui nous attendait – mes potes et moi – après l'école.

En revanche, chez les Walsh, l'harmonie ne régnait pas. Ils se chamaillaient en permanence, au point de filer en coup de vent de la maison en me confiant leurs enfants. Parfois, prévoyant le moment où ils en viendraient aux mains, je prenais le bébé dans mes bras et sortais en emmenant les deux grands le temps que les choses se tassent.

Même si j'adorais Duinsmoore, ça ne pouvait pas durer. Je devais absolument faire quelque chose. Finalement, après une dispute épouvantable, j'appelai mon éducatrice, Mme O'Ryan, pour la supplier de changer d'endroit, quitte à retourner à Hillcrest. Apparemment contente de ma décision, Mme O'Ryan se fit fort de convaincre les Turnbough de me reprendre.

Il n'empêche que cela m'arracha le cœur de partir de Duinsmoore qui m'avait tant apporté en quelques mois.

En tout cas, je mis un point d'honneur à m'arranger pour que les adieux ne s'éternisent pas. Pour émus que Paul, Dave et moi soyons, il n'était pas question de le montrer. Au dernier moment, Dave ne put toutefois pas s'empêcher de me serrer dans ses bras. M. Brazell, pour sa part, me salua, une clé anglaise à la main, et M. Marsh m'offrit son livre sur les avions – que j'avais tant de fois emprunté.

— Comme ça, tu n'auras pas à entrer chez moi par effraction, espèce de voyou...

Il me donna aussi une carte postale de Delta Airlines sur laquelle il avait écrit son nom, son adresse, son numéro de téléphone.

— Donne des nouvelles, petit crétin, ajouta-t-il, tandis que l'émotion me gagnait. Sandra et moi serons toujours là pour toi – à n'importe quelle heure du jour et de la nuit. Tiens bon ! Monte au créneau !

Avant de grimper dans la vieille camionnette de Harold Turnbough, je m'éclaircis la voix pour déclamer en parodiant Michael Marsh :

— Ne versez aucune larme, n'éprouvez aucune crainte... car je reviendrai.

Au moment où nous sortions de la rue Duinsmoore, j'aperçus la mégère plantée dans son impeccable véranda, les bras croisés sur sa poitrine. Elle me lança un sourire méprisant. Et moi, hilare, je lui criai :

— Vous aussi, je vous aime, madame !

Une heure plus tard, j'ouvris la porte grillagée d'Alice à toute volée.

Après m'avoir serré dans ses bras, celle-ci m'écarta :

— C'est la dernière fois, tiens-le-toi pour dit. Si tu as quelque chose à ajouter, fais-le maintenant.

— Mon numéro, je le connais par cœur : 555-2647 ! répondis-je.

10.

L'envol

En première au lycée, je mourais d'ennui et d'impatience. À cause de la valse de mes déménagements, des changements consécutifs d'établissements scolaires, on m'avait mis dans une classe pour élèves en difficulté. Au début, ça me déplut puis j'y trouvai mon compte parce qu'on n'attendait pas grand-chose de moi. Et je me désintéressai de mes études. À mes yeux, mon avenir était ailleurs que dans l'enceinte d'une école où je n'apprenais rien, d'autant qu'ayant cumulé les petits boulots, je travaillais quarante-huit heures par semaine.

J'avais dix-sept ans, il me restait donc moins d'un an à vivre en famille d'accueil – de quoi alimenter mon ardeur au travail. Sans attendre la fin du dernier cours de la journée, je rentrais au pas de course me changer chez Alice puis filais au fast-food ou à l'usine où je bossais jusqu'à 2 heures du matin environ. Épuisé par un tel horaire et le manque de sommeil, je somnolais en cours et les profs me secouaient à tout bout de champ. En plus, les élèves se fichaient de moi, ce que je prenais très mal. Certains venaient même me narguer dans mon fast-food, vêtus à la dernière mode, une nana au bras, avec l'intime conviction qu'ils n'auraient jamais à trimer comme moi pour s'en sortir.

À l'interclasse, il m'arrivait d'aller voir mon professeur

d'anglais, M. Tapley qui, n'ayant pas classe à cette heure-là, corrigeait des copies. Installé en face de lui, les coudes sur son bureau, je le harcelais de questions. Il avait beau se douter que je me démenais, je n'osais pas lui expliquer pourquoi je roupillais en classe. Toujours est-il qu'il levait les yeux de sa pile de copies et me distillait des conseils pour le week-end, sans oublier de m'inciter à me plonger dans mes devoirs.

Malgré la surcharge de travail, je me débrouillais pour garder un week-end sur deux de libre dans l'espoir – hypothétique – d'aller voir papa à San Francisco. Au fil des ans, j'avais laissé dans toutes les casernes de la ville des centaines de messages auxquels il n'avait jamais répondu. Un jour, le pompier qui décrocha le téléphone voulut me dissuader de continuer mes recherches. Sans l'écouter, j'ai insisté en haussant le ton :

— Il travaille bien ici ? Dites-moi seulement à quelle brigade il appartient.

— Euh... Stephen change de casernes et d'horaires. On lui transmettra votre message, balbutia le pompier avant de raccrocher.

À l'évidence, il y avait un gros problème. Quand Alice essaya de me dissuader de partir à sa recherche, je m'écriai, le cœur serré :

— Papa a des ennuis.

— Qu'est-ce que tu en sais ? demanda-t-elle.

— C'est précisément là où le bât blesse. J'en ai assez des secrets, des mensonges. Qu'est-ce qui se passe ? Si papa va mal... (Je m'interrompis, imaginant le pire.) Bon, il faut que je sache ce qu'il en est, conclus-je en posant un baiser sur le front de ma mère nourricière.

Sautant sur ma motocyclette, je fonçai vers San Francisco sans ralentir sur l'autoroute, zigzaguant entre les voitures jusqu'à ma destination : le 1067 de Post Street où papa travaillait quand j'étais petit.

Après m'être garé derrière la caserne, j'entrai et je tombai sur un homme que je pris pour mon père. Lorsqu'il sourit, ma méprise fut évidente : ça n'arrivait plus à papa depuis des lustres.

— Seigneur, fiston ! Ça fait une paye que je ne t'ai pas vu… c'était quand la dernière fois… ben, je me rappelle plus.

C'était oncle Lee, un vieux collègue de papa – son meilleur ami. Je lui serrai la main et, d'une voix grave, lui demandai :

— Où est papa ?

Oncle Lee détourna les yeux.

— Il est parti… sa brigade vient de passer le relais.

— Sûrement pas ! protestai-je.

Oncle Lee mentait. Chez les pompiers, les équipes changeaient le matin, pas au milieu de l'après-midi. Du coup, j'allai droit au but :

— Ça fait un siècle que je ne l'ai pas vu. Il faut que je sache.

On aurait dit qu'oncle Lee suffoquait tandis qu'il essuyait une larme au coin de l'œil.

— Ton père et moi, on a commencé ensemble ce métier. C'était un sacré pompier, ton vieux… Y a eu des moments où j'ai cru qu'on s'en sortirait pas…

La peur au ventre parce que la vérité allait éclater, je jetai des regards autour de moi en quête d'un truc où m'agripper. Puis, me mordillant les lèvres, je fis signe à oncle Lee de continuer.

D'un clin d'œil, il m'indiqua qu'il avait compris.

— Stephen… enfin, ton père ne travaille plus chez les pompiers… on lui a demandé de prendre une retraite anticipée.

Essayant de maîtriser mon émotion, j'ai poussé un soupir de soulagement.

— Ça veut dire qu'il est vivant, qu'il va bien ! Où est-il ?

Oncle Lee vida alors son sac. Papa était au chômage depuis plus d'un an. Et quand il s'était retrouvé à court de fric, il s'était mis à errer d'un endroit à l'autre. Lee se demandait même s'il ne dormait pas dans la rue.

— C'est l'alcool qui le tue, David, précisa-t-il, gentiment mais fermement.

— Où est-il maintenant ? l'implorai-je.

— J'en sais rien, fiston. Il ne vient me voir que pour me taper.

Oncle Lee s'éclaircit la voix et me regarda avec une intensité particulière avant de reprendre :

— David, tu ne dois pas le juger trop sévèrement. Ton père n'a jamais eu de famille. À son arrivée ici, il était tout jeune. Pour sûr il vous adorait, mais son mariage l'a détruit. Même si son boulot n'était pas facile, c'était sa raison de vivre. Malheureusement, il picole... En tout cas, je ne sais rien de plus.

— Merci pour ta franchise, oncle Lee. Au moins, je suis au courant maintenant.

Il me raccompagna jusqu'à mon scooter et, avant que je ne démarre, me lança :

— Je vais probablement voir ton père dans quelques jours. Au fond, tu pourrais peut-être l'aider à sortir de son merdier.

Quinze jours plus tard, je pris un bus jusqu'à l'ancien quartier des missions de San Francisco. Au terminus, après avoir attendu papa plus d'une heure, j'ai traversé la rue pour aller, à tout hasard, jeter un coup d'œil au bar minable d'en face. À peine à l'intérieur, j'ai trouvé papa affalé sur une table. Regardant autour de moi, je fus sidéré que personne ne me donne un coup de main. Les gens passaient devant lui sans le voir ou sirotaient leur verre au bar comme s'il était invisible.

Je dus secouer le héros de mon enfance – oh, le plus doucement possible – pour le sortir de son hébétude. Il puait tellement que je retins mon souffle en l'aidant à sortir à l'air frais qui, manifestement, lui fit du bien. Il n'empêche qu'à la lumière du jour il avait une tête épouvantable et ce fut au-dessus de mes forces de le regarder. Je ne voulais pas abîmer le souvenir que j'avais de lui – celui d'un grand gaillard aux dents étincelantes, d'un pompier n'hésitant pas à voler au secours d'un collègue ou à sauver un enfant des flammes, au risque de sa vie.

On fit quelques pas sans dire un mot. De toute façon, il n'était pas question de l'interroger sur son alcoolisme ou sa vie de clodo. Les paroles d'oncle Lee n'en trottaient pas moins dans ma cervelle. Il fallait tenter quelque chose, n'importe quoi, pour l'aider. Du coup, j'ai tendu le bras pour l'arrêter.

— Papa, qu'est-ce qui t'est arrivé ?

Une toux sèche le secoua tandis qu'il allumait une cigarette d'une main tremblante.

— Il vaudrait mieux que t'oublies tout ça – ta mère, la maison – et que tu fasses comme si rien n'avait existé.

Refusant de croiser mon regard, papa tira une grosse bouffée.

— Ta mère est folle, tu comprends. Alors, oublie tout ça.

Et comme s'il voulait tirer un rideau sur le secret de notre famille, il ponctua son injonction d'un grand geste.

— Mais c'est toi qui m'inquiètes, papa ! Toi avant tout !

Une rafale de vent qui me fouetta le visage me fit frissonner. J'avais une envie folle de lui hurler mon chagrin mais le courage me manquait. Et je ne savais pas quelle attitude adopter. Évidemment, il était exclu de remettre son autorité paternelle en question – c'était sa vie après tout. Sauf qu'à en juger par ses mains tremblantes, ses paupières si boursouflées qu'on voyait à peine ses yeux, mon père était une épave qui courait à sa perte. J'avais beau vouloir l'épargner, la colère bouillait en moi : *Pourquoi n'as-tu rien fait pour moi ? Tu aurais au moins pu m'appeler ! C'est si difficile que ça d'être un père normal avec un boulot, une famille, qui jouerait avec moi et m'emmènerait à la pêche ?*

Il me fallut inspirer profondément pour lui dire :

— Je suis désolé. Seulement tu es mon père... et je t'aime.

Papa se détourna, haletant. Il m'avait sûrement entendu, mais il n'avait pas la force de répondre. Ravagé par l'alcool, le naufrage de sa vie familiale, mon père était mort à l'intérieur. On continua à marcher au hasard, tête basse, sans regarder personne – surtout pas nous-mêmes.

Quelques heures plus tard, avant que je ne grimpe dans le bus, papa me prit à l'écart.

— Je voudrais te montrer quelque chose.

Avec fierté, il sortit de sa poche arrière l'étui noir dans lequel se trouvait son insigne de pompier, en argent.

— Tiens, prends-le une seconde, insista-t-il, en le posant sur ma paume ouverte.

— R-1522, lus-je à voix haute.

La lettre R indiquait que papa était bien à la retraite – non viré comme je le craignais –, et les numéros étaient ceux qu'on lui avait attribués lors de son embauche.

— C'est tout ce qui me reste, la seule chose que je n'ai pas gâchée dans ma vie. Ça, personne ne peut me l'enlever, martela-t-il, en montrant son trophée. Un jour, tu comprendras.

Je lui fis signe que c'était le cas. De toute façon, j'avais toujours compris. Enfant, je rêvais de papa dans son bel uniforme bleu marine, grimpant sur une estrade, accompagné de sa jolie femme et de ses enfants, pour recevoir une médaille devant une foule qui l'applaudissait en scandant son nom. Enfant, je ne cessais de rêver au jour de gloire de mon père.

Du coup, je le regardai dans les yeux en lui rendant son insigne et lui affirmai :

— Tu sais, je suis très fier de toi, papa. Vraiment.

L'espace d'un instant, une lueur éclaira ses yeux et sa souffrance disparut. Puis il me retint quelques minutes de plus.

— David, va-t'en le plus loin possible d'ici. Ton frère Ronald s'est enrôlé dans l'armée. Tu as presque l'âge requis, alors fiche le camp.

Il me tapota l'épaule et, avant de s'éloigner, lança en guise d'ultime recommandation :

— Fais ce que tu as à faire ; ne finis pas comme moi.

Le visage collé à la vitre du bus, j'ai regardé papa se perdre dans la foule, résistant à mon envie de sauter en marche et de le rattraper pour le serrer dans mes bras. J'aurais voulu le prendre par la main ou rester assis à côté de lui comme je le faisais petit quand il lisait le journal du soir. Je voulais qu'il fasse partie de ma vie. Je voulais un père. Comme le bus sortait lentement de la ville, je me mis à pleurer en silence. La tension accumulée en moi depuis des années se relâchait. En même temps, l'horrible solitude de papa m'obsédait et j'ai supplié Dieu de veiller sur lui, de le protéger, de lui procurer un havre où dormir. La culpabilité me taraudait car j'avais le sentiment d'être responsable du naufrage de mon père.

Après ma visite à oncle Lee, je m'étais vu installer papa dans une maison à Guerneville – solution idéale pour le sortir de la misère et passer du temps avec lui. Mais ce n'était qu'un rêve bien éloigné de la dure réalité de la vie. Toujours est-il que j'ai pleuré durant tout le trajet jusqu'à chez Alice, horrifié par l'idée de ne jamais revoir papa qui, je le savais, était à l'agonie.

L'été 1978, après une douzaine d'entretiens, j'ai décroché un boulot de vendeur de voitures. C'était mentalement épuisant. Pour stimuler leurs employés, les patrons maniaient en permanence la carotte et le bâton. Si féroce que soit la compétition, je réussissais tout de même à tirer mon épingle du jeu. Au moindre week-end libre, je fonçais à Duinsmoore où, redevenu adolescent, je me lançais dans de folles équipées avec Paul et Dave – sur quatre roues dans un véhicule prêté par mon employeur. Une fois, après avoir vu un film sur les cascadeurs de Hollywood, on s'assit tous les trois en regardant droit devant nous tandis que je reculais en ligne droite sans tourner la tête. Résultat : des collisions avec des conducteurs furibards et des démêlés avec la police. Autant de folies de jeunesse qui prendraient fin le jour où Paul et Dave mûriraient et chercheraient, eux aussi, du travail.

Les conseils de mes amis de Duinsmoore m'étaient plus que jamais précieux. Un jour, M. Brazell, le père de Paul, vint me voir chez Alice tant il avait à cœur de me dissuader de devenir cascadeur à Hollywood. Paul à ses côtés, il usa de sa salive des heures durant pour me convaincre. Cet homme pour lequel j'éprouvais une grande affection réussit à me persuader de renoncer à mon projet idiot. Et quand je le raccompagnai à la porte, j'eus l'impression d'être beaucoup plus proche de lui que de mon père.

Les Marsh s'occupaient tout autant de moi. J'allais souvent aider Sandy à faire le ménage, apprenant ainsi une forme d'autonomie. M. Marsh me conseillait d'entrer dans l'armée. Si l'aviation m'attirait, mes notes de tests d'aptitude passés au lycée avaient été désastreuses. Du coup, je m'étais persuadé que je ferais mon chemin dans la vie sans études.

À la fin de l'été, à l'approche de mes dix-huit ans, j'ai donc décidé d'abandonner l'école pour gagner ma vie. Alice était dans tous ses états, mais je réussissais en tant que vendeur – étant l'un des meilleurs sur la quarantaine de la société. Malheureusement, avec la récession qui s'installa peu après mon anniversaire, le prix de l'essence flamba, mes économies fondirent comme neige au soleil et il me fallut bien admettre que je n'allais nulle part.

Un dimanche, pour me changer les idées, je partis à la recherche de la rivière Russian dans ma vieille Mustang. Ne connaissant pas la route, je me fiai à mon instinct et à mes souvenirs d'enfance pour trouver l'embranchement. Quand de grands séquoias se reflétèrent sur mon pare-brise, je fus sûr d'être sur la bonne voie. Le cœur battant, je me suis garé au parking du supermarché. Après quoi, les yeux écarquillés, je suis entré dans le supermarché dont, enfant, j'avais tant de fois parcouru les allées. À la caisse, j'ai raclé le fond de mes poches pour acheter un bout de saucisson et une miche de pain français. Puis, installé sur la plage déserte de Johnson Beach, j'ai grignoté mon déjeuner en écoutant le clapotis de l'eau et le grincement d'une énorme caravane qui traversait le pont. J'étais en paix.

Pour être fidèle à mon serment de vivre un jour à la rivière Russian, je devais me prendre en main. Et ce n'était pas en restant esclave de mon passé que j'y parviendrais. Il fallait donc lui tourner le dos. Le soleil me réchauffait les épaules lorsque j'ai ramassé mes affaires. Content d'avoir pris une décision, j'ai jeté un dernier coup d'œil autour de moi. Bien sûr que c'était possible de m'installer sur-le-champ à la rivière Russian, mais je n'étais pas prêt. Prenant une profonde inspiration, j'ai murmuré : *Je reviendrai.*

Quelques mois plus tard, mon diplôme de fin d'études secondaires en poche, je passai une succession d'examens et d'entretiens et rejoignis avec fierté les rangs de l'armée de l'air des États-Unis. D'une façon ou d'une autre, La Mère apprit la nouvelle. Et, la veille de mon départ au camp d'entraînement, elle me téléphona. Avec stupéfaction, je m'apercus qu'elle n'avait pas sa voix de mère diabolique mais celle de ma maman d'autrefois dont je réussis à imaginer le visage, ruisselant de larmes, à l'autre bout du fil. Elle prétendit ne cesser de penser à moi et n'avoir jamais désiré que le meilleur pour moi. Pendant notre conversation, qui dura plus d'une heure, je tendis l'oreille. Si seulement elle pouvait prononcer les trois mots que je rêvais de l'entendre me dire ! Une fois de plus, mon espoir fut déçu.

Alice resta à côté de moi tandis que je pleurais au téléphone. L'envie folle d'aller voir ma mère afin qu'elle me murmure ces trois mots me tenaillait. Pour absurde qu'elle soit, je voulais au moins essayer. Il fallut tout le pouvoir de persuasion d'Alice pour que j'y renonce, d'autant qu'au fond de moi je savais bien que La Mère jouait avec mes émotions. Cela faisait dix-huit ans que je courais après un rêve inaccessible : son amour. Alice ouvrit les bras sans mot dire. Et, blotti contre elle, je compris que j'étais arrivé au port – dans les bras de ma mère nourricière.

Le lendemain, la tête haute, j'ai plongé les yeux dans ceux, si bleus, de Harold.

— Pas de bêtises, fiston, me recommanda-t-il.

— Ne vous en faites pas. Je vais vous faire honneur, vous verrez !

À son tour, Alice prit la parole.

— Bon, tu sais qui tu es et tu l'as toujours su. (Elle me tendit une clé d'un jaune brillant.) Tu es ici chez toi. Ça l'a toujours été et le sera toujours.

Je m'empressai de la fourrer dans ma poche. Après avoir embrassé ma mère Alice, serré la main de mon père Harold, j'ouvris la bouche pour prononcer des paroles de circonstance. Mais elles étaient superflues, car nous éprouvions en ce moment précis le même sentiment – l'amour qui unit les membres d'une famille.

Lorsque le Boeing 727 décolla de Californie quelques heures

plus tard, l'image du sergent Michael Marsh s'imposa à moi. Du haut de sa superbe, les yeux levés vers le ciel, il m'avait demandé à l'heure des adieux :

— Alors pilote Pelzer, quelque chose à dire ?

— Eh bien, j'ai un peu peur évidemment, mais je saurai en tirer parti. J'ai un objectif. Je vais consacrer toutes mes forces à l'atteindre et je réussirai.

Alors mon mentor m'avait regardé en souriant :

— Bravo, Pelzer. Monte au créneau.

À bord du premier avion que je prenais de ma vie, je me sentis vraiment un homme. Et c'est en riant sous cape que j'ai murmuré :

— Et maintenant, que l'aventure commence !

Épilogue

Décembre 1993, comté de Sonoma, Californie

Je suis seul. Il fait si froid que je tremble comme une feuille. Ça fait un bout de temps que je ne sens plus l'extrémité de mes doigts. Chaque fois que j'exhale, une buée s'échappe de mes narines. Au loin, des nuages sombres se bousculent et l'on entend un grondement sourd. L'instant d'après, un coup de tonnerre retentit dans les collines. L'orage approche.

Voilà qui m'est égal. Je suis assis sur une souche pourrie, face à la plage déserte s'étirant à l'infini. Je ne me lasse pas de la splendeur des vagues vertes qui s'enroulent sur elles-mêmes avant de s'écraser sur le rivage. Les verres de mes lunettes sont gainés d'une pellicule d'embrun salé.

J'éprouve un sentiment de bien-être sans mélange. La solitude ne m'effraye plus. Au contraire, j'adore passer des moments seul.

Dans le ciel, un vol de mouettes pousse des cris stridents en ratissant la plage à la recherche de nourriture. L'une, en difficulté, perd de l'altitude malgré ses battements d'ailes frénétiques. Elle s'écrase, le bec dans le sable. Mais elle se relève et, boitillant sur une patte, ne tarde pas à dénicher quelque chose à manger. Aussitôt, les autres fondent sur elle pour lui piquer sa pitance. Sentant apparemment qu'il n'y a pas d'échappatoire, la mouette se défend à coups de bec. Et, au bout de quelques secondes, ses adversaires s'envolent pour s'attaquer à une proie plus facile.

La mouette restée sur la plage piaille, victorieuse, avant de se tourner vers moi comme pour me lancer un avertissement. Je l'observe. Au fond, la bagarre qu'elle vient de gagner ressemble aux miennes du temps où je vivais en famille d'accueil. À l'époque, rien ne comptait davantage pour moi que d'être accepté et de trouver des réponses aux questions que je me posais à propos de mon passé. Puis j'ai découvert, en grandissant, qu'il fallait creuser mon chemin, admettre de ne pas trouver toutes les réponses. D'ailleurs, comme la plupart des choses qui sont arrivées dans ma vie, elles se sont imposées après mon enrôlement dans l'armée de l'air et la réalisation de mon rêve : voler. À présent, la boucle est bouclée, car j'ai enfin pu aller voir ma mère et lui poser la question qui me taraudait depuis toujours : pourquoi ?

Et la vie que je mène m'est encore plus précieuse depuis que je connais son secret.

Les criaillements des mouettes me tirent de ma rêverie. Si j'ai les mains qui tremblent, le froid n'y est pour rien. Les larmes ruissellent sur mes joues. Je les essuie. C'est sur ma mère que je pleure, non sur moi. Je n'arrive pas à retenir ces sanglots incoercibles que je verse parce que je n'ai pas eu de parents, parce qu'un affreux secret a miné notre famille. Et, entre autres séquelles, je ne suis jamais sûr d'avoir de l'importance pour les autres tandis que, si l'on vante mes mérites, je m'estime indigne de ces éloges.

Je pleure pour me libérer une fois pour toutes.

Après quoi, je récite une petite prière pour acquérir sagesse, courage et force. Et quand je me relève, face à l'océan si vert, je suis comme purifié. Il est temps de passer à autre chose.

Sur la route, les fenêtres baissées, je roule tranquillement en écoutant Pat Metheny chanter *Secret Story.* En peu de temps, j'arrive devant mon deuxième foyer – Rio Villa à Monte Rio – où je gare ma camionnette. Ric et Don, les propriétaires, s'activent, car ils attendent de nouveaux clients. Ils me font signe. Rio Villa est d'une beauté à couper le souffle. Depuis des années, Ric et Don se donnent beaucoup de mal pour que mon fils Stephen et moi nous sentions de la famille. Il faut admettre que rien ne me fait autant plaisir que d'être accueilli à bras ouverts.

Pour rire, je plaque Stephen au sol. Mon fils me passe les bras autour du cou et me demande si je vais bien. Ce n'est encore qu'un petit garçon, mais – doté d'une sensibilité surprenante pour son âge – il perçoit parfaitement mes états d'âme. De toute façon, c'est aussi mon meilleur ami.

Nous passons le reste de la journée à fabriquer des figurines en plastique, à jouer au Monopoly. À l'évidence, mes années de formation en stratégie militaire ne font pas le poids face à ce gamin impitoyable qui, en deux coups de cuillère à pot, se retrouve à la tête de Park Place et de Boardwalk, couverts d'hôtels.

Stephen m'inflige plusieurs défaites cuisantes à un autre jeu de société. Ensuite, nous descendons sur le ponton au bord de la rivière où une odeur pénétrante de feu de bois se mêle à la fragrance des séquoias. Comme le soleil disparaît derrière les collines, le reflet de l'arbre de Noël érigé sur l'autre rive miroite sur l'eau transparente. En silence, Stephen et moi nous donnons la main. L'émotion me prend à la gorge.

L'instant d'après, mon fils s'exclame en me serrant la jambe :

— Bon anniversaire, papa. Je t'aime !

Il m'est arrivé tant de fois de douter de sortir vivant de mes épreuves et de me sentir terriblement démuni que je ne cesse d'être ébloui d'avoir réalisé mon rêve. Je suis comblé par la vie, par l'amour de mon fils, par la famille que Stephen et moi formons.

Les familles d'accueil

Point de vue de David Pelzer

Dans mon esprit, il ne fait aucun doute que je serais mort à l'heure actuelle si j'étais resté auprès de ma mère biologique. Non seulement le placement en famille d'accueil m'a littéralement sauvé, mais il m'a ouvert au monde. Il est vrai que l'adaptation n'a pas été une mince affaire vu que je ne savais pas à quoi m'attendre.

En tout cas, le « rescapé » que je suis voue une reconnaissance éternelle à ce système, cible de tant de critiques virulentes. Il aurait été facile de m'en prendre aux faiblesses des services sociaux ou des familles mais cela n'a jamais été mon intention. Au contraire, ce témoignage a été rédigé dans le but de lever le voile sur un univers méconnu du public – à travers les yeux d'un enfant supplicié, sans avenir, confié aux bons soins d'étrangers.

S'il est une femme dont le souvenir restera à jamais gravé dans mon esprit, c'est Mme Gold, mon assistante sociale, pour la vigilance dont elle a fait preuve à l'égard de ma sécurité et de mon bien-être. À l'époque, je croyais qu'il était très rare de revenir sur ses déclarations à la veille d'un procès, or j'ai compris depuis que ceux qui travaillent dans ce domaine sont en permanence confrontés à cette situation. Fort peu de gens sont au courant des problèmes que les membres des services sociaux doivent résoudre.

On les considère trop souvent comme des fauteurs de trouble s'introduisant de force dans les foyers pour arracher un enfant aux bras de ses parents. À moins qu'on ne les accuse au contraire de ne jamais être là dans des cas prouvés de maltraitance enfantine. La réalité est tout autre. En 1973, je faisais partie des quelques milliers de cas répertoriés en Californie qui, vingt ans après, en compte plus de six cent mille.

Les éducateurs ou assistantes sociales sont trop peu nombreux pour assurer de manière satisfaisante la protection des jeunes en situation dangereuse. Contraints d'opérer un tri, ils interviennent en priorité auprès de mineurs physiquement menacés. Et, comme après l'ouverture de l'enquête aucune information n'est rendue publique, ceux qui ont osé porter plainte peuvent se demander si les services sociaux y ont donné suite. Là encore, le principe directeur est un souci de sécurité et de respect de la vie privée du mineur. Inutile de préciser le surmenage de ces anges des services sociaux qui n'ont d'autre objectif que de sauver la vie d'un enfant.

Quant à mes parents nourriciers, ce sont eux qui ont fait de moi celui que je suis devenu. Ils ont transformé un être informe, un gosse terrorisé, en un adulte à part entière, responsable. Ma dette envers eux est incommensurable. Si j'ai mené la vie dure aux Catanze pendant l'épineuse période de mon adaptation, ils m'ont sauvé du désastre. Les Turnbough, eux, ont été un don du ciel. Ils m'ont appris à marcher, à parler, à me comporter comme un enfant normal tout en m'inculquant le sens de ma valeur et de ma capacité de surmonter les vicissitudes de l'existence.

C'est précisément la mission des familles d'accueil.

Encore maintenant, je n'ai toujours pas compris pourquoi certains acceptent une telle responsabilité. Il est difficile d'imaginer ce que représente l'éducation d'un enfant au passé aussi lourd que le mien – surtout quand on en héberge six autres.

Pourtant, on entend rarement – voire jamais – parler de l'amour et de la compassion régnant dans les familles d'accueil. Aux yeux de beaucoup qui les qualifient de mercenaires, elles ne feraient cela que pour l'argent, profitant des maux de notre société. Dans ce cas, pourquoi soixante-cinq pour cent de celles de l'Iowa adoptent-elles les enfants qui leur sont confiés, se coupant ainsi de tout soutien financier ? Il semble tout simplement que ce soit un effet de ce qu'on appelle l'amour. Toujours est-il qu'on ne peut faire de plus grand honneur à un enfant en mal de famille que de l'adopter.

Autant d'aspects que le grand public ignore. On dirait que les familles d'accueil ne sont évoquées que lorsqu'un enfant placé chez l'une d'elles est maltraité. Dans ce cas, cela fait la une de la presse qui n'a de cesse de souligner qu'une petite victime a de nouveau été torturée. Et le résultat de l'enquête inévitable prouve que les parents nourriciers en question n'étaient peut-être pas taillés pour remplir ce rôle. Du coup, tout le monde s'interroge sur le système. A-t-il failli à sa mission ? Rien n'est moins sûr !

Loin de moi l'idée de tolérer le martyre d'un enfant ! Mais ces cas, isolés, jettent le discrédit sur l'extraordinaire travail accompli par les familles d'accueil. Il faut plutôt s'interroger sur la procédure donnant accès au droit d'héberger des enfants. Bien sûr, le nombre élevé d'enfants à placer, la longueur de la liste d'attente sont autant de réponses.

Une fois de plus, en raison des maux de notre société, la pression sur le système est énorme. Au regard des millions d'enfants à placer, il existe seulement quelques milliers de familles aptes à les recevoir. Il se peut qu'une des solutions soit de mieux évaluer ceux qui sollicitent la licence de famille d'accueil, notamment en vérifiant leurs antécédents comme pour les candidats à la fonction publique. Et une formation sur les moyens de résoudre les innombrables problèmes des enfants placés serait peut-être très utile.

Au demeurant, les médias ont malgré tout rendu hommage à Charlotte Lopez, jeune fille qui, ayant passé quinze sur ses dix-sept années d'existence en famille d'accueil, a remporté le concours de beauté Miss Teen USA en 1993. Très intrigué par sa confiance en elle, sa beauté intérieure, je me suis demandé d'où provenaient son assurance, son sang-froid et si Janet Henry, sa mère nourricière, y était pour quelque chose. Enfin, on ne peut qu'imaginer le nombre d'heures qu'elles ont passées ensemble ! Et je ne suis pas loin de supposer que Charlotte se souciait bien moins de son sourire ou de sa démarche sur l'estrade que de surmonter cette peur qui taraude tous les enfants dans son cas – tourmentés par le besoin de trouver des explications à leur situation et par celui de s'intégrer au monde.

Les parents nourriciers dévoués ne manquent pas. Il suffit de citer Debbe Magnusen toujours prête à accueillir les bébés nés de mères cocaïnomanes ; comme tant d'autres, elle a fini par adopter un certain nombre de ses pensionnaires. Ou Nina Coake, Judy Fields, Lennie Hart ; elles ont consacré trente-cinq ans de leur vie aux enfants en difficulté et milité pour leurs droits. Ou Pamela Eby qui a littéralement passé sa vie à sauver des enfants avant de perdre son dernier combat contre le cancer.

Il ne faut pas oublier les autres intervenants. D'une part, je ne supporte pas d'entendre un policier être traité de « flic » ou de « poulet » tant j'imagine mal un monde sans policiers pour voler au secours d'enfants maltraités, sans compter qu'ils sont souvent obligés de porter un gilet pare-balles de crainte de trouver la mort lors d'une querelle conjugale. D'autre part, je trouve la critique de notre système d'éducation bien peu fondée, alors que les professeurs et le personnel des écoles sont les premiers à détecter des signes de mauvais traitement. Or ils sont débordés. Si cette remarque vous laisse sceptique, rendez-vous dans une classe de soixante-quinze élèves où il s'agit moins d'enseigner que de contrôler des mouvements de masse. Or, à part les parents ou les tuteurs légaux, quels sont ceux — sinon les professeurs – à avoir le plus d'influence sur les enfants ? Enfin, je tiens à exprimer ma gratitude à tous les membres des services sociaux – surveillants de centres d'accueil, personnel des services de protection des mineurs, éducateurs, avocats, bénévoles – dont j'admire énormément les efforts.

Il existe des organismes spécifiques aux États-Unis dont le rôle auprès des jeunes en difficulté est inestimable. Dépendant de la *Junior Chamber of Commerce*, ils sont composés de bénévoles, au service des autres. Ainsi, un État comme le Nebraska rassemble plusieurs milliers de dollars affectés aux familles d'accueil. À l'approche de Noël, dans tout le pays, ces groupes de bénévoles donnent des arbres de Noël à des enfants qui n'ont jamais vu ni senti de sapins. Ce n'est pas tout, tant s'en faut. Ces bénévoles emmènent des centaines d'enfants dans des magasins de jouets où ils n'ont jamais mis les pieds et où, étrangement, leur choix se porte non sur des jeux vidéo ou des chaussures Nike, mais sur des vêtements un peu trop grands pour pouvoir les porter plus longtemps.

Dans plusieurs États, il existe par ailleurs des associations telles que l'*Arrow Project,* spécialisées dans les problèmes de maltraitance enfantine.

En mars 1994, lors d'une conférence en Ohio où je devais intervenir devant une assistance composée de forces de l'ordre, de professeurs et de travailleurs sociaux, l'orateur qui m'a précédé, une femme, a fait une synthèse éblouissante de ma pensée : « Un enfant n'est sauvé que si tout le monde s'y met. »

De nos jours, un nombre croissant de jeunes tournent mal à cause de l'éclatement de la cellule familiale, de l'absence de repères, de l'indifférence générale. Alors que si la société s'occupait réellement de la jeunesse en difficulté, elle en récolterait les fruits à l'avenir – des adultes ayant une place en son sein au lieu de croupir en prison.

Certes le système n'est pas parfait, mais il fonctionne. Vu l'attente excessive de la société à son égard, il aura toujours des failles. Nombreux sont ceux qui exigent du système qu'il résolve leurs problèmes sur-le-champ.

À l'instar des organismes ou associations spécialisés, chacun peut donner un coup de main à ceux qui se sont spécialisés dans ce domaine. Il y a mille manières – de la carte postale envoyée à un professeur au bouquet de fleurs offert à une assistante sociale, en passant par le sourire au policier ou la pizza déposée chez une famille d'accueil. Pourquoi sommes-nous si peu enclins à témoigner de la gratitude à ceux qui jouent un rôle primordial dans notre société et si prompts à mettre les vedettes du sport ou du spectacle sur un piédestal ?

Si cet ouvrage entraîne le lecteur dans les arcanes du système, son sujet n'en reste pas moins celui d'un enfant comme débarqué d'une autre planète. Certains s'imaginent sans doute qu'il suffit de sortir l'enfant de son environnement désastreux pour que ses difficultés disparaissent. Or, c'est précisément là qu'elles commencent. Comme tous ceux qui ont bénéficié du système, j'ai grandi dans un milieu suffocant, d'une violence extrême, qui m'a laissé un double problème à résoudre. D'une part il fallait m'aider à me débarrasser de mon épouvantable passé, d'autre part il fallait me soutenir dans mes efforts de réinsertion sociale.

J'ai eu beaucoup de chance, en ce sens que mon passé m'a servi de tremplin vers l'avenir. Certes, à l'instar de bon nombre d'enfants dans ma situation, il m'a fallu du temps pour comprendre que les techniques qui m'avaient aidé à endurer les sévices pouvaient marcher dans la réalité. En général – vu la faculté d'adaptation précoce qu'ils ont dû déployer – les enfants des familles d'accueil sont plus mûrs, plus résistants, plus concentrés sur leur avenir que les autres. (D'ailleurs, c'est adaptation le mot clé, non résignation !) La plupart des enfants placés ne s'attendent pas à être chouchoutés et ne comptent que sur eux-mêmes. Sans de bons conseils et un peu d'amour, j'aurais très bien pu être victime des failles du système et attribuer les échecs de ma vie d'adulte à mon passé. Bien sûr, l'abandon de mes études a été une erreur de taille, mais c'était à cause de ma volonté d'insertion, de ma soif de réussir. Après mon expérience de la démence, ma détermination devait être à toute épreuve. Je le savais.

En dépit des déceptions éprouvées en famille d'accueil, j'ai ainsi eu l'occasion de voir comment les choses se passaient ailleurs. Et ce n'est que lorsque j'ai volé de mes propres ailes que je me suis rendu compte à quel point j'avais été choyé. Comme tous les enfants placés, je n'ai jamais oublié mes parents nourriciers. Évidemment, j'ai de nombreux regrets. D'une part Harold est mort avant la naissance de mon fils Stephen, d'autre part je n'ai pu lui montrer mon premier livre nominé pour le prix Pulitzer. En revanche, la maison d'Alice et la mienne ne sont séparées que par quelques heures de trajet, et je lui ai rendu le plus bel hommage qui soit puisqu'elle est la grand-mère de mon fils – c'est dire l'importance des familles d'accueil à mes yeux.

En janvier 1994, j'ai eu le privilège d'animer une session de formation pour un groupe de parents nourriciers à Ottumwa dans l'État de l'Iowa. Pour y assister, les participants avaient bravé une tempête de neige qui paralysait la région. Mon intervention portait sur la façon de s'occuper d'enfants maltraités et, pour illustrer mon propos, je leur ai décrit les rêves de héros que je faisais pour m'évader de l'horreur. Pour exclu que soit ce héros vu de l'extérieur, il avait conscience de sa valeur et de son devoir de se mettre au service des autres. Naturellement, mon héros et moi ne faisions qu'un... drapé dans une cape rouge frappée d'un « S » sur la poitrine, je volais dans les airs. Lorsque j'ai expliqué combien je m'identifiais à Superman, la salle s'est levée pour m'applaudir à tout rompre. Certains parents étaient en larmes. Puis on a déroulé une banderole portant l'inscription : *Superman a eu des parents nourriciers !*

Dieu bénisse tous ceux qui travaillent avec les filles et les garçons à la dérive !

Alice Turnbough, mère nourricière

Depuis son arrivée chez nous à l'âge de treize ans, je suis la mère nourricière de Dave. C'était un enfant effrayé, sur la défensive, survolté, insatisfait, mais relativement obéissant.

À l'époque, nous n'hébergions que des jeunes filles. Et Dave les exaspérait à force de les suivre à la trace pour les taquiner. En outre, contrairement aux filles, c'était un maniaque de l'ordre. Oh, il ne possédait que peu d'affaires, mais ce peu était un trésor pour lui et chaque chose devait être à sa place. Ce trait de caractère se retrouve chez beaucoup d'enfants placés en famille d'accueil.

En tout cas, Dave n'a jamais eu la conduite d'un garçon de son âge. Il voulait à tout prix paraître plus vieux, s'occuper, trouver de petits boulots. À moins de quatorze ans, il pensait déjà à ses vingt ans et tirait des plans sur la comète.

Cette fonction de parent nourricier, je l'ai exercée pendant trente ans, accueillant environ soixante-quinze enfants. Tout a commencé le jour où un homme m'a présenté deux petits très mal en point.

Loin de jouer aux sauveurs, nous considérions nos pensionnaires comme des enfants, mais n'oubliions jamais qu'ils avaient été martyrisés. Ces petits ont avant tout besoin de quelqu'un à qui parler. C'est pourquoi j'estime indispensable d'améliorer la sélection des familles d'accueil afin qu'on place un enfant dans un foyer qui lui convienne plutôt que de le déposer n'importe où avec l'espoir que tout se passera au mieux.

Il n'existe pas de plus grande récompense pour des parents nourriciers que de voir les enfants évoluer conformément à leur attente.

J'ai toujours eu l'intime conviction que David réussirait. Et son enrôlement dans l'armée de l'air a été un jour mémorable. Cela étant, il a eu beaucoup de mal à y arriver. Après quoi, il a fallu m'habituer à ce qu'il s'envole à tout bout de champ. Harold et moi avons été aussi étonnés que fiers de le voir décider lui-même de son avenir, car beaucoup d'enfants dans sa situation ne sont pas aussi motivés.

Même si j'ai toujours su que David s'en sortirait, je n'imaginais pas qu'il irait aussi loin. Je dois avouer avoir été extrêmement fière en apprenant qu'on lui décernait le prix TOYA — récompense réservée à dix jeunes Américains exceptionnels. Les enfants placés en famille d'accueil atteignent rarement pareils sommets parce qu'ils se laissent décourager par les préjugés.

Dave est le dernier enfant que j'ai hébergé. C'est un honneur que d'être sa mère.

Dennis Tapley, professeur

Cela fait plus de vingt ans que j'enseigne. Au début de ma carrière, on venait d'accorder à l'école San Bruno d'importantes subventions pour un cours adapté aux élèves en difficulté. Il concernait ceux qui avaient un retard scolaire en raison de failles dans leur éducation. Ainsi, les élèves ayant des lacunes dans les matières élémentaires allaient enfin recevoir un enseignement susceptible d'y remédier.

Certains professeurs étaient conscients que les élèves en difficulté étaient souvent des enfants perturbés, fragilisés par des problèmes familiaux, qui, en outre, ne se liaient pas facilement.

Si quelques professeurs cherchaient à collaborer avec les parents, il ne faut pas oublier que c'était vingt ans avant la publication de livres tels que *Le Moins que rien* de David Pelzer, ou que *L'Exploitation* de Jane Smiley ou que *Chorus of Stones* de Susan Griffin. À l'époque, on nous conseillait de ne pas approfondir les choses de crainte qu'on ne nous accuse d'ingérence.

En 1970, l'opinion publique considérait d'un très mauvais œil les familles d'accueil. Pour qu'un enfant y échoue, il fallait que les parents aient été au-dessous de tout et la société se voilait la face même si la maltraitance était flagrante. Autant de préjugés qui jetaient l'opprobre aussi bien sur les parents nourriciers que sur les enfants qu'ils hébergeaient – classés les uns et les autres comme individus de seconde zone. Au point qu'on en venait à traiter les enfants placés comme des coupables, contrairement aux orphelins jugés victimes de leur situation. Il a fallu beaucoup de temps pour que le travail extraordinaire accompli par les familles d'accueil soit connu du public. Et il est indispensable de continuer à l'informer.

De nos jours, personne n'ignore plus les principes d'une éducation digne de ce nom, ni l'existence de familles souffrant de dysfonctionnement, de parents négligents ou maltraitant leurs enfants. Les recherches en matière de psychologie ne cessent de progresser si bien que les professeurs et les éducateurs sont formés à la gestion de situations qu'ils sont à même de dépister, d'évaluer pour intervenir quand ils le jugent nécessaire.

Pour ma part, je fais cours depuis douze ans à des élèves en difficulté. Parmi tous les problèmes et retards auxquels je suis confronté, il faut reconnaître que rien n'est plus désastreux pour un enfant qu'une cellule familiale perturbée, que des mauvais traitements. J'ai vu des élèves voler pour attirer l'attention ou commettre des actes de vandalisme dans les magasins pour le plaisir tortueux d'une vengeance plus ou moins préméditée. Incapables de se contrôler, ces élèves ont un besoin incoercible de provoquer leurs camarades et leurs professeurs.

De fait, une éducation défectueuse cause plus de ravages dans le développement intellectuel d'un enfant, dans sa faculté d'adaptation sociale que dans son évolution physique. Ainsi, un petit dyslexique encadré par des parents aimants peut apprendre à lire avec retard, mais il s'en sortira beaucoup mieux qu'un enfant maltraité ne souffrant pas de ce genre de problèmes.

David Pelzer est une exception. Bien que n'ayant que des bribes d'informations sur l'enfance épouvantable qu'il avait vécue, j'avais conscience que c'était un être d'une extrême sensibilité. En classe, il était moins instable que beaucoup mais très économe de ses mouvements. Élève exigeant, il posait beaucoup de questions et voulait des réponses. Il s'attardait à la fin des cours – c'est peu fréquent dans le secondaire –, allant jusqu'à se percher sur mon bureau pour attirer mon attention. De toute façon, il n'avait de cesse de se faire remarquer. Il n'est pas rare que les élèves cherchent à se lier avec leur professeur, mais David faisait preuve d'une obstination peu commune et exigeait, par son comportement, qu'on le prenne en compte.

Vingt ans après, David n'a pas changé : c'est un être d'une très grande personnalité et d'un courage extraordinaire. Je le félicite de sa réussite qui suscite toute mon admiration.

Carl Miguel, éducateur

David Pelzer, un enfant martyrisé, est arrivé au centre de San Mateo en 1974. En raison de ses antécédents, une équipe de professionnels composée d'un médecin, d'un psychologue et d'un éducateur s'est aussitôt penchée sur son cas. Et il fut décidé de le mettre dans l'aile C – pavillon réservé aux enfants victimes de sévices d'ordre physique, psychologique ou sexuel où le ratio personnel/enfant permettait un suivi très personnalisé.

L'équipe de ce pavillon m'a confié la responsabilité de David pour la durée de son séjour au centre. Force est de constater qu'il a tiré profit de l'attention qu'on lui a prodiguée ainsi que de la thérapie comportementale. Il a su nouer des relations avec le personnel tout en faisant d'énormes progrès sur le plan psychique. Heureusement, il s'est présenté à l'époque où le système judiciaire commençait à prendre en compte les besoins des mineurs.

Aussi David est-il sorti de San Mateo en bien meilleur état que lors de son admission. Quinze ans plus tard, nous nous sommes revus dans des circonstances insolites. Je dirigeais le centre de Yuba/Sutter, et, affecté à la base militaire Beale Air Force, Dave a postulé en tant que bénévole pour s'occuper des jeunes qui y étaient placés. Il y a fait un excellent travail au point d'être embauché à temps partiel jusqu'à ce que l'armée le transfère ailleurs.

C'est avec un immense plaisir, une profonde satisfaction que j'ai eu la chance de voir Dave se délester du poids des atrocités de son enfance. Voilà un exemple, un modèle pour ceux qui ont subi des souffrances similaires. À sa sortie du centre en 1974, je l'ai félicité ; à son retour – en tant qu'éducateur – en 1989, les larmes aux yeux, je n'ai pu que lui dire bravo.

Michael Marsh, mentor

Un jour, en 1976, dans le paisible quartier bourgeois de Menlo Park, je fus découragé en sortant de mon garage en voyant l'état de l'allée de mes voisins. Depuis environ un an, les agents immobiliers prenaient d'assaut les maisons en vente et les mettaient en location. C'est ce qui s'était passé pour celle contiguë à la mienne dont les locataires, des gens à l'allure assez minable, tiraient une bonne partie de leur revenu de leur statut de famille d'accueil.

Ce jour-là, j'avais sous les yeux leur dernière « acquisition » – un gamin efflanqué, vêtu d'un T-shirt dégoûtant, déchiré et sans manches. Un sourire narquois aux lèvres – en permanence aurait-on dit –, il avait un regard intense et des lunettes à verre épais.

D'abord, il m'a été très antipathique. Ma femme et moi nous étions donné beaucoup de mal pour acheter notre première maison dans un quartier convenable, et je trouvais pénible que les spéculateurs gagnent du fric en y faisant venir des gens de cet acabit. Mais, loin d'être timide, David Pelzer s'obstinait à vouloir nouer des liens. Aussi ai-je fini par m'apercevoir que c'était un garçon intelligent, doué d'un bon sens de l'humour malgré son enfance abominable et une adolescence qui ne s'annonçait pas sous de très bons auspices.

Il a d'abord fallu le dresser comme un animal domestique. Au fil du temps, David venait de plus en plus souvent à la maison. Il me posait des questions sur mon expérience au Viêt-nam, piochait les livres sur l'aviation de ma bibliothèque et voulait parler de tout. Du coup, ma femme et moi avons exigé qu'il intègre les règles, simples mais essentielles, de la politesse et du respect comme celles de frapper avant d'entrer ou de s'exprimer correctement. À dire vrai, il était d'une grossièreté incroyable et ne savait pas se tenir à table.

Un jour, il a quitté le quartier car ses parents nourriciers ne lui convenaient vraiment pas. Ce que je ne lui reproche pas, au contraire. Il fallait du courage pour rompre les amarres et prendre le risque de tenter sa chance ailleurs. Mais il est resté en contact avec nous et s'est mis à venir le week-end pour voir ses amis tout en nous demandant de l'héberger. On a accepté – il était le bienvenu pratiquement n'importe quand – à condition qu'il nous prévienne à l'avance. Il a obéi. Pendant un certain temps, tout s'est bien passé. Puis, les problèmes ont commencé. Tantôt c'était dans le parc du coin, tantôt une histoire de carabine à air comprimé, tantôt des tensions avec les voisins qui trouvaient que David avait une mauvaise influence sur leur progéniture. Lors d'une discussion, j'ai clairement expliqué la situation à celui-ci et l'ai averti que, si cela ne cessait pas, il pouvait dire adieu au quartier qu'il aimait tant.

Bien sûr nous savions peu de chose sur David qui restait toujours vague sur son passé ou son école si on l'interrogeait à ce sujet. Deux ans se sont écoulés dans un statu quo relatif, ponctués de temps à autre par des incidents ou des coups de fil de la police. David n'était pourtant pas agressif ni révolté, mais il avait une tête de mule et tendance à se fourrer dans le pétrin – peut-être à cause de son goût malencontreux pour l'aventure. Toujours est-il que le jour où, insistant pour savoir où en étaient ses études, j'ai eu droit à la réponse de : « Oh, j'ai abandonné », les bras m'en sont tombés. Je l'ai sermonné pendant des heures. Et quand il a ajouté avoir l'intention de gagner sa vie en vendant des voitures, je me suis exclamé : « Voyons, comment un galopin maigrichon, boutonneux, peut-il réussir à vendre quoi que ce soit à San Francisco ! » Eh bien, il m'a téléphoné une semaine après pour m'annoncer qu'il avait décroché le boulot et qu'il comptait être le « meilleur vendeur du mois », ce qui lui vaudrait l'insigne honneur de conduire une Corvette pendant un mois... perspective éblouissante, en effet !

David m'a rappelé quelque temps après pour me dire qu'il voulait me voir. « Je dois aller chercher ma paye à San Francisco », lui ai-je répondu.

« Qu'à cela ne tienne, je vais vous y emmener, j'ai quelque chose à vous montrer ! » En fait, il tenait à me faire voir la Corvette noire dont il était propriétaire pour un mois. Ensuite, il s'est ramené dans une El Camino – prêtée par sa société – derrière laquelle il avait attaché une motocyclette. Cette fois-là, Dave m'a confié qu'il cherchait autre chose. J'ai voulu savoir dans quel secteur. « Eh bien, je vais tenter ma chance comme cascadeur à Hollywood », a-t-il claironné. Médusé, je n'y suis pas allé de main morte, insistant sur son manque d'expérience, sa carrure chétive, sa maladresse et, bien entendu, son manque de relations à Los Angeles. Et j'ai conclu ma diatribe sur l'importance d'avoir un diplôme de fin d'études secondaires.

Déçu, David a fait d'autres projets. Au bout du compte, il a décidé de s'engager dans l'armée. On est donc allé visionner des cassettes sur les parachutistes et les rangers au bureau de recrutement. Comme de juste, ça a emballé David, qui, en revanche, n'a pas plu à l'armée. « Pas de diplôme ? Désolé. » Il est possible que ces déboires l'aient convaincu de la nécessité de passer son diplôme, car il m'a téléphoné quelques semaines plus tard pour m'annoncer : « Ça y est ! L'armée de l'air m'accepte et va me faire suivre un cours de formation générale. » Ainsi, il s'était débrouillé tout seul pour entrer dans la cour des grands. Inutile de préciser ma joie de le voir se prendre en main.

Peu après l'enrôlement de David dans l'armée de l'air, nous avons déménagé à Denver dans le Colorado. Il est resté en contact avec nous et a été affecté à la base militaire de Lowry dans la même ville. D'ailleurs, il a été le premier à nous rendre visite juste après notre emménagement. Mais on l'a transféré en Floride où son affectation – la cuisine – n'était pas à son goût... Je lui ai conseillé de s'armer de patience. Avec raison, puisqu'il a réussi à se faire nommer gâte-sauce des candidats rangers parvenus à l'étape jungle/marécages de leur entraînement. À la suite de quoi, il a resquillé avec succès pour entrer à l'école des parachutistes de l'armée – un groupe fermé très envié dont il est devenu membre en recevant les Ailes d'argent.

Il n'en est pas resté là. Avec sa ténacité sans égale, il s'est dégoté une situation géniale : mécanicien sur un avion-citerne. En fait, il a décroché ce poste sur l'avion espion – SR 71 Blackbird – où il est resté des années. Son engagement dans des activités au sein de la communauté, tant dans l'armée qu'à l'extérieur, date de cette époque. Motivé par la conscience de sa richesse intérieure, de son parcours, il avait besoin d'aider, de rendre service, de faire profiter les autres de son expérience.

En janvier 1993, j'ai assité à une cérémonie de remise de prix au centre culturel de Tulsa en Oklahoma. Sorti de l'armée, David ne s'était pas contenté de passer à autre chose, il s'était surpassé. Au cours de cette soirée – point culminant d'une semaine de festivités –, on allait remettre à David le prix TOYA : prestigieuse récompense décernée tous les ans par la Chambre de commerce nationale. La liste des précédents récipiendaires se lit d'ailleurs comme le *Who's Who* des secteurs industriel, politique et social des États-Unis. Voilà que ce cascadeur en herbe de David décrochait le gros lot à force de volonté, de courage, de détermination et, peut-être, d'un coup de pouce du destin. David, je suis fier de toi – l'enfant blessé qui a refusé la mort –, et, davantage encore, de l'homme que tu es devenu – affectueux, généreux, résolu – sans oublier ton sens de l'humour ni ta sensibilité. Bravo.

Remerciements

Sans l'extraordinaire dévouement, la ténacité de Marsha Donohoe de Donohoe Publishing Projects, ce livre n'aurait pas existé. Non seulement, elle a rédigé le texte de la première version, inaboutie, mais elle s'est chargée de la composition, de la révision et de la lecture des épreuves, simplifiant ainsi le travail de publication. En outre, elle a su respecter avec une fidélité sans faille l'aspect le plus important de l'histoire : le point de vue de l'enfant qui la raconte.

Merci à Christine Belleris, à Matthew Diener, à Allison Janse du service de fabrication pour le professionnalisme dont ils ont fait preuve tout au long de l'élaboration du livre. Un merci particulier à Matthew pour l'efficacité et la bonne humeur avec lesquelles il s'est occupé de nos requêtes de dernière minute.

Merci à Irene Xanthos et Lori Golden du service des ventes de Health Communications Inc. pour leur fervent enthousiasme. Et à Doreen Hess pour sa gentillesse.

Un énorme merci à Laurel Howanitz et Susy Allen de Hot Guests pour leur dévouement ainsi que leur talent quant à la promotion de l'ouvrage. Merci d'y avoir cru.

Merci à Cindy Edloff d'y avoir consacré tant de temps et tant d'efforts.

Un merci tout particulier aux propriétaires et personnel du Coffee Bazaar de Guerneville, Californie, pour la qualité de leur café et le local qu'ils ont mis à la disposition de Marsha et de moi-même sans faire attention au désordre que nous y semions.

Aubin Imprimeur
LIGUGÉ, POITIERS

Photocomposition Nord Compo
Villeneuve-d'Ascq (Nord)

Achevé d'imprimer en juillet 2002
pour le compte de France Loisirs
123, bd de Grenelle, 75015 Paris
N° d'édition 37085 / N° d'impression L 63768
Dépôt légal août 2002
Imprimé en France